资治通鉴

【卷一】

[宋]司马光·著
王辉·编译

插图精译

陕西新华出版 三秦出版社

图书在版编目（CIP）数据

资治通鉴 /（宋）司马光著 ; 王辉编译. -- 西安 : 三秦出版社，2008.01（2024.1重印）
（国学百部经典丛书）
ISBN 978-7-80736-331-6

Ⅰ. ①资… Ⅱ. ①司… ②王… Ⅲ. ①中国－古代史－编年体②资治通鉴－译文 Ⅳ. ①K204.3

中国版本图书馆 CIP 数据核字（2007）第 188770 号

书　　名　资治通鉴
作　　者　[宋] 司马光 著　王辉 编译
责　　编　王曙龙
封面设计　新华智品

出版发行　三秦出版社
社　　址　西安市雁塔区曲江新区登高路 1388 号
电　　话　（029）81205236
邮政编码　710061
印　　刷　北京一鑫印务有限责任公司
开　　本　680×1020　1/16
印　　张　18
字　　数　260 千字
版　　次　2008 年 4 月第 2 版
印　　次　2024 年 1 月第 2 次印刷
标准书号　ISBN 978-7-80736-331-6

定　　价　69.80 元（全二册）
网　　址　http://www.sqcbs.cn

前　言

《资治通鉴》以历代治乱兴衰为线索，在记录历史的同时，阐述君主与人臣的品德善恶、军国大事与政策得失，总结王朝更替的原因和教训，以期使统治者取得鉴戒。该书完全用年、月、日的时间顺序纪事，结构严密，条理清晰，堪称我国古代最完善的一部编年体通史。

《资治通鉴》全文共294卷，记载了上起周威烈王二十三年（前403年），下迄五代后周显德六年（959年）间1362年的历史。所记内容以政治、军事和民族关系为主，兼及社会经济、思想文化和重要的历史人物。全书文字简明扼要，生动流畅，具有相当高的文学价值，历来与《史记》并列为中国史家之绝笔。

《资治通鉴》通过翔实的历史记载，向当时的统治者说明了历史的经验对于政治统治的重要性，在这一点上《资治通鉴》所提供的历史教训，是以往任何一部史书都不能相比的。另外从历史观点上，《资治通鉴》认为国家的兴衰在很大程度上取决于统治者们的修养。提倡君主应遵于礼，讲究仁义，在用人方面要量才而用，赏罚分明，还要能听取臣民的谏言，这一点对于后来的历代统治阶级都有一定的约束作用，直到今天也不失其意义。

在文字表达方面，《资治通鉴》最擅长于描写战争场面，像中国历史上以少胜多、以弱胜强的经典战役赤壁之战、淝水之战，都被记述得精彩纷呈。在记载赤壁之战时，司马光并没有从正面去描写战争的具体情况，而是从人物着手，把鲁肃与孙权合谋定计、吴蜀构筑同盟及诸葛亮智激孙权等故事分别道来，从独特的视角诠解了这场决定魏、蜀、吴三足鼎立局面的关键。既有战争的完整过程，又有人物的深入刻画，给人留下了鲜明的印象。而文中的一些语言，也成了后人惯用的成语掌故，像草木皆兵、风声鹤唳等均已耳熟能详。

《资治通鉴》是我国一部极为重要的编年史，不仅为封建统治阶级提供了统治经验，同时也具有很高的史料价值。此外，这部巨著受到历代政治家和史学家的高度评价。宋神宗早就说它“贤于荀悦从汉纪远矣”。南宋学者王应麟评价该书为“自有书契以来，未有为通鉴者”。清代史学家王鸣盛也说：“此天地必不可无之书，亦学得必不可不读之书也。”一代伟人毛泽东评价这部巨著，“尽管立场观点是封建统治阶级的，但叙事有法，历代兴衰本末毕具，我们可以从中吸取教训”。可见此书影响之深远。

编　者

2008 年 1 月

目　录

卷　一

卷　二

三家分晋

【原文】

[周威烈王二十三年]（前403年）

初命晋大夫魏斯、赵籍、韩虔为诸侯。

臣光曰：臣闻天子之职莫大于礼，礼莫大于分，分莫大于名。何谓礼？纪纲是也。何谓分？君、臣是也。何谓名？公、侯、卿、大夫是也。

【译文】

周威烈王二十三年（前403年）

周威烈王开始任命晋国大夫魏斯、赵籍、韩虔为诸侯国君。

臣司马光说：我知道天子的职责中最重要的是维护礼教，礼教中最重要的是区分地位，区分地位中最重要的是匡正名分。什么是礼教？就是法纪。什么是地位？就是君臣有别。什么是名分？就是公、侯、卿、大夫等官爵。

【原文】

夫以四海之广，兆民之众，受制于一人，虽有绝伦之力，高世之智，莫敢不奔走而服役者，岂非以礼为之纲纪哉！是故天子统三公，三公率诸侯，诸侯制卿大夫，卿大夫治士庶人。贵以临贱，贱以承贵。上之使下，犹心腹之运手足，根本之制支叶；下之事上，犹手足之卫心腹，支叶之庇本根。然后能上下相保而国家治安。故曰：天子之职莫大于礼也。

【译文】

四海之广，亿民之众，都受制于天子一人。尽管是才能超群、智慧绝伦的人，也不敢不在天子足下为他奔走服务，这难道不是以礼作为礼纪朝纲的作用吗！所以，天子统率三公，三公督率诸侯国君，诸侯国君节制卿、大夫官员，卿、大夫官员又统治士人百姓。权贵支配贱民，贱民服从权贵。上层指挥下层，就好像人的心腹控制四肢行动，树木的根和干枝配枝和叶；下层服侍上层，就好像人的四肢卫护心腹，树木的枝和叶遮护根和干。这样才能上下层互相保护，从而使国家得到长治久安。所以说：天子的职责没有比维护礼制更重要的了。

【原文】

文王序《易》，以乾、坤为首。孔子系之曰：“天尊地卑，乾坤定矣。卑高以陈，贵贱位矣。”言君臣之位犹天地之不可易也。《春秋》抑诸侯，尊王室，王人虽微，序于诸侯之上，以是见圣人于君臣之际，未尝不惓惓也。非有桀、纣之暴，汤、武之仁，人归之，天命之，君臣之分当守节伏死而已矣。是故以微子而代纣，则成汤配天矣；以季札而君吴，则太伯血食矣。然二子宁亡国而不为者，诚以礼之大节不可乱也。故曰：礼莫大于分也。

【译文】

周文王　姬姓，名昌。商纣时为西伯，亦称西伯昌。相传西伯在位五十年，死后周人谥西伯为文王。

周文王演绎《易经》，以乾、坤为首。孔子解释说：“天尊贵，地卑微，阳阴于是确定。由低至高排列有序，贵贱也就各得其位。”这是说君主和臣子之间的上下关系就像天和地一样不能互换。《春秋》一书贬低诸侯，尊崇周王室，尽管周王室的权力微弱，在书中排列顺序仍在诸侯国君之上，由此可见孔圣人对于君臣关系的关注是非常恳切的。如果不是夏桀、商纣那样的暴虐昏君，对手又遇上商汤、周武王这样的仁德明主，使人民归心、上天赐命的话，君臣之间的名分只能是做臣子的恪守臣节，矢死不渝。所以如果商朝立贤明的微子为国君来取代纣王，成汤创立的商朝就可以永配上天；而吴国如果以仁德的季札做君主，开国之君太伯也可以永享祭祀。然而微子、季札二人宁肯国家灭亡也不愿做君主，实在是因为礼教的大节绝不可因此被破坏。所以说，礼教中最重要的就是地位高下的区分。

【原文】

夫礼，辨贵贱，序亲疏，裁群物，制庶事，非名不著，非器不形；名以命之，器以别之，然后上下粲然有伦，此礼之大经也。名器既亡，则礼安得独在哉！昔仲叔于奚有功于卫，辞邑而请繁缨，孔子以为不如多与之邑，惟名与器，不可以假人，君之所司也；政亡则国家从之。卫君待孔子而为政，孔子欲先正名，以为名不正则民无所措手足。夫繁缨，小物也，而孔子惜之；正名，细务也，而孔子先之：诚以名器既乱则上下无以相保故也。夫事未有不生于微而成于著，圣人之虑远，故能谨其微而治之；众人之识近，故必待其著而后救之。治其微，则用力寡而功多；救其著，则竭力而不能及也。《易》曰："履霜，坚冰至。"《书》曰："一日二日万几，"谓此类也。故曰：分莫大于名也。

【译文】

所谓礼教，在于分辨贵贱，排比亲疏，裁决万物，处理日常事物。没有一定的名位，就不能显扬；没有器物，就不能表现。只有用名位来分别称呼，用器物来分别标志，然后上下才能井然有序，这就是礼教的根本所在。如果名位、器物都没有了，那么礼教又怎么能单独存在呢！当年仲叔于奚为卫国建立了大功，他谢绝了赏赐的封地，却请求允许他享用贵族才应有的马饰，孔子认为不如多赏赐他一些封地，惟独名位和器物绝不能授与他人，这是君王的职权象征。处理政事不坚持原则，国家也就会随着走向危亡。卫国国君期待孔子为他处理政事，孔子却先要确立名位，认为名位不正则百姓无所适从。马饰，是一种小器物，而孔子却珍惜它的价值；正名位，是一件小事情，而孔子却要先从它做起。这些就是因为名位、器物一紊乱，国家上下就无法相安互保。没有一件事情不是从微小之处产生而逐渐发展显著的，圣贤考虑久远，所以能够谨慎对待微小的变故及时予以处理；常人见识短浅，所以必等弊端闹大才来设法挽救。矫正初起的小错，用力小而收效大；挽救已明显的大害，往往是竭尽了全力也不

孔子　名丘，字仲尼，春秋后期鲁国人。思想家、教育家，儒学学派的创始人，是当时社会上最博学者之一，被誉为"千古圣人"，并且被后世尊为至圣、万世师表。

能成功。《易经》说："行于霜上，知严寒冰冻将至。"《尚书》说："先王每天都要兢兢业业地处理成千上万件事情。"就是指这类防微杜渐的例子。所以说：区分地位高下最重要的是匡正各个等级的名分。

【原文】

呜呼！幽、厉失德，周道日衰。纲纪散坏，下陵上替，诸侯专征，大夫擅政，礼之大体什丧七八矣。然文、武之祀犹绵绵相属者，盖以周之子孙尚能守其名分故也。何以言之？昔晋文公有大功于王室，请隧于襄王，襄王不许，曰："王章也。未有代德而有二王，亦叔父之所恶也。不然，叔父有地而隧，又何请焉！"文公于是乎惧而不敢违。是故以周之地则不大于曹、滕，以周之民则不众于郝、莒，然历数百年，宗主天下，虽以晋、楚、齐、秦之强不敢加者，何哉？徒以名分尚存故也。至于季氏之于鲁，田常之于齐，白公之于楚，智伯之于晋，其势皆足以逐君而自为，然而卒不敢者，岂其力不足而心不忍哉？乃畏奸名犯分而天下共诛之也。今晋大夫暴蔑其君，剖分晋国，天子既不能讨，又宠秩之，使列于诸侯，是区区之名分复不能守而并弃之也。先王之礼于斯尽矣！

【译文】

呜呼！周幽王、周厉王丧失君德，周朝的气数每况愈下。礼纪朝纲土崩瓦解，下欺凌、上衰败，诸侯国君恣意征讨他人，士大夫擅自干预朝政，礼教从总体上已经有十之七八沦丧了。然而周文王、周武王开创的政权还能绵绵不断地延续下来，就是因为周王朝的子孙后裔尚能守定名位。为什么这样说呢？当年晋文公为周朝建立了大功，于是向周襄王请求允许他死后享用王室的随葬礼制，周襄王没有准许，说："随葬是为了彰显王者异于诸侯。没有改朝换代而有两个天

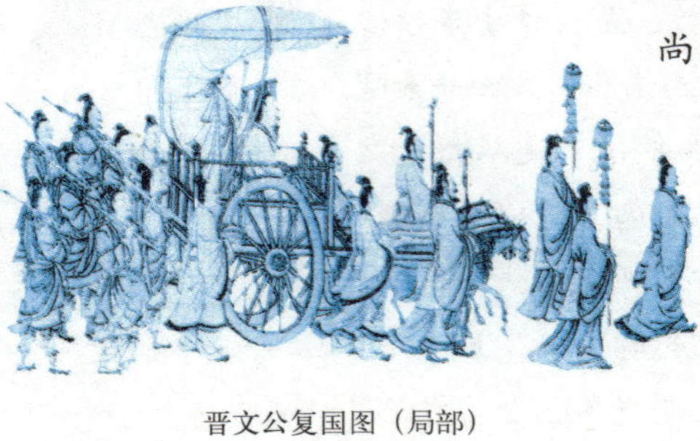
晋文公复国图（局部）

子，这也是作为叔父辈的晋文公您所反对的。不然的话，叔父您有地，愿意随葬，又何必请示我呢？”晋文公于是感到畏惧而没有敢违反礼制。因此，周王室的地盘并不比曹国、滕国大，管辖的臣民也不比郑国、莒国多，然而经过几百年，仍然是天下的宗主，即使是晋、楚、齐、秦那样的强国也还不敢凌驾于其上，这是为什么呢？只是由于周王还保有天子的名分。再看看鲁国的大夫季氏、齐国的田常、楚国的白公、晋国的智伯，他们的势力都大得足以驱逐国君而自立，然而他们到底不敢这样做，难道是他们力量不足或是于心不忍吗？只不过是害怕奸夺名位、僭犯身份而招致天下的讨伐罢了。现在晋国的三家大夫欺凌蔑视国君，瓜分了晋国，作为天子的周王不仅不能派兵征讨，反而对他们加封赐爵，让他们列位于诸侯国君之中，这样做就使周王朝仅有的一点名分不能再守住而全部放弃了。周朝先王的礼教到此丧失干净了！

【原文】

或者以为当是之时，周室微弱，三晋强盛，虽欲勿许，其可得乎？是大不然。夫三晋虽强，苟不顾天下之诛而犯义侵礼，则不请于天子而自立矣。不请于天子而自立，则为悖逆之臣，天下苟有桓、文之君，必奉礼义而征之。今请于天子而天子许之，是受天子之命而为诸侯也，谁得而讨之？故三晋之列于诸侯，非三晋之坏礼，乃天子自坏之也。

【译文】

有人认为当时周王室已经衰微，而晋国三家力量强盛，就算周王不想承认他们，又怎么能做得到呢？这种说法是完全错误的。晋国三家虽然强悍，但他们如果打算不顾天下的指责而公然侵犯礼义的话，就不会来请求周天子的批准，而是去自立为君了。不向天子请封而自立为国君，那就是叛逆之臣，天下如果有像齐桓公、晋文公那样的贤德诸侯，一定会遵奉礼义对他们进行征讨。现在晋国三家向天子请封，天子又批准了，他们就是奉天子命令而成为诸侯的，谁又能对他们加以讨伐呢？所以晋国三家大夫成为诸侯，并不是晋国三家破坏了礼教，正是周天子自己破坏了周朝的礼教啊！

番君鬲　春秋前期，长11.8厘米，宽16厘米，重1.46千克。铸有铭文：唯番君酟伯自作寶鼎，萬年無疆，子孫永用。

【原文】

鸣呼！君臣之礼既坏矣，则天下以智力相雄长，遂使圣贤之后为诸侯者，社稷无不泯绝，生民之类糜灭几尽，岂不哀哉！

【译文】

呜呼！君臣之间的礼仪既然崩坏，于是天下便开始以智慧、武力互相争雄，使当年受周先王分封而成为诸侯国君的圣贤后裔以及江山相继沦亡，周朝先民的子孙灭亡殆尽，岂不哀伤！

【原文】

初，智宣子将以瑶为后。智果曰：“不如宵也。瑶之贤于人者五，其不逮者一也。美鬓长大则贤，射御足力则贤，伎艺毕给则贤，巧文辩慧则贤，强毅果敢则贤，如是而甚不仁。夫以其五贤陵人而以不仁行之，其谁能待之？若果立瑶也，智宗必灭。”弗听，智果别族于太史，为辅氏。

【译文】

起初，晋国国卿智宣子想确定智瑶为继承人。族人智果说：“他不如智宵。智瑶有超越他人的五项长处，只有一项短处。美发高大是长处，精于射箭驾车是长处，技艺精通是长处，能写善辩是长处，坚毅果敢是长处，然而却很不仁厚。如果他以五项长处来凌驾别人而做不仁不义的恶事，谁能与他和睦相处呢？要是真的立智瑶为继承人，那么智氏宗族一定灭亡。”智宣子置之不理，智果便向太史请求脱离智氏家族，另立为辅氏。

【原文】

赵简子之子，长曰伯鲁，幼曰无恤。将置后，不知所立，乃书训戒之辞于二简，以授二子曰：“谨识之。”三年而问之，伯鲁不能举其辞；求其简，已失之矣。问无恤，诵其辞甚习；求其简，出诸袖中而奏之。于是简子以无恤为贤，立以为后。

【译文】

晋国的另一个上卿赵简子有两个儿子，大的叫伯鲁，小的叫无恤。赵简子想确定继承人，不知立哪个儿子好。于是把他的日常训诫言词写在两块竹简上，分别交给两个儿子，嘱咐说："好好记住！"过了三年，赵简子问起两个儿子。大儿子伯鲁说不出竹简上的话；再问他的竹简，已丢失了。又问小儿子无恤，竟然背诵竹简训词很熟练；追问竹简，他便从袖子中取出献上。于是，赵简子认为无恤十分贤能，便立他为继承人。

【原文】

简子使尹铎为晋阳，请曰："以为茧丝乎？抑为保障乎？"简子曰："保障哉！"尹铎损其户数。简子谓无恤曰："晋国有难，而无以尹铎为少，无以晋阳为远，必以为归。"

【译文】

赵简子派尹铎去治理其属邑晋阳(今山西太原)，临行时尹铎请示说："您是打算让我去抽丝剥茧般地搜刮财富呢，还是作为未来的保障之地呢？"赵简子说："作为保障。"尹铎便少算居民户数，减轻赋税。赵简子又对儿子赵无恤说："一旦晋国发生动乱，你不要嫌尹铎地位不高，不要怕晋阳路途遥远，一定要以那里作为归宿。"

【原文】

及智宣子卒，智襄子为政，与韩康子、魏桓子宴于蓝台。智伯戏康子而侮段规。智国闻之，谏曰："主不备难，难必至矣！"智伯曰："难将由我。我不为难，谁敢兴之？"对曰："不然。《夏书》有之曰：'一人三失，怨岂在明，不见是图。'夫君子能勤小物，故无大患。今主一宴而耻人之君相，又弗备，曰'不敢兴难'，无乃不可乎！蚋、蚁、蜂、虿，皆能害人，况君相乎！"弗听。

【译文】

等到智宣子去世，智襄子智瑶执掌晋国之政，与晋国另两位上卿韩康子、魏桓子在蓝台饮宴，席间智瑶戏弄了韩康子，又侮辱了他的家臣段规。智瑶的家臣智国听说此事，就劝告智瑶说："主公您不提防灾祸，灾祸就一定会来了！"智瑶说："他们的生死灾祸都取决于我。我不给他们降临灾祸，谁还敢兴风作浪！"智国又说："这话可不妥。《夏书》中说：'一个人屡次三番犯错误，结下的仇怨岂能在明处？应该在它没有表现时就提防。'贤德的人能够谨慎地处理小事，所以不会招致大祸。现在主公一次宴会就得罪了人家的主君和臣相，又不戒备，说他们'不敢兴风作浪'，这种态度恐怕不行吧！蚊子、蚂蚁、蜜蜂、蝎子，都能害人，何况是国君、国相呢！"智瑶毫不在意。

【原文】

智伯请地于韩康子，康子欲弗与。段规曰："智伯好利而愎，不与将伐我；不如与之。彼狃于得地，必请于他人；他人不与，必向之以兵，然后我得免于患而待事之变矣。"康子曰："善。"使使者致万家之邑于智伯。智伯悦。又求地于魏桓子，桓子欲弗与。任章曰："何故弗与？"桓子曰："无故索地，故弗与。"任章曰："无故索地，诸大夫必惧；吾与之地，智伯必骄。彼骄而轻敌，此惧而相亲；以相亲之兵待轻敌之人，智氏之命必不长矣。《周书》曰：'将欲败之，必姑辅之。将欲取之，必姑与之。'主不如与之，以骄智伯，然后可以择交而图智氏矣，奈何独以吾为智氏质乎！"桓子曰："善。"复与之万家之邑一。

【译文】

智伯向韩康子索取土地，韩康子准备不给。段规说："智伯好利又任性，不给，他就会讨伐我们；不如给他。他把取得土地当作习以为常的事情，必然又会向别人索取；别人不给，他必定会以兵戎相向，这样我们得以免于祸患而等待事态的变化了。"韩康子说："好。"派使者把有万户人家的一个邑送给智伯。智伯很高兴，又向魏桓子索取土地。魏桓子想不给，任章说："为何不给？"魏桓子说："无故索取土地，所以不给。"任章说："无故索取土地，各个大夫必然恐惧；我们给了土地，智伯必然骄傲。他骄傲就会轻敌，我们这边因恐惧就会相互团结；用团结的军队来对付轻敌的人，智氏的命运肯定长不了！

少虡剑　春秋后期，晋国兵器。长54厘米，宽5厘米，重0.88千克。出土于山西李峪村。

《周书》说：‘你想打败对方，必须姑且先帮助他。你想要攻取对方，必须姑且先拿点什么给他。’主不如把土地给他，使智伯骄傲起来，然后可以选择合作者来收拾智氏，何苦独独由我们来作为智氏的攻击对象呢？”桓子说：“好。”又给了智伯一个有万户人家的邑。

【原文】

智伯又求蔡、皋狼之地于赵襄子，襄子弗与。智伯怒，帅韩、魏之甲以攻赵氏。襄子将出，曰：“吾何走乎？”从者曰：“长子近，且城厚完。”襄子曰：“民罢力以完之，又毙死以守之，其谁与我！”从者曰：“邯郸之仓库实。”襄子曰：“浚民之膏泽以实之，又因而杀之，其谁与我！其晋阳乎，先主之所属也，尹铎之所宽也，民必和矣。”乃走晋阳。

【译文】

智伯又向赵襄子索取蔡和皋狼，赵襄子不给。智伯发怒，把韩、魏的兵一起带上去攻打赵氏。赵襄子要离城出走，问道：“我们到哪里去呢？”随从的人说：“长子离这里近，而且城池厚实坚固。”赵襄子说：“民众用尽了气力来筑好长子城，现在又要舍命来守卫，有谁会来支持我！”随从的人说：“邯郸的仓库充实，可以到那里去。”赵襄子说：“搜刮了民脂民膏充实它，又因此使民众受刀兵之灾，有谁会来支持我！还是去晋阳吧，那是先主嘱托过的，尹铎宽抚过的地方，民众必定和我们同心协力。”于是出走到晋阳。

【原文】

三家以国人围而灌之，城不浸者三版；沈灶产蛙，民无叛意。智伯行水，魏桓子御，韩康子骖乘。智伯曰：“吾乃今知水可以亡人国也。”桓子肘康子，康子履桓子之跗，以汾水可以灌安邑，绛水可以灌平阳也。𫄨疵谓智伯曰：“韩、魏必反矣。”智伯曰：“子何以知之？”𫄨疵曰：“以人事知之。夫从韩、魏之兵以攻赵，赵亡，难必及韩、魏矣。今约胜赵而三分其地，城不没者三版，人马相食，城降有日，而二子无喜志，有忧色，是非反而何？”明日，智伯以絺疵之言告二子，二子曰：“此夫谗人欲为赵氏游说，使主疑于二家而懈于攻赵氏也。不然，夫二家岂不利朝夕分赵氏之田，而欲为危难不可成之事乎！”二子出，絺疵入曰：“主何以臣之言告二子也？”智伯曰：“子何以知之？”对曰：“臣见其视臣端而趋疾，知臣得其情故也。”智伯不悛。絺疵请使于齐。

【译文】

智氏、韩氏、魏氏率领国人包围了晋阳，用水来灌，城墙没有被水浸没的地方只有三版；灶没在水里，都生出青蛙来，但邑民们还是没有背叛的念头。智伯察看水势，魏桓子驾车，韩康子陪乘。智伯说，“我今天才知道水可亡人之国！”魏桓子用肘碰了一下韩康子，韩康子踩了一下魏桓子的脚背，因为汾水可以灌安邑，绛水可以灌平阳啊！絺疵对智伯说：“韩、魏是准定要叛变了！”智伯说：“你怎会知道？”絺疵说：“从人情事态知道。我们联合韩、魏的兵攻打赵氏，赵氏亡，灾难就必定轮到韩、魏。现在约定，胜赵以后，三家瓜分其地，城只剩三版没有淹没，人马相食，指日就会降服。然而韩、魏二子并不欣喜，而有忧患之色，这不是想叛变又是什么？”第二天，智伯把絺疵的话告诉了韩、魏二子。二子说：“这是那些捣鬼的人要替赵氏游说，以使主对我们二家产生怀疑而放松对赵氏的进攻。否则，我们二家难道对眼前就可分得赵氏之田不感兴趣，反去干危险不能成功的事情吗？”二子出去了，絺疵进来说：“主为什么要把臣的话告诉韩、魏二子？”智伯说：“你怎会知道？”回答道：“臣看到他俩端详了臣又很快地走掉，这是他俩知道臣掌握了他俩的真情，所以会有这种表现啊！”智伯仍不醒悟。絺疵请求出使到齐国去。

【原文】

赵襄子使张孟谈潜出见二子，曰：“臣闻唇亡则齿寒。今智伯帅韩、魏以攻赵，赵亡则韩、魏为之次矣。”二子曰：“我心知其然也；恐事未遂而谋泄，则祸立至矣。”张孟谈曰：“谋出二主之口，入臣之耳，何伤也！”二子乃潜与张孟谈约，为之期日而遣之。襄子夜使人杀守堤之吏，而决水灌智伯军。智伯军救水而乱，韩、魏翼而击之，襄子将卒犯其前，大败智伯之众，遂杀智伯，尽灭智氏之族。惟辅果在。

【译文】

赵襄子派张孟谈暗中出城见韩、魏二子，说："臣听说唇亡则齿寒。现在智伯率领韩、魏之众攻打赵氏，赵氏灭亡以后，就该轮到韩、魏了。"韩、魏二子说："我们心中也知道是这样的，只是怕事情还未办到，计谋就泄露出去，这样灾祸会立刻临头。"张孟谈道："计谋出二主之口，入臣之耳，有什么关系！"韩、魏二子便秘密地和张孟谈相约，确定了行动的时间后把他送回去。赵襄子在夜里派人出城杀了智氏守护堤防的官吏，决开堤防放水淹灌智伯军。智伯军慌忙救水乱了套，韩、魏两军从两侧攻出，赵襄子率领士卒从正面杀过去，大败智伯军，趁势杀死智伯，杀光了智氏一族。只有辅果得以幸免。

【原文】

三家分智氏之田，赵襄子漆智伯之头，以为饮器。智伯之臣豫让欲为之报仇，乃诈为刑人，挟匕首，入襄子宫中涂厕。襄子如厕心动，索之，获豫让。左右欲杀之，襄子曰："智伯死无后，而此人欲为报仇，真义士也！吾谨避之耳。"乃舍之。豫让又漆身为癞，吞炭为哑，行乞于市，其妻不识也。行见其友，其友识之，为之泣曰："以子之才，臣事赵孟，必得近幸。子乃为所欲为，顾不易邪？何乃自苦如此！求以报仇，不亦难乎？"豫让曰："不可！既已委质为臣，而又求杀之，是二心也。凡吾所为者，极难耳。然所以为此者，将以愧天下后世之为人臣怀二心者也。"襄子出，豫让伏于桥下。襄子至桥，马惊；索之，得豫让，遂杀之。

【译文】

赵、韩、魏三家瓜分了智氏的领地。赵襄子把智瑶的头骨涂上漆，作为饮具。智瑶的家臣豫让想为主公报仇，就化装为罪人，怀揣着匕首，混到赵襄子的宫室中打扫厕所。赵襄子上厕所时，忽然心动不安，便令人搜索，抓获了豫让。左右要将豫让杀死，赵襄子说："智瑶已死无后人，而此人还要为他报仇，真是一个义士！我小心躲避他好了。”于是释放了豫让。豫让又用漆涂身，使浑身生满癞疮；再吞下火炭，弄哑嗓音，在街市上乞讨，连结发妻子见面也认不出来。路上遇到朋友，朋友认出了他，为他垂泪道：“以你的才干，如果投靠赵家，一定会成为亲信，那时你就为所欲为，难道不容易吗？何必如此自我折磨？这样来图谋报仇，不是太难了吗！”豫让说：“要是已经委身于赵家为臣，再去刺杀他，就是怀有二心。我现在这种做法，是极困难的。然而之所以还要这样干下去，就是为了让天下与后世做人臣子而怀有二心的人感到羞愧。”赵襄子乘车出行，豫让潜伏在桥下。赵襄子到了桥前，马突然受惊，进行搜索，捕获豫让，于是将他杀死。

【原文】

襄子为伯鲁之不立也，有子五人，不肯置后。封伯鲁之子于代，曰代成君，早卒；立其子浣为赵氏后。襄子卒，弟桓子逐浣而自立，一年卒。赵氏之人曰：“桓子立，非襄主意。”乃共杀其子，复迎浣而立之，是为献子。献子生籍，是为烈侯。魏斯者，魏桓子之孙也，是为文侯。韩康子生武子；武子生虔，是为景侯。

【译文】

赵襄子因为父亲赵简子当年没有立哥哥伯鲁为继承人，自己虽然有五个儿子，也不肯立为继承人。他封伯鲁的儿子于代国，称代成君，早死；又立其子赵浣为赵家的继承人。赵襄子死后，弟弟赵桓子驱逐赵浣，自立为国君，继位一年也死了。赵家的族人们说：“赵桓子做国君，本来就不是赵襄子的主意。”大家一起杀死了赵桓子的儿子，再迎回赵浣，拥立为国君，这就是赵献子。赵献子生子名赵籍，就是赵烈侯。魏斯，是魏桓子的孙子，就是魏文侯。韩康子生子名韩武子，武子又生韩虔，就是韩景侯。

商鞅变法

【原文】

[周显王七年]（前362年）

秦献公薨，子孝公立。孝公生二十一年矣。是时河、山以东强国六，淮、泗之间小国十余，楚、魏与秦接界。魏筑长城，自郑滨洛以北有上郡；楚自汉中，南有巴、黔中：皆以夷翟遇秦，摈斥之，不得与中国之会盟。于是孝公发愤，布德修政，欲以强秦。

【译文】

周显王七年（前362年）

秦献公去世，儿子秦孝公即位。孝公当时已二十一岁了。这时，黄河、崤山以东，有六个强国；淮河、泗水之间有十余个小国。楚国、魏国与秦国接界。魏国自郑县（今陕西华县）沿洛河向北直到上郡（今陕西绥德），修筑了长城。楚国拥有自汉中（今陕西南郑），南到巴城（今重庆市）、黔中（今湖南沅陵）地区。他们都把秦国当作落后的夷狄部族看待，摈斥秦国，使它不能参加中原各国的会盟活动。于是，秦孝公发奋图强，广布恩德，整顿内政，决心使秦国迅速强盛起来。

大良造鞅镦　战国后期，通高5.7厘米，宽2.4厘米，重0.08千克。出土于河南洛阳。

【原文】

八年，孝公令国中曰："昔我穆公，自岐、雍之间修德行武，东平晋乱，以河为界，西霸戎翟，广地千里，天子致伯，诸侯毕贺，为后世开业，甚光美。会往者厉、躁、简公、出子之不宁，国家内忧，未遑外事。三晋攻夺我先君河西地，丑莫大焉。献公即位，镇抚边境，徙治栎阳，且欲东伐，复穆公之故地，修穆公之政令。寡人思念先君之意，常痛于心。宾客群臣有能出奇计强秦者，吾且尊官，与之分土。"于是卫公孙鞅闻是令下，乃西入秦。公孙鞅者，卫之庶孙也，好刑名之学。事魏相公叔痤，痤知其贤，未及进。会病，魏惠王往问之曰："公叔病如有不可讳，将奈社稷何？"公叔曰："痤之中庶子卫鞅，年虽少，有奇才，愿君举国而听之！"王嘿然。公叔曰："君即不听用鞅，必杀之，无令出境！"王许诺而去。公叔召鞅谢曰："吾先君而后臣，故先为君谋，后以告子。子必速行矣！"鞅曰："君不能用子之言任臣，又安能用子之言杀臣乎？”卒不去。王出，谓左右曰：“公叔病甚，悲乎！欲令寡人以国听卫鞅也！既又劝寡人杀之，岂不悖哉！”卫鞅既至秦，因嬖臣景监以求见孝公，说以富国强兵之术。公大悦，与议国事。

【译文】

八年，秦孝公在国内发布命令说：“从前，我们的国君穆公，在岐山（今陕西岐山境内）、雍水（在今陕西凤翔境内）之间励精图治，布德讲武，东面平定了晋国之乱，以黄河为两国国界；向西称霸夷狄，拓地千里。天子委以主管西方之重任，各诸侯国都来祝贺。他为后世开辟了基业，极为光荣伟大。可是，后来经历了厉公、躁公、简公、出子，国无宁日，内忧连绵，无暇顾及外事。于是，三晋攻占了我们祖先的黄河西岸领土，这是莫大的耻辱。献公即位后，镇抚边境，迁都栎阳（今陕西临潼），并立志东征，收复穆公时的全部国土，恢复穆公时的政令传统。我每思念父亲壮志未遂，与世长辞，常常痛彻心脾。宾客和群臣中，如有人能出奇计，使秦国强大，我将恭恭敬敬地请他做高官，并划分国土，封以爵位。”卫国的公孙鞅听说发布了这个命令，就西入秦国。公孙鞅，是卫国国君的庶孙，喜好法家、名家的学说，对法律深有研究。在魏国宰相公叔痤手下做事。公叔痤深知他有才干，还未来得及推荐重用，适逢病重，魏惠王前往探视，问道：“公叔先生，您的病体如有三长两短，国家大事怎么办呢！”公叔痤说：“我的中庶子卫鞅，年纪虽轻，却有奇才。希望您把整个国家都交给他治理。”魏惠王沉默不语。公叔痤说：“君上既然不接受建议重用卫鞅，那就一定要把他杀死，决不能让他出境！”魏惠王答应后离去。公叔痤召来卫鞅，向他道歉说：“我把国君放在前面，把臣子摆在后面，所以先为国君出谋划策，然后再告知你。你必须赶快离开这儿。”卫鞅说：“国君既不能听您的话重用我，又怎会听您的话杀我呢！”并没有离去。魏惠王出来后，对左右说：“公叔宰相病入膏肓，太可悲了！先想让我把国家大事交给卫鞅，然后又劝我杀他。岂不荒谬！”卫鞅到了秦国，通过宠臣景监求见秦孝公，以富国强兵之术说动他。秦孝公大喜，与他共商国事。

【原文】

十年。卫鞅欲变法，秦人不悦。卫鞅言于秦孝公曰："夫民不可与虑始，而可与乐成。论至德者不和于俗，成大功者不谋于众。是以圣人苟可以强国，不法其故。"甘龙曰："不然。缘法而治者，吏习而民安之。"卫鞅曰："常人安于故俗，学者溺于所闻，以此两者，居官守法可也，非所与论于法之外也。智者作法，愚者制焉；贤者更礼，不肖者拘焉。"公曰："善。"以卫鞅为左庶长。卒定变法之令。令民为什伍而相收司、连坐，告奸者与斩敌首同赏，不告奸者与降敌同罚。有军功者，各以率受上爵。为私斗者，各以轻重被刑大小，僇力本业，耕织致粟帛多者，复其身。事末利及怠而贫者，举以为收孥。宗室非有军功论，不得为属籍。明尊卑爵秩等级，各以差次。名田宅、臣妾、衣服。有功者显荣，无功者虽富无所芬华。令既具，未布，恐民之不信，乃立三丈之木于国都市南门，募民有能徙置北门者予十金。民怪之，莫敢徙。复曰："能徙者予五十金！"有一人徙之，辄予五十金。乃下令。令行期年，秦民之国都言新令之不便者以千数。于是太子犯法。卫鞅曰："法之不行，自上犯之。太子，君嗣也，不可施刑。刑其傅公子虔，黥其师公孙贾。"明日，秦人皆趋令。行之十年，秦国道不拾遗，山无盗贼，民勇于公战，怯于私斗，乡邑大治。秦民初言令不便者，有来言令便。卫鞅曰："此皆乱法之民也！"尽迁之于边。其后民莫敢议令。

【译文】

十年。卫鞅志在变法革新，秦国有些人很不高兴。卫鞅对秦孝公说："普通人不能参与事业创始的谋划，而可以共同欢庆事业的成功。讲求高尚道德的人总是与世俗偏见格格不入，建立大功业的人不必与芸芸众生谋划机密大事。所以，圣贤之人只要能强国，并不恪守传统旧规。"甘龙说："不对！按旧章法办事，官吏熟悉、习惯，而百姓也安然处之。"卫鞅说："普通人习惯于陈规旧俗，学者们局限于所闻所见的狭小天地。这两种人，做官奉守成法是可以的，但不能与他们谈论成法以外的事情。智慧者创制法规，愚笨者因循旧制；贤明者变更礼法，无能者死守不变。”秦孝公赞道：“说得好！”任命卫鞅为左庶长。终于制定了变法条令。命令百姓以什伍之数组织起来，互相监督纠发，一家有罪，九家连坐。告发犯罪者，与在战场上斩杀敌人首级同样奖赏；知奸不报者，与在战场上降敌同样受罚。建立军功者，受上赏；私自殴斗者，视情节轻重处以不等的刑罚。致力于农业这个本业、勤于耕织使粮丰帛多的人，免除他们自身的赋税；从事工商等末业以及因懒惰而贫穷的人，一旦被纠举出来，就罚没其家，将其妻子降为奴婢。王室宗亲，未有战功可论的一律不得仍在宗属之籍。地位尊卑、爵秩等级，都有明确规定，各有差别和秩序。田土宅第、奴婢姬妾、衣服式样，都有名分差别。有功于国的人，使其处处荣耀；无功于国的人虽富有，也不被人敬重，脸上无光。

变法令既备，尚未公布，惟恐人民不能深信不疑。于是，在国都栎阳（今陕西临潼）集市南门树立三丈高的木杆，招募能移置到北门的人，给予十金。百姓奇怪赏额太高，不敢移动。就又增加赏额说：“能移者，给五十金。”有一个人按要求移置了木杆，就真的给予五十金的奖赏。然后，才下达了变法令。变法令实行了一年，秦国有上千人到国都诉说新法不好。此时，太子触犯了新法。卫鞅说：“新法之所以不能畅行无阻，在于上层特权人物阻挠、违犯！”太子是王储，不能动刑。于是，就将太子傅公子虔处以劓刑，将太子师公孙贾处以黥刑。第二天，秦国人就全都谨慎地遵守变法令了。变法实行了十年，秦国路不拾遗，山上无盗贼，百姓勇于为国战斗，怯于私自斗殴。村镇城乡，一派升平景象。当初说变法令坏话的秦国老百姓中，又有人来说变法令的好话。卫鞅说：“这些都是乱法之民！”全都流放到边陲。从此以后，民众再也不敢议论变法令了。

智伏庞涓

【原文】

[周显王十五年]（前354年）

魏惠王伐赵，围邯郸。楚王使景舍救赵。

十六年齐威王使田忌救赵。初，孙膑与庞涓俱学兵法。庞涓仕魏为将军，自以能不及孙膑，乃召之。至，则以法断其两足而黥之，欲使终身废弃。齐使者至魏，孙膑以刑徒阴见，说齐使者。齐使者窃载与之齐。田忌善而客待之，进于威王。威王问兵法，遂以为师。于是威王谋救赵，以孙膑为将，辞以刑余之人不可。乃以田忌为将而孙子为师。居辎车中，坐为计谋。田忌欲引兵之赵。孙子曰："夫解杂乱纷纠者不控拳，救斗者不搏撠。批亢捣虚，形格势禁，则自为解耳。今梁、赵相攻，轻兵锐卒必竭于外，老弱疲于内。子不若引兵疾走魏都，据其街路，冲其方虚，彼必释赵以自救。是我一举解赵之围而收弊于魏也。"田忌从之。十月，邯郸降魏。魏师还，与齐战于桂陵，魏师大败。

【译文】

周显王十五年（前354年）

魏惠王攻伐赵国，包围了邯郸。楚王派遣景舍救援赵国。

十六年齐威王派遣田忌救援赵国。当初，孙膑和庞涓一同学习兵法。后来庞涓在魏国供职，担任将军。他自己认为才能赶不上孙膑，就把孙膑召引来。孙膑到达魏国以后，庞涓却寻机依据刑法截断了他的膑骨，并且施以黥刑，想使孙膑终生不能做事。齐国的使节来到魏国，孙膑以受过刑罚的罪人身份暗中求见，说动齐国的使节；齐使节偷偷地用车载着孙膑和他一同回到了齐国。田忌非常友好地以宾客之礼接待孙膑，并且把他推荐给齐威王。威王向孙膑请教兵法，后拜他为军师。威王谋划救援赵国，就打算让孙膑担任主帅；孙膑以受过刑罚的人不能担任主帅为理由来辞谢。于是以田忌为主帅而以孙膑为军师，坐在饰有帷盖的车里，暗中运筹策划。田忌想要率领部队打到赵国去。孙膑说："理清乱丝的人不能握紧拳头，劝打架的人不能动手帮着打，避开要害直捣虚处，形势受到禁阻，那么也就自然缓解了。现在魏国和赵国互相进攻，轻便的武器和精锐的士卒必然全部用在战场，而年老病弱者则困守在国内；您不如率领部队快速奔赴魏国都城，占据它的交通要道，攻陷它正处于虚弱的地方，那么魏国必定放弃进攻赵国而解救自己。这样，我们出一次兵就能既解赵国之围而又收到挫败魏军的效果。"田忌接受了孙膑的建议。十月，邯郸投降魏国。魏军返回自救，和齐军战于桂陵，魏军大败。

孙膑 （约前380—前320年），战国时兵家。齐国阿（今属山东）人。曾与庞涓同学兵法，后庞涓成魏国大将，妒忌他的才能，把他骗到魏国，处以膑刑（挖去膝盖骨），所以叫孙膑。后担任齐威王的军师，先后在桂陵和马陵大败魏军。

【原文】

二十八年，魏庞涓伐韩。韩请救于齐。齐威王召大臣而谋曰："蚤救孰与晚救？"成侯曰："不如勿救。"田忌曰："弗救则韩且折而入于魏，不如蚤救之。"孙膑曰："夫韩、魏之兵未弊而救之，是吾代韩受魏之兵，顾反听命于韩也。且魏有破国之志，韩见亡，必东面而诉于齐矣。吾因深结韩之亲而晚承魏之弊，则可受重利而得尊名也。"王曰："善。"乃阴许韩使而遣之。韩因恃齐，五战不胜，而东委国于齐。齐因起兵，使田忌、田婴、田盼将之，孙子为师，以救韩，直走魏都。庞涓闻之，去韩而归。魏人大发兵，以太子申为将，以御齐师。孙子谓田忌曰："彼三晋之兵素悍勇而轻齐，齐号为怯。善战者因其势而利导之。《兵法》：'百里而趣利者蹶上将，五十里而趣利者军半至。'"乃使齐军入魏地为十万灶，明日为五万灶，又明日为二万灶。庞涓行三日，大喜曰："我固知齐军怯，入吾地三日，士卒亡者过半矣！"乃弃其步军，与其轻锐倍日并行逐之。孙子度其行，暮当至马陵。马陵道狭而旁多阻隘，可伏兵。乃斫大树，白而书之曰："庞涓死此树下！"于是令齐师善射者万弩夹道而伏，期日暮见火举而俱发。庞涓果夜到斫木下，见白书，以火烛之。读未毕，万弩俱发，魏师大乱相失。庞涓自知智穷兵败，乃自刭，曰："遂成竖子之名！"齐因乘胜大破魏师，虏太子申。

【译文】

二十八年，魏庞涓攻伐韩国。韩国向齐国请求救援。齐威王召见大臣谋划说："早救与晚救相比较，哪个更有利些？"成侯说："不如不救。"田忌说："不救韩国，那么韩就将受挫折而被魏吞并，不如早点救它。"孙膑说："韩、魏两国的军队还没有疲惫就去救它，这是我们代替韩国承受魏国的武力，这不反倒听从韩国的命令了吗？况且魏有破韩的决心，韩看到有亡国的趋势，必然向东来告诉齐国。我们顺势与韩深结友谊而晚点借用魏国的弊病，这样就可以获取重利并且得到尊敬的名声。"齐威王说："好。"于是暗中答应韩使节并且送走了他。韩因为依赖于齐，五战不胜，就把国家的命运托付给东方的齐国。齐国因而兴师，让田忌、田婴、田盼率领部队，孙膑为军师，以救援韩国，径直地奔赴魏国都城来。庞涓听到这消息，离开韩国而返回。魏人大规模地出兵，让太子申担任主帅，以抵御齐军。孙膑对田忌说："他们韩、赵、魏的士卒向来强悍勇猛而瞧不起齐国士卒，齐军被称作怯懦者。善于作战的人应顺应事物的发展趋势加以引导。《孙武兵法》说：'走百里去争利的，先头部队的将领会受挫折；走五十里去争利的，队伍只有一半赶得到。'"于是让齐军进入魏国领土后第一天修砌十万火灶，第二天修砌五万火灶，第三天修砌两万火灶。庞涓行军三天，非常高兴地说："我本来就知道齐军怯懦，进入我国领土三天，士兵逃跑的就超过半数了！"于是舍弃他的步兵，与他的轻骑兵日夜兼程追逐齐军。孙膑估计魏军的行程，天黑时应该到达马陵，马陵道路狭窄而且两旁多险阻，可以埋伏军队，于是便砍剥大树的树皮，在露出白底的树干上写道："庞涓死此树下！"接着命令齐军擅长射箭的人携带上万只弩弓，沿马陵道两旁埋伏下来，约定好天黑后看到举火把就一齐发射。庞涓果然夜间来到被砍剥的树下，见树干白底上有字，就用火把照亮它去读，还没等读完，万弩一齐发射，魏军大乱，各自逃窜。庞涓自知智竭兵败，于是自刎，说道："这下子可成就了那小子（指孙膑）的名声！"齐军顺势乘胜大破魏军，俘获了魏太子申。

昭侯任贤

【原文】

[周显王十八年]（前351年）

韩昭侯以申不害为相。申不害者，郑之贱臣也，学黄、老、刑名，以干昭侯。昭侯用为相，内修政教，外应诸侯。十五年，终申子之身，国治兵强。申子尝请仕其从兄，昭侯不许，申子有怨色。昭侯曰："所为学于子者，欲以治国也。今将听子之谒而废子之术乎，已其行子之术而废子之请乎？子尝教寡人修功劳，视次第；

今有所私求，我将奚听乎？”申子乃辟舍请罪曰：“君真其人也。”昭侯有弊袴，命藏之。侍者曰：“君亦不仁者矣。不赐左右而藏之！”昭侯曰：“吾闻明主爱一嚬一笑，嚬有为嚬，笑有为笑。今袴岂特嚬笑哉！吾必待有功者。”

【译文】

周显王十八年（前351年）

韩昭侯任用申不害为宰相。申不害原是郑国职位卑贱的小臣。他学习黄帝、老子的著作，研究法家刑名之学，以求韩昭侯的任用。韩昭侯用他为宰相，对内修整政教，对外巧妙地应付各诸侯国。十五年间，终申不害在世，韩国大治，军队强盛。申不害曾为他的堂兄求官，韩昭侯没答应，申不害面有不满之神色。韩昭侯说：“之所以向您学习，是为了把国家治理好。现在是听从您的请托而废弃您的学说呢，还是实行您的学说而拒绝您的请托呢？先生您曾经教导我修整以功劳入仕的道路，重视以次第叙用的原则，而今您却有所私求，那我将听您哪种话呢？”申不害乃退避到殿堂的一侧，请罪说：“您真是我盼望的明君呀！”韩昭侯有条旧裤子，吩咐下人收藏保管。侍奉他的人说：“主上也是不仁慈的人啊！不把它赏赐给左右下人而收藏起来！”韩昭侯说：“我听说贤明的君主珍重每一次担忧和每一次欢笑。担忧有担忧的原因，欢笑有欢笑的理由。现在这条裤子岂不是如同愁眉和欢笑一样，也要特别珍重吗！我必须等待有功的人，值得赏赐才赏赐。”

合 纵 六 国

【原文】

[周显王三十六年]（前333年）

初，洛阳人苏秦说秦王以兼天下之术，秦王不用其言。苏秦乃去，说燕文公曰：“燕之所以不犯冠被甲兵者，以赵之为蔽其南也。且秦之攻燕也，战于千里之外；赵之攻燕也，战于百里之内。夫不忧百里之患而重千里之外，计无过于此者。愿大王与赵从亲，天下为一，则燕国必无患矣。”

【译文】

周显王三十六年（前333年）

当初，洛阳人苏秦以兼并天下的谋略游说秦王，秦王不采纳他的话，苏秦于是离开秦国，前往游说燕文公，说："燕国所以不被侵犯不受军兵骚扰的原因，是由于有赵国在南方作为屏蔽啊。如果秦国要攻伐燕国，是从千里之外作战；而赵国要攻伐燕国，是在百里之内相战。燕国不忧虑百里之内的战祸而注重防备千里之外的攻伐，燕国计谋的过错没有比这更严重的，我希望大王与赵国结成合纵相亲的盟国，而且以天下为一体，那么燕国一定会没有忧患了。"

【原文】

文公从之，资苏秦车马，以说赵肃侯曰："当今之时，山东之建国莫强于赵，秦之所害亦莫如赵。然而秦不敢举兵伐赵者，畏韩、魏之议其后也。秦之攻韩、魏也，无有名山大川之限，稍蚕食之，傅国都而止。韩、魏不能支秦，必入臣于秦；秦无韩、魏之规，则祸中于赵矣。臣以天下地图案之，诸侯之地五倍于秦，料度诸侯之卒十倍于秦。六国为一，并力西乡而攻秦，秦必破矣。夫衡人者皆欲割诸侯之地以与秦，秦成则其身富荣，国被秦患而不与其忧，是以衡人日夜务以秦权恐愒诸侯，以求割地。故愿大王熟计之也！窃为大王计，莫如一韩、魏、齐、楚、燕、赵为从亲以畔秦，令天下之将相会于洹水之上，通质结盟，约曰：'秦攻一国，五国各出锐师，或桡秦，或救之。有不如约者，五国共伐之！'诸侯从亲以摈秦，秦甲必不敢出于函谷以害山东矣。"肃侯大说，厚待苏秦，尊宠赐赉之，以约于诸侯。

【译文】

燕文公听从了苏秦的言论，供给苏秦车辆马匹，苏秦前往游说赵肃侯，说："当今，华山以东建立的国家没有比赵国更强大的，秦国最嫉恨的也没有哪个国家比得上赵国。然而秦国不敢发兵攻伐赵国的原因，是畏惧韩、魏在后面谋算它。秦国攻伐韩、魏，没有名山大川的阻挡，可以逐渐侵占它们，直侵占至它们的国都而后停止。韩、魏抵抗不住秦国，一定到秦国称臣，秦国没有韩、魏在暗中谋算它，那么祸患就要降临到赵国。我把天下的地图加以考察，诸侯的土地比秦国多五倍，估计诸侯的兵卒比秦国多十倍，六国合纵为一，合力向西去攻打秦国，秦国必然会大败。那些主张连横的人都想要诸侯割让土地给秦国，秦国成功他们便身享富贵荣耀，国家受秦国侵犯而他们不为国家担忧。这些主张连横的人日夜都拿秦国来恐吓诸侯各国，以强求他们割让土地。所以我希望大王仔细谋划这个大事！我私下为大王谋划，不如使韩、魏、齐、楚、燕、赵各国一致合纵相亲以叛离秦国，令诸侯各国将相在洹水滨会议，相誓结盟，共同缔约：'假若秦国攻打其中一国，其他五国应各出精兵，有的袭扰阻止秦军，有的前往受侵国救助。有不履行此盟约的，五国共同讨伐它！'诸侯合纵相亲以抗拒秦国，秦国军队一定不敢开出函谷关来侵害山东各诸侯国。"赵肃侯听了后很高兴，优厚地款待苏秦，尊敬宠信并赏赐他，让他去诸侯各国游说合纵约盟。

【原文】

于是苏秦说韩宣惠王曰："韩地方九百余里，带甲数十万，天下之强弓、劲弩、利剑皆从韩出。韩卒超足而射，百发不暇止。以韩卒之勇，被坚甲，蹠劲弩，带利剑，一人当百，不足言也。大王事秦，秦必求宜阳、成皋；今兹效之，明年复求割地。与则无地以给之；不与则弃前功，受后祸。且大王之地有尽而秦求无已，以有尽之地逆无已之求，此所谓市怨结祸者也，不战而地已削矣。鄙谚曰：'宁为鸡口，无为牛后。'夫以大王之贤，挟强韩之兵，而有牛后之名，臣窃为大王羞之！"韩王从其言。

【译文】

于是苏秦游说韩宣惠王，说："韩国的地方有九百余里，披甲的兵士有几十万，天下的强弓、劲弩、利剑都由韩国造出。韩国的兵卒举脚踏弩发射矢镞，连续发射百次而不停止。以韩国兵卒的勇敢，披上坚甲，足踏劲弩，携带利剑，以一当百，不在话下。大王你奉事秦国，秦国一定会要求你割让宜阳、成皋的地方。今天你献给了这些地方，明年他又要求割让土地。你要给他土地，却没有地方割让；你不给割让土地，那么就前功尽弃，承受后祸。况且大王你的土地有限，而秦国的贪求却无止境，以有限量的土地面对无止境的要求，这就是所说的买来怨恨自结祸根的情况啊，不经过交战而土地已先丧失了。俗谚说：‘宁可做鸡口，不要做牛后。’以大王你的贤明，加上拥有强悍的韩国兵众，而有做牛后的声名，我私下为大王你感到羞愧！”韩王于是听从了苏秦的话。

【原文】

苏秦说魏王曰：“大王之地方千里，地名虽小，然而田舍庐庑之数，曾无所刍牧。人民之众，车马之多，日夜行不绝，輷輷殷殷，若有三军之众。臣窃量大王之国不下楚。今窃闻大王之卒，武士二十万，苍头二十万，奋击二十万，厮徒十万；车六百乘，骑五千匹；乃听于群臣之说，而欲臣事秦！故敝邑赵王使臣效愚计，奉明约，在大王之诏诏之。”魏王听之。

【译文】

苏秦游说魏王，说：“大王你的地方有千里，地方虽说是小，然而国内田舍很多，竟至于没有长刍草放牧牲畜的空地。人民之众，车辆马匹之多，日夜往来不停。车马轰鸣，像有三军的广盛。我私下估量大王你的国势不在楚国之下。现在我听到传闻说，大王你的士卒，武士有二十万，苍头军二十万，精悍勇士二十万，杂役徒众十万；兵车有六百辆，马骑五千匹；却偏听了臣下们的议论，想顺从秦国！所以敝国的赵王派遣我来进献浅陋的计谋，奉上切实可行的盟约，只等大王你下诏答复订约。”魏王听从了苏秦的话。

梁伯戈　春秋前期，通高17.5厘米，宽9.4厘米，重0.28千克。

【原文】

苏秦说齐王曰：“齐四塞之国，地方二千余里，带甲数十万，粟如丘山。三军之良，五家之兵，进如锋矢，战如雷霆，解如风雨，即有军役，未尝倍泰山、绝清河、涉渤海者也。临淄之中七万户，臣窃度之，不下户三男子，不待发于远县，而临淄之卒固已二十一万矣。临淄甚富而实，其民无不斗鸡、走狗、六博、阘鞠。临淄之涂，车毂击，人肩摩，连衽成帷，挥汗成雨。夫韩、魏之所以重畏秦者，为与秦接境壤也。兵出而相当，不十日而战，胜存亡之机决矣。韩、魏战而胜秦，则兵半折，四境不守；战而不胜，则国已危亡随其后；是故韩、魏之所以重与秦战而轻为之臣也。今秦之攻齐则不然，倍韩、魏之地，过卫阳晋之道，经乎亢父之险，车不得方轨，骑不得比行，百人守险，千人不敢过也。秦虽欲深入则狼顾，恐韩、魏之议其后也，是故恫疑、虚喝、骄矜而不敢进，则秦之不能害齐亦明矣。夫不深料秦之无奈齐何，而欲西面而事之，是群臣之计过也。今无臣事秦之名而有强国之实，臣是故愿大王少留意计之！”齐王许之。

【译文】

苏秦游说齐王，说：“齐国是四境有天险屏障的国家，有地方二千多里，披铠甲的士卒有几十万人，粮食堆积得像山丘一样。军队精良，五都的兵员众多，前进就像飞速锋利的矢镞，出战像雷霆的威势，收兵散解时像风雨那样快捷，即使有军役征调，不必背离泰山、渡过清河、跨过渤海去征调。在临淄境内有七万户人家，我私下计算，每户不少于三个男子，不必等待从远方县邑发兵，而临淄的士卒就已有二十一万了。临淄这地方十分富庶殷实，这里的人民没有不是以斗鸡、走狗、六博、蹋球为游戏的。在临淄的道路上，行进的车辆，车轴头相接触，行人肩背相摩擦，衣襟连接起来可成帷幕，挥洒下的汗水可以成雨。韩、魏所以很畏惧秦国的原因，是由于同秦国国境的土地相连接。出兵相对抗，相战不到十日，胜败存亡的大势便确定了。韩、魏如果战胜了秦国，那么兵员当会损失一半，国家四周的边境也就无力防守；如果韩、魏不能战胜秦国，那么随着而来的就是国家灭亡的危险。正因为这个缘故，韩、魏便难于对秦作战，而会轻易顺服秦国。现在秦国要进攻齐国就不是这样，它要背向韩、魏的地方，经过卫国阳晋的道路，途经亢父的险要地段，战车不能并排前进，战马不能并排而奔跑，只要有一百人扼守险要，哪怕有一千人也不敢通过啊。秦军虽然想深入齐国却后顾疑虑，恐怕韩、魏在后面谋算它，因此自己恐惧怀疑、虚

齐萦姬盘　通高15厘米，宽55.5厘米，重11.39千克。内铸铭文：齊縈姬之嫇作寶盤。其眉壽萬年無疆，子子孫孫永寶之。

张声势吓唬韩、魏，骄躁矜夸而不敢进兵，那么秦国不敢侵害齐国也就很显明了。不认真估量秦国对齐国不能怎么样，而却打算向西顺服秦国，这是你的臣子们谋略错误啊。现在没有顺服秦国的名声而却有强国的现实，我因此希望大王你稍加留意估量这事！”齐王同意了苏秦的话。

【原文】

乃西南说楚威王曰：“楚，天下之强国也，地方六千余里，带甲百万，车千乘，骑万匹，粟支十年，此霸王之资也。秦之所害莫如楚，楚强则秦弱，秦强则楚弱，其势不两立。故为大王计，莫如从亲以孤秦。臣请令山东之国，奉四时之献，以承大王之明诏；委社稷，奉宗庙，练士厉兵，在大王之所用之，故从亲则诸侯割地以事楚，衡合则楚割地以事秦，此两策者相去远矣，大王何居焉？”楚王亦许之。

【译文】

于是前往西南去游说楚威王，说：“楚国，是天下的强国，地方有六千多里，披甲的士卒有百万，战车千辆，战马万匹，贮积的粮食可供应十年，这是成为天下霸王的资本啊。秦国所嫉恨的国家没有哪个比得上楚国的，楚国强大那么秦国就衰弱，秦国强大那么楚国就衰弱，秦与楚势不两立。所以为大王你谋划，最好不过的是合纵结盟以孤立秦国，臣我要使崤山以东的国家，向你供奉春、夏、秋、冬四季的礼物，以应承大王你的命令；各国把社稷宗庙托付、隶属给你，训练士卒，整备武器，只等大王你调动征用。所以实行合纵结盟那么诸侯各国就割献土地来奉事楚国，实行连横那么楚国就要割献土地去奉事秦国，这两种策略相差真是太远了，大王你要采取哪种策略呢？”楚王也同意了苏秦所说的话。

【原文】

于是苏秦为从约长，并相六国，北报赵，车骑辎重拟于王者。

【译文】

于是苏秦成为合纵的盟主，同时兼做六国的相，返回北方向赵王报告合纵盟约的成功。苏秦乘坐的车骑和随从供应物资的车辆同诸侯各国国王享用的相当。

张仪诳楚

【原文】

[周赧王二年]（前313年）

秦王欲伐齐，患齐、楚之从亲，乃使张仪至楚，说楚王曰："大王诚能听臣，闭关绝约于齐，臣请献商於之地六百里，使秦女得为大王箕帚之妾，秦、楚嫁女娶妇，长为兄弟之国。"楚王说而许之。群臣皆贺，陈轸独吊。王怒曰："寡人不兴师而得六百里地，何吊也？"对曰："不然。以臣观之，商於之地不可得而齐、秦合，齐、秦合则患必至矣。"王曰："有说乎？"对曰："夫秦之所以重楚者，以其有齐也。今闭关绝约于齐则楚孤，秦奚贪夫孤国而与之商於之地六百里！张仪至秦，必负王。是王北绝齐交，西生患于秦也，两国之兵必俱至。为王计者，不若阴合而阳绝于齐，使人随张仪，苟与吾地，绝齐未晚也。"王曰："愿陈子闭口，毋复言，以待寡人得地！"乃以相印授张仪，厚赐之。遂闭关绝约于齐，使一将军随张仪至秦。

【译文】

周赧王二年（前313年）

秦王想攻伐齐国，又顾虑到齐国与楚国合纵相亲的关系，于是派遣张仪到楚国，游说楚王，说："大王你假若真能接纳我的意见，对齐国断绝交往，终止合纵盟约，我秦国将奉献商於的地方六百里，使秦国的美女成为大王你洒扫服侍的婢妾，秦国与楚国之间嫁女娶妇，永远成为兄弟友好的邻国。"楚王听了后很高兴，同意了张仪的意见。臣子们都来祝贺，只有陈

轸表示伤心。楚王发怒说："我不出兵而得到六百里的土地，为什么你要伤心呢？"陈轸回答说："事情不是这样的。在我看来，商於的六百里地不可能得到，而齐国、秦国会相互联合，齐、秦联合那么祸难一定要到来了。"楚王说："有什么理由吗？"陈轸说："秦国之所以看重楚国，是因为楚国有齐国的合纵相亲，现在对齐国断绝交往，终止合纵盟约，那楚国便孤立了，秦国怎么会看得上孤立了的国家又给它商於的地方六百里呢！张仪回到秦国，一定会亏负大王你。这是由于大王你在北面与齐国断交，西面引来了秦国的祸患的结果，齐、秦两国的强兵一定都会攻到楚国来。为大王你着想，不如对齐国暗中交好而表面上断绝关系，派遣人随同张仪到秦国去，假使秦国给了我们土地，那时再断绝与齐国的关系也不迟。"楚王说："希望陈轸你住嘴，不要再说这些话，等待着我得到秦国的土地吧！"于是楚王把相印送给张仪，很丰厚地赏赐他。使同齐国断交，终止合纵盟约，派遣了一位将军随从张仪到秦国去。

【原文】

张仪佯堕车，不朝三月。楚王闻之，曰："仪以寡人绝齐未甚邪？"乃使勇士宋遗借宋之符，北骂齐王。齐王大怒，折节以事秦，齐、秦之交合。张仪乃朝，见楚使者曰："子何不受地？从某至某，广袤六里。"使者怒，还报楚王。楚王大怒，欲发兵而攻秦。陈轸曰："轸可发口言乎？攻之不如因赂之以一名都，与之并力而攻齐，是我亡地于秦，取偿于齐也。今王已绝于齐而责欺于秦，是吾合齐、秦之交而来天下之兵也，国必大伤矣！"楚王不听，使屈匄帅师伐秦。秦亦发兵使庶长章击之。

【译文】

张仪假装从车上掉下来摔伤，三个月不上朝。楚王听到张仪不上朝的消息后，说："张仪是认为我与齐国断交做得还不够彻底吗？"于是派勇士宋遗索借了宋国的符节，北上谩骂齐王。齐王大怒，只得委屈自己奉事秦国，这样齐国、秦国便交好联合了。张仪这才上朝，面见楚王派来的使者说："你为什么不接受赠送的土地？从某地至某地，纵横六里。"使者发怒，回来报告楚王。楚王大怒，想调发军兵攻打秦国。陈轸说："我陈轸可以开口讲话吗？攻击秦国还不如就把一个名都奉送给秦国，与秦国联兵攻打齐国，这样我楚国在秦国方面失去了土地，在齐国方面得到补偿。现在大王你已经对齐国绝交而又对秦国责备它的欺诈，这也就是我楚国促成齐、秦两国的交好并引来天下的强兵啊，国家一定会受到大大的损害！”楚王不听从陈轸的建议，派遣屈匄率领军队去攻伐秦国。秦国也发兵让庶长章迎击楚国军队。

【原文】

[周赧王三年]（前312年）

春，秦师及楚战于丹杨，楚师大败；斩甲士八万，虏屈匄及列侯、执珪七十余人，遂取汉中郡。楚王悉发国内兵以复袭秦，战于蓝田，楚师大败。韩、魏闻楚之困，南袭楚，至邓。楚人闻之，乃引兵归，割两城以请平于秦。

【译文】

周赧王三年（前312年）

春季，秦国的军队与楚国军队在丹杨开战，楚国军队大败；秦军斩杀了楚军甲士八万人，俘虏了将军屈匄以及属于侯爵、执珪爵位的七十多人，因而夺取了汉中郡。楚王调发国内全部军兵再袭击秦军，在蓝田大战，楚军大败。韩国、魏国听到楚国已战败危困，便向南进兵袭击楚国，到了邓县。楚军听到这消息，便调集队伍返回楚国，割让了两座城池给秦国以求和。

胡服骑射

【原文】

[周赧王八年]（前307年）

赵武灵王北略中山之地，至房子，遂至代，北至无穷，西至河，登黄华之上。与肥义谋胡服骑射以教百姓，曰："愚者所笑，贤者察焉。虽驱世以笑我，胡地中山，吾必有之！"遂胡服。

【译文】

周赧王八年（前307年）

赵国武灵王向北略取中山国的土地，到达房子（今河北临城），又到达代郡（今河北蔚县），再往北至塞外大漠无穷之处，西到黄河边，登上黄华山。他与肥义谋划推行"胡服骑射"的改革，来教化百姓，说道："愚顽之辈要嘲笑，贤能之人会明察。虽然会使世人都讥笑我，但胡人之地和中山国，我必能夺到手！"于是，在国内推行短衣短袖的胡服。

【原文】

国人皆不欲，公子成称疾不朝。王使人请之曰："家听于亲，国听于君。今寡人作教易服而公叔不服，吾恐天下议己也。制国有常，利民为本；从政有经，令行为上。明德先论于贱，而从政先信于贵，故愿慕公叔之义以成胡服之功也。"公子成再拜稽首曰："臣闻中国者，圣贤之所教也，礼乐之所用也，远方之所观赴也，蛮夷之所则效也。今王舍此而袭远方之服，变古之道，逆人之心，臣愿王孰图之也！"

【译文】

赵国人都不愿改穿胡服，武灵王的叔父公子成称病不上朝。武灵王派人去请求，说："在家要听命于父母尊亲，一国要听命于君主。现在，我已决

定国民要将宽袍大袖的传统服装改为紧身灵便的胡人服装，而叔父却不肯改换服装。我怕天下人要议论、指责您啊！国家有常制，以人民的利益为根本；从政有规律，以行令为前提。广布明德于黎庶，必须先在下层民众中宣传；推行法令有阻力，必须权贵先遵从，以取信于民。所以，我希望仰仗叔父以身作则的表率作用，来成就改穿胡服的大功。”公子成先行礼，然后说：“我听说中原之国，是圣贤教化的地方，是推行礼乐的地方，是远方外国向往的地方，是蛮夷之邦效仿的地方。现在，大王抛弃这些，而袭用远方胡人的胡装。这改变了古代的风尚，违逆了人们的心愿。我劝大王三思。”

【原文】

使者以报。王自往请之，曰：“吾国东有齐、中山、北有燕、东胡，西有楼烦、秦、韩之边。今无骑射之备，则何以守之哉？先时中山负齐之强兵，侵暴吾地，系累吾民，引水围鄗；微社稷之神灵，则鄗几于不守也。先君丑之，故寡人变服骑射，欲以备四境之难，报中山之怨。而叔顺中国之俗，恶变服之名，以忘鄗事之丑，非寡人之所望也！”公子成听命，乃赐胡服；明日服而朝。于是始出胡服令，而招骑射焉。

【译文】

使者回来如实报告。武灵王亲自往公子成家请安问好，说道：“我们赵国东有齐国、中山国，北有燕国、东胡，西有楼烦、秦国、韩国。现在，如仍沿用笨重迟钝的车战，而无精锐的骑射之师作防备，将如何去守卫国土呢！先前，中山国依仗齐国的强兵作后盾，侵略我们的国土，施暴行于我们的人民，决河引水围灌鄗城（今河北柏乡），如果没有上天神灵保佑，则鄗城差一点守不住。先君深以为耻辱。所以，我才变异服装推行骑射，是为了防备四境敌国的发难，以报中山国之仇。而叔父却固守中原之国的旧俗，厌恶改变服装的名声，忘记了鄗城的耻辱，这可不是我所希望于您的啊！”公子成表示听从上命，武灵王就赐给他胡服。第二天，他穿胡服上朝。武灵王这才发布了胡服令。并招募骑兵，演习骑射。

完璧归赵

【原文】

[周赧王三十二年]（前283年）

赵王得楚和氏璧，秦昭王欲之，请易以十五城。赵王欲勿与，畏秦强；欲与之，恐见欺。以问蔺相如，对曰："秦以城求璧而王不许，曲在我矣。我与之璧而秦不与我城，则曲在秦。均之二策，宁许以负秦。臣愿奉璧而往；使秦城不入，臣请完璧而归之！"赵王遣之。相如至秦，秦王无意偿赵城。相如乃以诈绐秦王，复取璧，遣从者怀之，间行归赵，而以身待命于秦。秦王以为贤而弗诛，礼而归之。赵王以相如为上大夫。

【译文】

周赧王三十二年（前283年）

赵王得到了楚国的和氏璧，秦昭王想要它，提出用十五座城邑交换。赵王想不给，却畏惧秦国强盛；想给他，又怕受欺骗。以此来问蔺相如，相如回答说："秦国用城邑请求换璧而大王不答应，我们就理亏了；我们给他玉璧而秦国不给我国城邑，则秦国理亏。衡量这两个办法的长短得失，宁可答应秦国，使秦国理亏。我愿敬捧和氏璧前往，假使秦国的城邑不交给我国，我保证使玉璧完好无损地回归我国。"赵王就派他去秦国。蔺相如到了秦国，秦王得到了玉璧竟无偿付城邑之意。蔺相如乃以计谋巧骗秦王，又取回了玉璧，派遣随从怀藏玉璧，走小道偷偷回到了赵国。而他自己在秦国等候发落。秦王认为他是贤能之人，决定不杀他，以礼相待，送他归赵。赵王委任蔺相如为上大夫。

负荆请罪

【原文】

[周赧王三十六年]（前279年）

秦王使使者告赵王，愿为好会于河外渑池。赵王欲毋行，廉颇、蔺相如计曰："王不行，示赵弱且怯也。"赵王遂行，相如从。廉颇送至境，与王诀曰："王行，度道里会遇之礼毕，还不过三十日；三十日不还，则请立太子以绝秦望。"王许之。会于渑池。王与赵王饮，酒酣，秦王请赵王鼓瑟，赵王鼓之。蔺相如复请秦王击缶，秦王不肯。相如曰："五步之内，臣请得以颈血溅大王矣！"左右欲刃相如，相如张目叱之，左右皆靡。王不怿，为一击缶。罢酒，秦终不能有加于赵；赵人亦盛为之备，秦不敢动。赵王归国，以蔺相如为上卿，位在廉颇之右。廉颇曰："我为赵将，有攻城野战之功。蔺相如素贱人，徒以口舌而位居我上。吾羞，不忍为之下！"宣言曰："我见相如，必辱之！"相如闻之，不肯与会；每朝，常称病，不欲争列。出而望见，辄引车避匿。其舍人皆以为耻。相如曰："子视廉将军孰与秦王？"曰："不若。"相如曰："夫以秦王之威而相如廷叱之，辱其群臣。相如虽驽，独畏廉将军哉！顾吾念之，强秦之所以不敢加兵于赵者，徒以吾两人在也。今两虎共斗，其势不俱生。吾所以为此者，先国家之急而后私仇也！"廉颇闻之，肉袒负荆至门谢罪，遂为刎颈之交。

【译文】

周赧王三十六年（前279年）

秦王（昭王）派使者告知赵王（惠文王），愿意跟赵王在黄河南面的渑池（在今河南渑池西）友好相会。赵王打算不去。廉颇、蔺相如商量说："大王不去，就显示了赵国力弱而又胆怯。”于是赵王出发赴会，蔺相如陪从。廉颇送到边境，与赵王告别，说：“大王的行程，估计里程加上会见礼节完毕，回到国内，总共不会超过三十天。到三十天不返回，请允许我们拥立太子为王，以打消秦国的企图。”赵王应允。在渑池相会，秦王与赵王饮酒，正喝到兴头上，秦王请赵王鼓瑟，赵王就鼓了瑟。蔺相如也请秦王击瓦盆，秦王不肯。蔺相如说：“五步之内，请允许小臣我以颈部的血溅大王！”秦王左右近臣欲杀相如，相如瞪眼怒斥，他们都吓得退缩一旁。秦王很不高兴。只得勉强敲了一下瓦盆。直到饮酒完毕，秦国到底未能强加于赵，占赵国的上风。赵国人也做了充分的准备，秦国不敢轻举妄动。赵王回到国内，任用蔺相如为上卿，地位在廉颇之上。廉颇说：“我为赵国将军，有攻城野战的功劳。蔺相如素来地位低贱，只凭口舌之劳而地位居然在我之上。我感到羞耻，不能容忍处在他下面！”扬言说：“我见了蔺相如，一定要侮辱他一番！”蔺相如听说了，不肯跟他碰面。每次上朝，常常称病，不想和他争朝列位次的高下，出门时望见廉颇，就指引车队躲避。蔺相如的门客都以此为羞耻。蔺相如说：“你看廉将军比得上秦王厉害吗？”门客回答说：“不如秦王。”蔺相如说：“凭秦王那样的淫威，而我在他的朝廷上却敢呵叱他，羞辱他的群臣。我虽不才，单单惧怕廉将军吗？只是我想到，强大的秦国所以不敢对赵国用兵，就是因为有我们两人在的缘故。现在，二虎相斗，势不能共存。我这样做的目的，是把国家的急务放在前面，而把私人的怨恨放在后头哇！”廉颇听了这话，袒露背膀，背着荆条，到蔺相如家门前谢罪。于是，两人结为生死之交。

田单封君

【原文】

[周赧王三十六年]（前279年）

初，燕人攻安平，临淄市掾田单在安平，使其宗人皆以铁笼傅车辖。及城溃，人争门而出，皆以辖折车败，为燕所擒；独田单宗人以铁笼得免，遂奔即墨。是时齐地皆属燕，独莒、即墨未下，乐毅乃并右军、前军以围莒，左军、后军围即墨。即墨大夫出战而死。即墨人曰：“安平之战，田单宗人以铁笼得全，是多智习兵。”因共立以为将以拒燕。乐毅围二邑，期年不克，乃令解围，各去城九里而为垒，令曰："城中民出者勿获，困者赈之，使即旧业，以镇新民。"三年而犹未下。或谗之于燕昭王曰："乐毅智谋过人，伐齐，呼吸之间克七十余城，今不下者两城耳，非其力不能拔，所以三年不攻者，欲久仗兵威以服齐人，南面而王耳。今齐人已服，所以未发者，以其妻子在燕故也。且齐多美女，又将忘其妻子。愿王图之！"昭王于是置酒大会，引言者而让之曰："先王举国以礼贤者，非贪土地以遗子孙也。遭所传德薄，不能堪命，国人不顺。齐为无道，乘孤国之乱以害先王。寡人统位，痛之入骨，故广延群臣，外招宾客，以求报仇；其有成功者，尚欲与之同共燕国。今乐君亲为寡人破齐，夷其宗庙，报塞先仇，齐国因乐君所有，非燕之所得也。乐君若能有齐，与燕并为列国，结欢同好，以抗诸侯之难，燕国之福，寡人之愿也。汝何敢言若此！"乃斩之。赐乐毅妻以后服，赐其子以公子之服；辂车乘马，后属百两，遣国相奉而致之乐毅，立乐毅为齐王。乐毅惶恐不受，拜书，以死自誓。由是齐人服其义，诸侯畏其信，莫敢复有谋者。

【译文】

周赧王三十六年（前279年）

当初，燕国军队进攻安平时，临淄管理市政的官佐田单也在安平，他让近房的族人都用铁箍裹住车轴头。到了城池被攻破时，城里的人争先出城逃命，车辆拥挤，都因为车轴头撞断，车身破裂，被燕军擒获；惟独田单一族人用铁箍裹住车轴头，车子完好，得以幸免。于是，他们就投奔尚未沦陷的即墨城。这时齐国的版图差不多都属于燕国了，只有莒、即墨两座城未被攻下，燕将乐毅就合并右军、前军来包围莒，左军、后军来包围即墨。即墨守城池的长官出城与燕军交战，战死。即墨城里的人说："安平一战，田单一族人因为用铁箍裹住车轴头，得以保全，这说明他

田单　战国时齐国将领。临淄（今山东淄博东北）人。因功受封安平君，被齐襄王任为相国。后襄王卒，入赵为相，受封平都君，曾率赵军攻燕。

足智多谋，熟悉兵法。”因此，便共同拥立他做守将，来抵挡燕军的侵略。乐毅包围莒和即墨这两座城池，一整年都没有攻破，于是命令部队解围，各自到离城九里处筑堡安营，还发布了一道命令：“城中的军民有出城的，不要捕获，生活有困难的还要救济他们，让他们尽快经营旧业，这样来安定新归附的人民。”然而三年过去了，即墨和莒仍然没能攻下。于是，有人在燕昭王面前讲乐毅的坏话：“乐毅的智慧和谋略超过常人，当年进攻齐国，顷刻之间，就攻占了七十多座城池，现在没有攻下的只有两座城池而已，不是力量不足攻占不了，他三年不去攻打的缘故，是想长久地依仗燕国的军威来折服齐国人，从而南面称王罢了。现在齐国人已经折服，乐毅还没有发动叛乱的原因，是由于他的妻小还在燕国本土的缘故。况且，齐国有许多漂亮的女子，（乐毅在那儿待的时间长了，）说不定将要忘掉他的妻子。希望国君您好好考虑一下他的事！”昭王为此举办盛大的酒会，把那个进谗言的人叫来当众责备他，说：“先王把整个燕国礼让给贤人，当然不是贪得土地来留传给子孙。但是，遇到接受王位的人德性差，不能胜任治国的重托，国内的人民不服从他。齐国不讲道义，乘我国内乱之机，杀害了先王。我现在继位为国君，痛恨齐国入骨，所以广泛地礼遇众臣，又从外面延揽各国的宾客，目的在于报仇雪恨；凡是能成大功的，我还想和他们一起来治理、享有燕国。何况现在乐先生亲自替我打败了齐国，踏平了齐王祖宗的祠庙，报偿了先前的国仇，这样，齐国本来就该是乐先生的，而不是燕国应得的。乐先生如果能治理好齐国，和燕国同为诸侯列国，同结欢好，共同抵抗其他诸侯国的侵略，这便是燕国的福分，也是我的愿望。你怎么敢说出这样的坏话！”于是把他杀掉。燕昭王把王后的服装赏赐给乐毅的妻子，把公子的服装赏赐给乐毅的儿子；并将四匹马拉的诸侯王乘坐的大车，随从护送乘坐的一百辆车子，派国相郑重地送去给乐毅，并且封乐毅为齐王。乐毅诚惶诚恐，不接受，郑重地给昭王写了一封书信，发誓至死对燕国不变心。从此，齐国人佩服他的义气，诸侯国敬畏他的诚信，没有人敢再出来搞挑拨离间的阴谋了。

乐毅　中山灵寿（今河北灵寿西北）人。战国后期杰出的军事家。

【原文】

顷之，昭王薨，惠王立。惠王自为太子时，尝不快于乐毅。田单闻之，乃纵反间于燕，宣言曰：“齐王已死，城之不拔者二耳。乐毅与燕新王有隙，畏诛而不敢归，以伐齐为名，实欲连兵南面王齐。齐人未附，故且缓攻即墨以待其事，齐人所惧，惟恐他将之来，即墨残矣。”燕王固已疑乐毅，得齐反间，乃使骑劫代将而召乐毅。乐毅知王不善代之。遂奔赵。燕将士由是愤惋不和。

【译文】

过了一些时候，燕昭王去世了，他的儿子继位为惠王。惠王自从做太子的时候起，就曾和乐毅有过矛盾。田单听说了这件事，便派人到燕国去施行挑拨离间的计策，造谣说：“齐王已经死了，齐国的城池没有被攻下的只有两座罢了。乐毅和燕国的新国君有怨仇，害怕被杀，因而（拖延战事）不敢回国，他以征伐齐国为名义，实际上想联合即墨、莒的守军，在齐国南面称王。只是齐国的民众还没有归附，所以乐毅暂时采取缓攻的策略，等待即墨一带民众归附他。现在齐国人所害怕的，只是燕国改派其他大将来，那么即墨城立刻就会陷落了。”燕惠王本来对乐毅就存有疑心，听了齐国挑拨离间的谣言，便派骑劫去代替乐毅统率部队，而且召乐毅回国。乐毅知道惠王派骑劫来代替他不怀好意，于是便投奔赵国去了。燕国的将领士卒，因此而愤恨惋惜，感到不平。

【原文】

田单令城中人，食必祭其先祖于庭，飞鸟皆翔舞而下城中。燕人怪之，田单因宣言曰：“当有神师下教我。”有一卒曰：“臣可以为师乎？”因反走。田单起引还，坐东乡，师事之。卒曰：“臣欺君。”田单曰：“子勿言也！”因师之。每出约束，必称神师。乃宣言曰：“吾唯惧燕军之劓所得齐卒，置之前行，即墨败矣！”燕人闻之，如其言。城中见降者尽劓，皆怒，坚守，惟恐见得。单又纵反间，言：“吾惧燕人掘吾城外冢墓，可为寒心！”燕军尽掘冢墓，烧死人。齐人从城上望见，皆涕泣，其欲出战，怒自十倍。田单知士卒之可用，乃身操版、锸，与士卒分功；妻妾编于行伍之间；尽散饮食飨士。令甲卒皆伏，使老、弱、女子乘城，遣使约降于燕；燕军皆呼万岁。田单又收民金得千镒，令即墨富豪遗燕将，曰：“即降，愿无虏掠吾族家！”燕将大喜，许之，燕军益懈。田单乃收城中，得牛千余，为绛缯衣，画以五采龙文，束兵刃于其角，而灌脂束苇于其尾，烧其端，凿城数十穴，夜纵牛，壮士五千随其后。牛尾热，怒而奔燕军。燕军大惊，视牛皆龙文，所触尽死伤。而城中鼓噪从之，老弱皆击铜器为声，声动天地。燕军大骇，败走。齐人杀骑劫，追亡逐北，所过城邑皆叛燕，复为齐。田单兵日益多，乘胜，燕日败亡走，至河上，而齐七十余城皆复焉。乃迎襄王于莒；入临淄，封田单为安平君。

【译文】

田单命令城中的民众，吃每顿饭前，都必须先把饭菜放在庭院里，祭祀他们的祖先，引来飞鸟盘旋飞舞下城啄食。燕国人远远望见感到很奇怪，田单就当众扬言说："会有神师降临来教导我（怎样破敌）。"有个小卒走过来说："我可以当这位神师吗？"说完话转身就跑。田单急忙站起身，把他拉回来，请他坐在向东的上座，像对待老师一样侍奉他。这个小卒说："我骗您的呀。"田单说："你别把这件事说穿！"于是真把他当作神师。此后，每次发布号令，一定声称是神师教导的。田单又宣扬说："我最害怕的，是燕国人割掉齐国俘虏的鼻子，（作战时）把他们赶到队伍的前面，那样即墨城就完了！"燕国人听到田单的这番话，就按照他的话做了。即墨城里的人们一见被俘的人全都给割去鼻子，都万分愤怒，坚决守城，唯恐被俘。田单又派人施行反间计，说："我们怕燕国人挖掘城外的祖坟，那样一来实在使人心寒（屈服）！"燕国军队果然挖尽了城外的坟墓，把尸骨堆起来烧了。齐国人在城头上远远地望见了这一切，全都悲愤得流泪抽泣，纷纷要求出战，斗志十倍于往常。田单知道这时部下都做了死战的准备，可以迎战燕军了，于是就亲自拿着筑墙和掘土的工具，和士卒一道修筑工事；将自己的妻妾也编入部队中；又把饮料食品全部散发给士卒。然后，他命令披甲的士卒全都埋伏起来，派老弱的兵丁和妇女们登城守卫，并派使者和燕国的军队商约投降；燕国将士高兴得一齐高呼"万岁"。田单又收罗城里民众的黄金，得到几万两，让即墨城里的富豪们偷偷送给燕军将领，说："齐军马上就要投降了，贵军受降后希望不要虏掠我们的家族！"燕军将领（见到这么多黄金）非常欣喜，便答应他们的请求。燕国将士的斗志也就渐渐松懈下

来。田单又派人在城里收集到一千多头牛，用深红色的薄绢披在牛身上，还在上面画上五彩龙纹，在牛角上绑上锋利的兵器，把灌有油脂的干芦苇缚在牛尾上，点燃它的尾端，事先早在城墙上凿了几十个洞穴，趁黑夜把牛放出去，五千名精壮的士卒跟随牛群后面出城。那些牛的尾巴被烧得疼痛难当，就拼命地向前狂奔，冲向燕军。燕国将士大惊失色，火光中隐约看到牛身上都有龙的斑纹，被牛冲撞的不是死就是伤。而且，即墨城里的人也聚众呐喊，紧跟后面冲了出来，老弱兵丁全都敲击铜器发出声响，震天动地。燕军将士惊慌失措，四下逃跑。齐国人杀了燕军主将骑劫，穷追败逃的敌人，一路上经过的城池全都摆脱了燕人的统治，重新成了齐国的城邑。田单的兵力日益增加，乘胜追击；燕军天天逃跑，直逃到黄河边国界上，这样，齐国的七十多座城池都被田单收复了。于是，田单从莒迎回襄王；襄王回到临淄后，封田单做安平君。

长平之战

【原文】

[周赧王五十五年]（前260年）

秦数败赵兵，廉颇坚壁不出。赵王以颇失亡多而更怯不战，怒，数让之。应侯又使人行千金于赵为反间，曰："秦之所畏，独畏马服君之子赵括为将耳！廉颇易与，且降矣！"赵王遂以赵括代颇将。蔺相如曰："王以名使括，若胶柱鼓瑟耳。括徒能读其父书传，不知合变也。"王不听。初，赵括自少时学兵法，以天下莫能当；尝与其父奢言兵事，奢不能难，然不谓善。括母问其故，奢曰："兵，死地也，而括易言之。使赵不将括则已，若必将之，破赵军者必括也。"及括将行，其母上书，言括不可使。王曰："何以？"对曰："始妾事其父，时为将，身所奉饭而进食者以十数，所友者以百数，王及宗室所赏赐者，尽以与军吏士大夫；受命之日，不问家事。今括一旦为将，东乡而朝，军吏无敢仰视之者；王所赐金帛，归藏于家，而日视便利田宅可买者买之。王以为如其父，父子异心，愿王勿遣！"王曰："毋置之，吾已决矣！”母因曰：“即如有不称，妾请先随坐！”赵王许之。

【译文】

周赧王五十五年（前260年）

赵兵屡次被秦兵打败，廉颇便下令坚守壁垒，拒不出战。赵王以为廉颇损兵折将后更加胆怯，不敢迎敌，很是恼怒，多次斥责他。秦国应侯范雎又派人用千金巨款到赵国施行反间计，说：“秦国所怕的，只是马服君赵奢的儿子赵括来做大将；廉颇好对付，而且他也快投降了！”赵王于是便让赵括代替廉颇为将。蔺相如说：“大王因为赵括的名气而使用他，就好像是粘住调音的琴柱再弹琴啊！赵括只知道死读他父亲的兵书，不知道随机应变。”赵王不听。当初，赵括从小学习兵法时，就自以为天下无敌，曾经与他的父亲赵奢谈论兵法，赵奢也难不倒他，但总不说他有才能。赵括的母亲询问原因，赵奢说：“带兵打仗，是出生入死的事情，而赵括说起来却很随便。赵国不用他为大将也还罢了，如果用他作大将，导致赵军失败的必是他！”待到赵括被任为大将将要出发，他母亲急忙上书说赵括不能用。赵王问：“为什么？”赵括母亲回答说：“当年我侍奉赵括的父亲，他做大将时，亲自捧着饭碗去招待的有几十人，他的朋友有几百人。大王及宗室王族给他的赏赐，他全都分发给将士。他自接受命令之日起，就不再理睬家事。现在赵括一做了大将，就东向高坐，接受拜见，大小军官没人敢抬头正眼看他。大王赐给他的金银绸缎，他全都拿回家藏起来，而且天天忙着察看有什么良田美宅可买的就买下来。大王您以为他像他父亲，其实他们父子俩的用心完全不同。请大王千万不要派他去！”赵王说：“老太太你不用管，我已经决定了。”赵括的母亲便说：“如果赵括出了差错，请大王不要连累我一起治罪。”赵王同意了。

【原文】

秦王闻括已为赵将，乃阴使武安君为上将军而王龁为裨将，令军中：“有敢泄武安君为将者斩！”赵括至军，悉更约束，易置军吏，出兵击秦师。武安君佯败而走，张二奇兵以劫之。赵括乘胜追造秦壁，壁坚拒不得入；奇兵二万五千人绝赵军之后，又五千骑绝赵壁间。赵军分而为二，粮道绝。武安君出轻兵击之，赵战不利，因筑壁坚守以待救至。秦王闻赵食道绝，自如河内，发民年十五以上悉诣长平，遮绝赵救兵及粮食。齐人、楚人救赵。赵人乏食，请粟于齐，王弗许。周子曰："夫赵之于齐、楚，扞蔽也，犹齿之有唇也。唇亡则齿寒；今日亡赵，明日患及齐、楚矣。救赵之务，宜若奉漏瓮沃焦釜然。且救赵，高义也；却秦师，显名也；义救亡国，威却强秦。不务为此而爱粟，为国计者过矣！"齐王弗听，九月，赵军食绝四十六日，皆内阴相杀食。急来攻垒，欲出为四队，四，五复之，不能出。赵括自出锐卒搏战，秦人射杀之。赵师大败，卒四十万人皆降。武安君曰："秦已拔上党，上党民不乐为秦而归赵。赵卒反覆，非尽杀之，恐为乱。"乃挟诈而尽坑杀之，遗其小者二百四十人归赵，前后斩首虏四十五万人，赵人大震。

【译文】

秦王听说赵括已经上任为大将，就暗中派武安君白起为上将军，改王龁为副将，在军中下令说："谁敢泄露白起为上将军的消息，一律处死！"赵括到了赵军中，便全部推翻军中原来的规定，调换军官，下令出兵攻打秦军。白起佯装打败退走，预先布置下两支奇兵准备截击。赵括乘胜追击，直达秦军营垒，秦军坚守，无法攻克。这时，秦军二万五千人的奇兵已切断了赵军的后路，另一支五千名的骑兵堵截住赵军返回营垒的通道，赵军被一分为二，粮道也断绝。武安君白起便下令精锐轻装的部队前去袭击，赵军迎战失利，只好坚筑营垒等待救兵。秦王听说赵军运粮道已经切断，亲自到河内征发十五岁以上的百姓全部调往长平，阻挡赵国救兵及运粮。齐国、楚国援救赵国。赵军缺乏粮食，向齐国请求接济，齐王不给。周子说："赵国对齐国、楚国来说，是一道屏障，就像牙齿上面的嘴唇，唇亡而齿寒。今天赵国灭亡了，明天就是齐国、楚国。援救赵国这件事，应该像捧着漏瓦罐去浇烧焦了的铁锅那样，刻不容缓。何况援救赵国是高尚的道义；抵抗秦军，是显示威名的好事。必须主持正义援救亡国，显示兵威击退强秦。不致力于此事反而吝惜粮食，这样为国家决策是个大错！"齐王仍是不听。九月，赵军已断食四十六天，士兵们都在暗中残杀，互相吞吃。赵括穷

白起　战国时期秦国名将。郿县（今陕西郿县东北）人，中国历史上著名的军事家、统帅。

急无路，便下令进攻秦军营垒，想派出四支队伍，轮番进攻，到第五次，仍无法突围。赵括亲自率领精兵上前肉搏，被秦兵射死。赵军于是全线崩溃，四十万士兵全部投降。白起说："当初秦军已攻克上党，上党百姓却不愿归秦而去投奔赵国。赵国士兵反复无常，不全部杀掉，恐怕会有后乱。"于是使用奸计把赵国降兵全部活埋，只放出二百四十个年岁小的回到赵国，前后共杀死赵军四十五万人，赵国大为震惊。

王命传任虎节　战国后期，长15.9厘米，宽10.7厘米，重0.47千克。铸有铭文：王命，命傳任。

毛遂自荐

【原文】

[周赧王五十七年]（前258年）

赵王使平原君求救于楚，平原君约其门下食客文武备具者二十人与之俱，得十九人，余无可取者。毛遂自荐于平原君。平原君曰："夫贤士之处世也，譬若锥之处囊中，其末立见。今先生处胜之门下三年于此矣，左右未有所称诵，胜未有所闻，是先生无所有也。先生不能，先生留！"毛遂曰："臣乃今日请处囊中耳！使遂蚤得处囊中，乃脱颖而出，非特其末见而已。"平原君乃与之俱，十九人相与目笑之。平原君至楚，与楚王言合从之利害，日出而言之，日中不决。毛遂按剑历阶而上，谓平原君曰："从之利害，两言而决耳！今日出而言，日中不决，何也？"楚王怒叱曰："胡不下！吾乃与而君言，汝何为者也？"毛遂按剑而前曰："王之所以叱遂者，以楚国之众也。今十步之内，王不得恃楚国之众也！王之命悬于遂手。吾君在前，叱者何也？且遂闻汤以七十里之地王天下，文王以百里之壤而臣诸侯，岂其士卒众多哉？诚能据其势而奋其威也。今楚地方五千里，持戟百万，此霸王之资也。以楚之强，天下弗能当。白起，小竖子耳。率数万之众，兴师以与楚战，一战而举鄢、郢，再战而烧夷陵，三战而辱王之先人，此百世之怨而赵之所羞，而王弗之恶焉。合从者为楚，非为赵也。吾君在前，叱者何也？”楚王曰：“唯唯，诚若先生之言，谨奉社稷以从。”毛遂曰：“从定乎？”楚王曰：“定矣。”毛遂谓楚王之左右曰：“取鸡、狗、马之血来！”毛遂奉铜盘而跪进之楚王曰：“王当歃血以定从；次者吾君，次者遂。”遂定从于殿上。毛遂左手持盘血而右手招十九人曰：“公等相与歃此血于堂下！公等录录，所谓‘因人成事’者也。”平原君已定从而归，至于赵，曰：‘胜不敢相天下士矣！”遂以毛遂为上客。

【译文】

周赧王五十七年（前258年）

赵王派平原君赵胜到楚国求救，平原君打算在门下食客中挑选二十名文武双全的，一同前往。但只挑出了十九个，剩下的却挑不出来了。有个叫毛遂的人向平原君自我推荐。平原君说：“贤良的人才处在世上，就好比锥子放在口袋里，锥尖立即能露出来。如今先生在我赵胜门下已经三年了，我左右的人没有称赞过你，我也没有听说你有什么作为，说明先生没有什么长处。先生你不能去，你还是留下吧！”毛遂说：“我不过今天才请你把我放到口袋中而已！如果早把我放进去，我早就脱颖而出了，岂止是露个锥尖呢！”平原君于是让毛遂一同赴楚，其余十九个人都相视嘲笑他。平原君到了楚国，向楚王阐述联合抗秦的必要性，从太阳升起一直谈到中午，楚王仍是犹豫不决。毛遂于是手按宝剑顺着台阶走上去，对平原君说：“联合抗秦的重要性，两句话就可以说清楚作出决定！现在从日出说到日中还不能决断，到底是怎么回事？”楚王怒斥毛遂道：“还不快滚下去！我在和你的主人说话，你跑上来干什么？”毛遂按剑上前说：“大王你之所以斥责我，是仗着楚国人多势众。此刻你我相距十步之内，你不可能依仗楚国人多势众了！你的性命在我的手中。在我的主人面前，你为什么喝斥我！而且毛遂听说商朝开国的汤王以七十里的土地而最终称王天下，周朝创业的文王仅凭一百里的土地而使诸侯臣服，他们难道是仗着人多势众吗？只不过是顺应历史大势、发

奋扬威而已。现在楚有五千里广的土地，持戟战士一百万，这是建立王霸的资本呀！以楚国的强盛，各国都难以抵挡。白起，不过是个小人物，率领几万军队，兴师动众与楚国作战，却一战便夺去鄢、郢两城，再战便火烧夷陵，三战已将楚国宗庙平毁，侮辱楚王祖先。这是百世难解的仇怨，连赵国都替你羞愧，而大王却不以为然。联合抗秦，实在是为了楚国，不是为了赵国啊！我的主人在面前，你为什么喝斥我？”楚王连连点头：“是的是的。正像先生指教的那样，我愿意以全国的力量与你们合作。”毛遂问：“联合的事确定了吗？”楚王说：“确定了。”毛遂便对楚王左右的随从说：“取鸡、狗、马的血来！”毛遂捧着铜盘跪着上前对楚王说：“请大王歃血宣誓订立同盟，其次是我主人，再次是我毛遂。”于是在大殿上订立了同盟。毛遂左手持铜盘，右手招呼同行的十九人说：“你们也在堂下一起歃血宣誓吧！你们只是跟来跟去，还是靠着别人才办成了事情。”平原君订好盟约后回到赵国，叹息说：“从今后我再不敢说能识别天下的人才了！”于是尊奉毛遂为座上宾。

奇货可居

【原文】

[周赧王五十八年]（前257年）

秦太子之妃曰华阳夫人，无子。夏姬生子异人，异人质于赵；秦数伐赵，赵人不礼之。异人以庶孽孙质于诸侯，车乘进用不饶，居处困不得意。

【译文】

周赧王五十八年（前257年）

秦国太子的妻子叫作华阳夫人，没有生下儿子。夏姬生了一个儿子取名异人，异人在赵国做人质；由于秦国屡次进攻赵国，赵国对异人也就不以礼相待。异人以昭襄王庶出孙子的身份在诸侯国做人质，车马开支等生活费用很不宽裕，处境艰难，十分不得意。

【原文】

阳翟大贾吕不韦适邯郸，见之，曰：“此奇货可居！”乃往见异人，说曰：“吾能大子之门！”异人笑曰：“且自大君之门！”不韦曰：“子不知也，吾门待子门而大。”异人心知所谓，乃引与坐，深语。不韦曰：“秦王老矣。太子爱华阳夫人，夫人无子。子之兄弟二十余人，子傒有承国之业，士仓又辅之。子居中，不甚见幸，久质诸侯。太子即位，子不得争为嗣矣。”异人曰：“然则奈何？”不韦曰：“能立适嗣者，独华阳夫人耳。不韦虽贫，请以千金为子西游，立子为嗣。”异人曰：“必如君策，请得分秦国与君共之。”不韦乃以五百金与异人，令结宾客。复以五百金买奇物玩好，自奉而西，见华阳夫人之姊，而以奇物献于夫人，因誉子异人之贤，宾客遍天下，常日夜泣思太子及夫人，曰：“异人也，以夫人为天！”夫人大喜。不韦因使其姊说夫人曰：“夫以色事人者，色衰则爱弛。今夫人爱而无子，不以繁华时蚤自结于诸子中贤孝者，举以为适，即色衰爱弛，虽欲开一言，尚可得乎！ 今子异人贤，而自知中子不得为嫡，夫人诚以此时拔之，是子异人无国而有国，夫人无子而有子也，则终身有宠于秦矣。”夫人以为然，承间言于太子曰：“子异人绝贤，来往者皆称誉之。”因泣曰：“妾不幸无子，愿得子异人立以为子，以托妾身！”太子许之，与夫人刻玉符，约以为嗣，因厚馈遗异人，而请吕不韦傅之。异人名誉盛于诸侯。

【译文】

阳翟大商人吕不韦来到赵国都城邯郸，碰上了异人，心中想道：“这是一个稀奇的货物，可以囤积牟利！”于是前去拜见异人，游说他说：“我能够光大你的门庭！”异人笑着回答说：“您姑且先光大您自己的门庭吧！”不韦说：“您有所不知，我的门庭只有依靠你的门庭才能光大。”异人心中明白话中的用意，就引入房中一道坐下，深入交谈。吕不韦说：“秦王年岁很大了。太子宠爱华阳夫人，但夫人没生儿子。你的兄弟共有

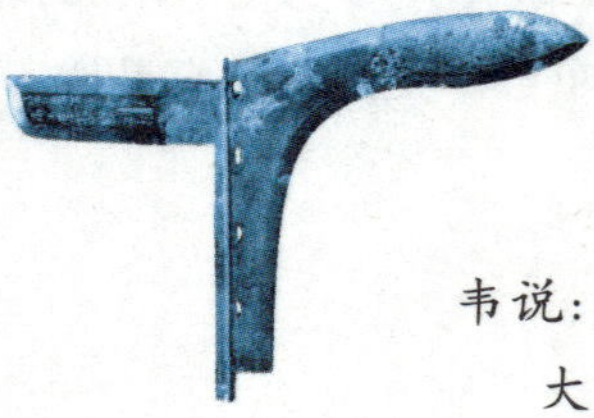

青铜戈　秦代兵器，出土于西安秦始皇陵兵马俑坑一号坑，通长26.7厘米。

二十多人，子傒有可能继承秦国的基业，还有士仓辅助他。你名次居中不是长子，不会很受宠爱，只能长期在诸侯国做人质。太子即位称王后，你是不可能争取成为继承人的。”异人说：“既然如此，那我该怎么办呢？”吕不韦说：“能确定谁为嫡生儿子并让他成为继承人的，只有华阳夫人一人而已。我吕不韦虽然钱财不多，但请允许我用黄金千斤替你到西边的秦国走一趟，立你为继承人。”异人说：“如果你的计划真的实现了，我情愿和你共同分享秦国。”吕不韦于是拿出五百斤黄金送与异人，叫他广为交接宾客提高名声。又用五百斤黄金购买奇珍异宝玩赏之物，亲自押运来到西边的秦国，先去拜见华阳夫人的姐姐，通过她把奇珍异宝进献给华阳夫人，并借机称赞异人贤能，说异人交接的宾客遍布天下，在赵国常常日夜流泪哭泣，思念着做太子的父亲和华阳夫人，还特意交代说：“异人是把夫人看作亲生母亲的！”这些话传到华阳夫人那里，华阳夫人非常高兴。吕不韦趁机又让她姐姐劝说华阳夫人说：“用美色事奉人的，一旦年老色衰就会使宠爱减退。现在夫人虽然得宠但没生儿子，如果不趁着容颜美丽的时候早早地在儿子们中间选一个贤能孝顺的与自己结成母子关系，让他成为嫡生的儿子，就会在色衰爱减之后，即使想开口说上一句话，还能办得到么！现在异人这孩子很贤能，可是他自知不是长子不可能立为嫡出的继承人，夫人果真能在此时拉他一把，这样异人就会由无国而变成有国，夫人就会由无子而变为有子，那么终身可受秦王宠爱了。”华阳夫人认为说得对，便利用机会对太子说：“异人这孩子贤能，从各国来往的人都很称赞他。”继而哭着说：“我不幸不能生育儿子，希望能够让异人作为儿子使我有个依靠！”太子答应了这个要求，为华阳夫人刻治玉符，把异人定为了继承人，于是向异人送去了丰厚的财物，请吕不韦辅助和教导异人。异人的名声在诸侯国也越来越大了。

【原文】

吕不韦娶邯郸诸姬绝美者与居，知其有娠。异人从不韦饮，见而请之。不韦佯怒，既而献之，孕期年而生子政，异人遂以为夫人。邯郸之围，赵人欲杀之，异人与不韦行金六百斤予守者，脱亡赴秦军，遂得归。异人楚服而见华阳夫人。夫人曰：“吾楚人也，当自子之。”因更其名曰“楚”。

【译文】

吕不韦娶下邯郸最漂亮的女子一道住着，知道女子已经怀孕。异人前来陪不韦饮酒，见了女子请求相赠。不韦假装发怒，过后把女子奉献给了异人，一年后生下儿子嬴政，异人于是立女子为夫人。邯郸被围时，赵国人准备杀掉异人，异人和吕不韦用六百金贿赂看守的人，脱身逃往秦军，方得以回到秦国。异人身着楚国服装去拜见华阳夫人。夫人说："我是楚国人，自己当然该以你这样的人为儿子。"便把异人的名字更改为"楚"。

荆轲刺秦

【原文】

[秦始皇帝二十年]（前227年）

荆轲至咸阳，因王宠臣蒙嘉卑辞以求见；王大喜，朝服，设九宾而见之。荆轲奉图而进于王，图穷而匕首见，因把王袖而揕之；未至身，王惊起，袖绝。荆轲逐王，王环柱而走。群臣皆愕，卒起不意，尽失其度。而秦法，群臣侍殿上者不得操尺寸之兵，左右以手共搏之，且曰："王负剑！"负剑，王遂拔以击荆轲，断其左股。荆轲废，乃引匕首擿王，中铜柱。自知事不就，骂曰："事所以不成者，以欲生劫之，必得约契以报太子也！"遂体解荆轲以徇。王于是大怒，益发兵诣赵，就王翦以伐燕，与燕师、代师战于易水之西，大破之。

【译文】

秦始皇帝二十年（前227年）

荆轲到了咸阳，通过秦王的宠臣蒙嘉低声下气地请求晋见。秦王大喜，穿着上朝的礼服，设九宾之礼接见了他。荆轲捧着地图进献给秦王，地图展示到最后，现出匕首。荆轲就势抓住秦王的衣袖，挥起匕首刺去；未及至身，秦王惊恐地跳起来，挣断了衣袖。荆轲追逐秦王，秦王绕着柱子跑。群臣皆惊愕木呆。由于事件猝然而起，出人意外，大家

秦始皇 （公元前259－前210年），首位完成中国统一的秦王朝的开国皇帝。后人称之为"千古一帝"，姓嬴，名政。出生于赵国，所以又叫赵政。

都不知如何办才好。而秦国的法律规定，群臣侍奉于殿上不许带尺寸兵器。秦王左右的人只好徒手搏击荆轲，一面喊，“大王往身后推剑！”秦王把剑推向身后，才得以拔出来挥击荆轲，砍断了他的左腿。荆轲跌倒，还用匕首投掷秦王，掷中了铜柱。荆轲自知事情不能成功了，骂道：“因为要活捉你，以得到归还国土的契约回报太子，反而误事，未能成功。”于是，荆轲被肢解示众。秦王因此大怒，增发大军开赴赵地，就势以王翦军进攻燕国，与燕军、代军会战于易水之西，大破敌军。

焚书坑儒

【原文】

[秦始皇帝三十五年]（前212年）

侯生、卢生相与讥议始皇，因亡去。始皇闻之，大怒曰：“卢生等，吾尊赐之甚厚，今乃诽谤我！诸生在咸阳者，吾使人廉问，或为妖言以乱黔首。”于是使御史悉案问诸生。诸生传相告引，乃自除犯禁者四百六十余人，皆坑之咸阳，使天下知之，以惩后；益发谪徙边。始皇长子扶苏谏曰：“诸生皆诵法孔子。今上皆重法绳之，臣恐天下不安。”始皇怒，使扶苏北监蒙恬军于上郡。

【译文】

秦始皇帝三十五年（前212年）

侯生、卢生一起讥讽、议论始皇帝的残暴并因此而逃亡了。始皇听说后勃然大怒，说：“卢生等人，我如此尊重他们，又厚厚地赏赐他们，如今竟然敢公开指责我！这些儒生在咸阳的，我派人去查访过，听说有的人竟妖言惑众！”于是下令让御史逮捕并审问所有儒生。儒生们彼此牵连告发，始皇帝亲自判处了违法犯禁的儒生四百六十多名，把他们全都活埋在咸阳，并让天下人都知道这件事，以便惩戒后来人。同时增加征发、迁徙流放人员去戍守边疆。始皇的长子扶苏为此规劝道：“那些儒生们全都诵读并效法孔子的言论。而今皇上全都用重法惩处他们，儿臣担心天下会因此不安定。”始皇大怒，把扶苏派往上郡去监督蒙恬的军队。

秦末起义

【原文】

[秦二世皇帝元年]（前209年）

秋，七月，阳城人陈胜、阳夏人吴广起兵于蕲。是时，发闾左戍渔阳，九百人屯大泽乡，陈胜、吴广皆为屯长。会天大雨，道不通，度已失期；失期，法皆斩。陈胜、吴广因天下之愁怨，乃杀将尉，召令徒属曰："公等皆失期当斩；假令毋斩，而戍死者固什六七。且壮士不死则已，死则举大名耳！王侯将相宁有种乎！"众皆从之。乃诈称公子扶苏、项燕，为坛而盟，称大楚；陈胜自立为将军，吴广为都尉。攻大泽乡，拔之；收而攻蕲，蕲下。乃令符离人葛婴将兵徇蕲以东；攻铚、酂、苦、柘、谯，皆下之。行收兵；比至陈，车六七百乘，骑千余，卒数万人。攻陈，陈守、尉皆不在，独守丞与战谯门中，不胜；守丞死，陈胜乃入据陈。

【译文】

秦二世皇帝元年（前209年）

秋季，七月，阳城人陈胜、阳夏人吴广在蕲县聚众起兵。当时，秦王朝征召贫苦百姓到渔阳屯戍守边，九百人在途中驻扎在大泽乡。陈胜、吴广为屯长。恰巧天降大雨，道路不通，估计已不能按期到达渔阳。按秦朝法律，延误戍期，一律当斩。陈胜、吴广便趁着天下百姓怨愤难当、已忍无可忍的时候，杀掉押送他们的将尉，召集戍卒号令说："你们都已经延误了戍期，当被斩首。即使不被杀，在外边戍守边防死去的也要占十之六七。况且壮士不死则已，要死就为图大事而死！王侯将相难道是天生高人一等的吗？"众人全都响应。陈胜、吴广便诈称秦公子扶苏、楚将项燕之名，培土筑坛，宣布誓约，号称"大楚"。陈胜自立为将军，吴广为都尉。起义军随即攻陷大泽乡；招收义兵，攻打蕲县。夺取蕲县后，即令符离县人葛婴率军攻掠蕲县以东，相继攻陷了铚、酂、苦、柘、谯等县。义军沿路招收人马，等到达陈县时，已经有战车六七百辆，骑兵千余，步兵数万人。当攻打陈县县城时，县令、县尉都不在，只有守丞在谯楼下的城门中抵抗义军，不能取胜，守丞被打死。陈胜于是领兵入城占据了陈地。

【原文】

初，大梁人张耳、陈馀相与为刎颈交。秦灭魏，闻二人魏之名士，重赏购求之。张耳、陈馀乃变名姓，俱之陈，为里监门以自食。里吏尝以过笞陈馀，陈馀欲起，张耳蹑之，使受笞。吏去，张耳乃引陈馀之桑下，数之曰："始吾与公言何如？今见小辱而欲死一吏乎！"陈馀谢之。陈涉既入陈，张耳、陈馀诣门上谒。陈涉素闻其贤，大喜。陈中豪杰父老请立涉为楚王，涉以问张耳、陈馀。耳、馀对曰："秦为无道，灭人社稷，暴虐百姓；将军出万死之计，为天下除残也。今始至陈而王之，示天下私。愿将军毋王，急引兵而西；遣人立六国后，自为树党，为秦益敌；敌多则力分，与众则兵强。如此，则野无交兵，县无守城，诛暴秦，据咸阳，以令诸侯；诸侯亡而得立，以德服之，则帝业成矣！今独王陈，恐天下懈也。"陈涉不听，遂自立为王，号"张楚"。

【译文】

2 号铜车马　秦代，1978 年出土于陕西西安临潼区秦始皇陵兵马俑坑，重 1241 千克，现藏秦始皇陵兵马俑博物馆。

当初，大梁人张耳、陈馀结为同生共死的朋友。秦国灭魏国时，听说这两个人是魏国的名士，便悬重赏征求他们。张耳、陈馀便改名换姓，都去了陈县，充任里门看守来糊口。管理里巷的小吏曾经因陈馀出了小过失而鞭笞他，陈馀想要奋起抗争，张耳踩他的脚暗示他接受鞭笞。待那小吏离开后，张耳将陈馀拉到桑树下，数落他说："当初我是怎么对你说的？现在遇到一点小的侮辱，就要和一个小吏拼命么？"陈馀为此十分惭愧。陈胜率起义军进入陈县后，张耳、陈馀便前往陈胜的驻地通名求见。陈胜一向听说他俩很贤能，故而大喜

过望。恰逢陈县中有声望的地方人士和乡官请求立陈胜为楚王，陈胜就拿这件事来询问张耳、陈馀的意见，二人回答说：“秦王朝暴乱无道，兼并别人的国家，残害百姓；而今您冒万死的危险起兵反抗的目的，就是要为天下百姓除害呀。现在你才到达陈县就要称王，是向天下人暴露你的私心。因此希望你不要称王，而是尽快率军向西，派人去扶植六国国君的后裔，替自己培植党羽，以此为秦王朝增树敌人。秦的敌人多了，精力就必然分散；联合的国家多了，兵力就必然强大。这样一来，在野外军队不必交锋，县城没有兵力为秦守城，铲除残暴的秦政权，占据咸阳，以号令各诸侯国。被灭亡的诸侯国得到复兴，你施德政使他们服从，你的帝王大业就完成了！如今只在一个陈县就称王，恐怕会使天下人斗志松懈了。”陈胜不听从这一意见，即自立为楚王，号称“张楚”。

【原文】

当是时。诸郡县苦秦法，争杀长吏以应涉。谒者从东方来，以反者闻。二世怒，下之吏。后使者至，上问之，对曰：“群盗鼠窃狗偷，郡守、尉方逐捕，今尽得，不足忧也。”上悦。

【译文】

那时各郡县的百姓苦于秦法的严酷苛刻，因此争相诛杀当地长官，响应陈胜。秦王的谒者从东方归来，把反叛的情况奏报二世。二世勃然大怒，将谒者交给司法官吏治罪。于是以后回来的使者，当二世向他们询问情况时便回答说：“不过是一些鸡鸣狗盗之辈，郡守、郡尉正在追捕他们，现在已经全部抓获，不值得担忧。”二世听了很高兴。

巨鹿之战

【原文】

[秦二世皇帝二年]（前208年）

（后九月）章邯已破项梁，以为楚地兵不足忧，乃渡河，北击赵，大破之；引兵至邯郸，皆徙其民河内，夷其城郭。张耳与赵王歇走入巨鹿城，王离围之。陈馀北收常山兵，得数万人，军巨鹿北；章邯军巨鹿南棘原。赵数请救于楚。

【译文】

秦二世皇帝二年（前208年）

（闰九月）章邯击破了项梁的部队，以为楚地的兵事不必担忧了，就渡过黄河，向北攻打赵国，大破了它；带领军队到了邯郸，全部迁徙邯郸百姓于河内，铲平了邯郸的城郭。张耳和赵王歇退入巨鹿城，王离包围了巨鹿。陈馀向北收集常山的士兵，得到几万人，驻扎在巨鹿的北面；章邯部队驻扎在巨鹿南面的棘原。赵国几次向楚国请求援助。

【原文】

高陵君显在楚，见楚王曰："宋义论武信君之军必败；居数日，军果败。兵未战而先见败征，此可谓知兵矣！"王召宋义与计事而大说之，因置以为上将军，项羽为次将，范增为末将，以救赵。诸别将皆属宋义，号为"卿子冠军"。

项羽　名籍，字羽，下相（今江苏宿迁）人。中国古代的农民起义领袖，著名军事家。前207年杀秦降王子婴，自立为"西楚霸王"。后与刘邦展开了长达四年的"楚汉之争"。前202年，被困垓下，自刎而死。

【译文】

齐国使者高陵君显在楚国，去见楚王，说："宋义议论武信君的军队必败，过了几天，果然失败。军队没有打仗就预见失败的征兆，这可以说是懂得军事了！"楚王召宋义来商量事情后而大为高兴，因此用他为上将军，项羽为次将，范增为末将，去援救赵国。各路军队的将领都统属于宋义，宋义号称"卿子冠军"。

【原文】

（三年）

宋义行至安阳，留四十六日不进。项羽曰："秦围赵急，宜疾引兵渡河；楚击其外，赵应其内，破秦军必矣！"宋义曰："不然。夫搏牛之虻，不可以破虮虱。今秦攻赵，战胜则兵疲，我承其敝；不胜，则我引兵鼓行而西，必举秦矣。故不如先斗秦、赵。夫被坚执锐，义不如公；坐运筹策，公不如义。”因下令军中曰：“有猛如虎，狠如羊，贪如狼，强不可使者，皆斩之！”

【译文】

（秦二世皇帝三年）

宋义带领军队到了安阳，停留四十六天不进兵。项羽说：“秦军围赵紧急，应该赶快领兵渡河，楚军攻击于外，赵军接应于内，就一定击破秦军了！”宋义说：“不然。叮牛的牛虻，不可以伤害虮虱。现在秦军攻赵，打胜就军队疲惫，我们可乘秦军疲惫的机会进攻；秦军打不胜，我们便领兵大张旗鼓地向西进军，一定攻取秦地了。所以不如让秦和赵先打。上阵冲杀，我不如你；运筹帷幄，你不如我。”因此，向军中下令说：“凡是猛如虎，狠如羊，贪如狼，倔强不服从命令的人，一律斩首！”

【原文】

乃遣其子宋襄相齐，身送之至无盐，饮酒高会。天寒，大雨，士卒冻饥。项羽曰：“将勠力而攻秦，久留不行。今岁饥民贫，士卒食半菽，军无见粮，乃饮酒高会。不引兵渡河，因赵食，与赵并力攻秦，乃曰‘承其敝’。夫以秦之强，攻新造之赵，其势必举。赵举秦强，何敝之承！且国兵新破，王坐不安席，扫境内而专属于将军，国家安危，在此一举。今不恤士卒而徇其私，非社稷之臣也！”

【译文】

宋义派遣自己的儿子宋襄去辅助齐国，亲自送他到无盐县，设筵招待宾客。当时，天寒大雨，士兵又冻又饿。项羽说：“本来应当合力攻秦，却长久地停留不前。现在年岁饥荒，百姓贫困，士兵吃的一半是蔬菜、豆子，军中没有存粮，他却设筵招待宾客。不领兵渡河，就地取赵地的粮食作为军粮，和赵军并力攻秦，却说‘乘秦军疲惫的机会进攻’。以强大的秦国，攻击新建立的赵国，必然把赵国打败。赵败，秦就更加强大，哪里还有疲惫的机会可乘！况且楚军刚被打败，怀王坐不安席，集中全楚兵力而托付于将军，国家安危，在此一举。如今不体恤士兵，而徇私情，不是国家的栋梁之臣啊！”

【原文】

十一月，项羽晨朝上将军宋义，即其帐中斩宋义头。出令军中曰：“宋义与齐谋反楚，楚王阴令籍诛之！”当是时，诸将皆慑服，莫敢枝梧，皆曰：“首立楚者，将军家也；今将军诛乱。”乃相与共立羽为假上将军。使人追宋义子，及之齐，杀之。使桓楚报命于怀王。怀王因使羽为上将军。

【译文】

十一月，项羽早晨去朝见上将军宋义，就在营帐中斩了宋义的头。出帐来号令军中说：“宋义和齐国合谋反楚，楚王密令我杀他。”当时，将领们都因畏惧而屈服，不敢反抗，都说：“首先拥立楚王的，是将军家的人，如今又是将军平乱。”于是大家一同推立项羽为假上将军。派人追赶宋义的儿子宋襄，追到齐国，杀了他。派遣桓楚去报告怀王，怀王就让项羽为上将军。

【原文】

章邯筑甬道属河，饷王离。王离兵食多，急攻巨鹿。巨鹿城中食尽、兵少，张耳数使人召前陈馀。陈馀度兵少，不敌秦，不敢前。数月，张耳大怒，怨陈馀，使张黡、陈泽往让陈馀曰：“始吾与公为刎颈交，今王与耳旦暮且死，而公拥兵数万，不肯相救，安在其相为死！苟必信，胡不赴秦军俱死；且有十一二相全。”陈馀曰：“吾度前终不能救赵，徒尽亡军。且馀所以不俱死，欲为赵王、张君报秦。今必俱死，如以肉委饿虎，何益！”张黡、陈泽要以俱死。馀乃使黡、泽将五千人先尝秦军，至，皆没。当是时，齐师、燕师皆来救赵，张敖亦北收代兵，得万余人，来，皆壁馀旁，未敢出秦。

【译文】

章邯修筑甬道连接漳水，供应王离军粮。王离军粮食充足，加紧攻打巨鹿。巨鹿城中粮食已尽，士兵很少，张耳几次派人召陈馀前来。陈馀估计兵少，打不过秦军，不敢前来。过了几个月，张耳大怒，埋怨陈馀，派遣张黡、陈泽去责备陈馀说："起初我与您结为同生死共患难的朋友，如今赵王和我很快就要完了，而您拥兵几万，不肯前来救援，如何还能同死！如果一定守信，何不打秦军一同战死，况且还有十分之一二得以胜秦而保全生命的希望呢。"陈馀说："我估计前去终不能救赵，白白地丧尽军队。而且我之所以不和张耳一同死，是要为赵王、张耳报仇于秦。如今一定要同死，好似将肉送给饿虎，有什么益处！"张黡、陈泽要挟陈馀一同死难。陈馀就派张黡、陈泽带领五千兵先尝试一下秦军的力量，到了那里，全军覆没。当时，齐军、燕军都来救赵，张敖也北收代地的士兵，得到一万多人，前来，都设营垒于陈馀军的旁边，不敢出击秦军。

矛　秦代兵器，长 15.4 厘米，叶长 10.7 厘米，宽 3.2 厘米，骹长 4.7 厘米，口径 2.3–2.9 厘米。现藏秦始皇陵兵马俑博物馆。

【原文】

项羽已杀卿子冠军，威震楚国，乃遣当阳君、蒲将军将卒二万渡河救巨鹿。战少利，绝章邯甬道，王离军乏食。陈馀复请兵。项羽乃悉引兵渡河，皆沉船，破釜、甑，烧庐舍，持三日粮，以示士卒必死，无一还心。于是至则围王离，与秦军遇，九战，大破之；章邯引兵却。诸侯兵乃敢进击秦军，遂杀苏角，虏王离；涉间不降，自烧杀。当是时，楚兵冠诸侯军；救巨鹿者十余壁，莫敢纵兵。及楚击秦，诸侯将（皆）从壁上观。楚战士无不一当十，呼声动天地，诸侯军无不人人惴恐。于是已破秦军，项羽召见诸侯将；诸侯将入辕门，无不膝行而前，莫敢仰视。项羽由是始为诸侯上将军，诸侯皆属焉。

【译文】

项羽已经杀了"卿子冠军"宋义，威震楚国，就派当阳君黥布、蒲将军带领两万人渡过漳河救巨鹿。打得稍稍有利，切断章邯所筑的甬道，使得王离军缺乏粮食供应。陈馀再次要求以兵增援。项羽就率领全军渡河，都凿沉渡船，砸破锅灶，烧毁营舍，只带三天的口粮，以此表示全军决一死战，没有一点退还的意思。军队一到前线就围住了王离军，同秦军接战，经过九次战斗，大败秦军。章邯带兵退却，诸侯军才敢进击秦军，终于杀死了苏角，俘获了王离；涉间不投降，自焚而死。这时候，楚军的声势压倒了诸侯军；救援巨鹿的诸侯军有十多个营垒，都不敢发兵出战。在楚军攻击秦军的时候，诸侯军将领（都）凭着营垒观战。楚军战士人人以一当十，呼喊冲杀之声震动天地，诸侯军人人惊惧惶恐。已经打垮了秦军后，项羽召见诸侯将领；他们进入辕门，都跪着前来，不敢仰视。从此项羽就成为诸侯军的上将军，诸侯军都归他统率了。

约法三章

【原文】

[汉高祖元年]（前206年）

沛公西入咸阳，诸将皆争走金帛财物之府分之；萧何独先入收秦丞相府图籍藏之，以此沛公得具知天下厄塞、户口多少、强弱之处。沛公见秦宫室、帷帐、狗马、重宝、妇女以千数，意欲留居之。樊哙谏曰："沛公欲有天下耶，将为富家翁耶？凡此奢丽之物，皆秦所以亡也，沛公何用焉！愿急还霸上，无留宫中！"沛公不听。张良曰："秦为无道，故沛公得至此。夫为天下除残贼，宜缟素为资。今始入秦，即安其乐，此所谓'助桀为虐'。且忠言逆耳利于行，毒药苦口利于病，愿沛公听樊哙言！"沛公乃还军霸上。

汉高祖刘邦　（公元前256年－公元前195年），沛郡丰邑人（现在江苏丰县），字季。在秦末农民战争中因为被项羽立为汉王，所以在战胜项羽后建国时，国号定为"汉"，历史上称为"西汉"。

【译文】

汉高祖元年（前206年）

刘邦领兵向西攻入咸阳，众将领都争先恐后奔往秦朝贮藏金银财宝的府库瓜分财物，惟独萧何率先把秦朝丞相府的地理图册、文书、户籍簿等档案统统收藏起来，刘邦借此全面了解了天下山川要塞、户口的多少以及财力、物力强弱的分布。刘邦看到秦王朝的宫室、帷帐、游猎所用狗马、贵重玉器和宫女数以千计，便想留下来在皇宫居住。樊哙规劝说：“您是想拥有天下，还是只求做一个富家翁？这所有奢侈华丽的物品，就是秦朝之所以灭亡的原因，您要它们来做什么！望您尽快返回霸上，不要滞留在宫中！”刘邦不听从。张良说：“正因为秦朝的无道暴虐，您才能够来到这里，而为天下人铲除残民之贼，应以崇尚俭朴为本，现在刚进入秦国，就要安享逸乐，这就是所说的‘助桀为虐’了。况且忠言逆耳利于行，良药苦口利于病，望您能够听取樊哙的劝告！”刘邦于是率军返回霸上。

【原文】

十一月，沛公悉召诸县父老、豪杰，谓曰：“父老苦秦苛法久矣！吾与诸侯约，先入关者王之；吾当王关中。与父老约，法三章耳：杀人者死，伤人及盗抵罪。余悉除去秦法，诸吏民皆案堵如故。凡吾所以来，为父老除害，非有所侵暴；无恐！且吾所以还军霸上，待诸侯至而定约束耳。”乃使人与秦吏行县、乡、邑，告谕之。秦民大喜，争持牛、羊、酒食献飨军士。沛公又让不受，曰：“仓粟多，非乏，不欲费民。”民又益喜，惟恐沛公不为秦王。

【译文】

十一月，刘邦将各县父老和有声望的人全都召集起来，对他们说：“父老们遭受秦朝的严刑苛法已经很久了！我与各路诸侯曾和怀王约定，先入关中的人在关中称王。据此我就应该在关中称王了。如今与父老们约法三章：杀人的人处死，伤人者和抢劫者依法治罪。除此之外，秦朝的法律统统废除，众官吏和百姓都照旧安定不动。我之所以到这里来，是为了替父老们除害，而不是来欺凌你们的，请你们不要害怕！况且我之所以领兵回驻霸上，不过是为了等各路诸侯到来后订立一个约束大家行为的规章罢了。”随即派人和秦朝的官吏一起巡行各县、乡、城镇，向人们讲明道理。秦地的百姓都欢喜异常，争相拿着牛、羊、酒食来慰问款待刘邦的官兵。刘邦又一

再辞让不肯接受，说道："仓库中的粮食还很多，并不缺乏，不想让百姓们破费。"百姓们于是更加高兴，惟恐刘邦不在秦地称王。

鸿门赴宴

【原文】

[汉高祖元年]（前206年）

已而项羽至关，关门闭；闻沛公已定关中，大怒，使黥布等攻破函谷关。十二月，项羽进至戏。沛公左司马曹无伤使人言项羽曰："沛公欲王关中，令子婴为相，珍宝尽有之。"欲以求封。项羽大怒，飨士卒，期旦日击沛公军。当是时，项羽兵四十万，号百万，在新丰鸿门；沛公兵十万，号二十万，在霸上。

【译文】

汉高祖元年（前206年）

没有多久，项羽带兵来到函谷关，关门紧闭；又听说沛公已平定关中地方，项羽大为恼怒，派了黥布等攻下函谷关。十二月，项羽的军队到达戏水边。沛公的左司马曹无伤差人对项羽说："沛公打算在关中称王，叫秦王子婴做相国，秦国的珍宝都归他所有了。"想求得封赏。项羽大怒，便飨食士卒，约定明天早上去攻击沛公的军队。这时，项羽有四十万兵号称百万，驻在新丰鸿门；沛公有兵十万，号称二十万，驻军霸上。

【原文】

范增说项羽曰："沛公居山东时，贪财，好色；今入关，财物无所取，妇女无所幸，此其志不在小。吾令人望其气，皆为龙虎，成五采，此天子气也。急击勿失！"

【译文】

范增劝项羽说："沛公在崤山之东的时候，贪财好色；如今进了关，财物也不要了，美女也不爱了，此人的志向不小啊！我叫人望过他的云气，都是龙虎之形，形成五彩，这是天子的云气啊，要赶快进攻，不要失掉良机！"

【原文】

楚左尹项伯者，项羽季父也，素善张良，乃夜驰之沛公军，私见张良，具告以事，欲呼与俱去，曰："毋俱死也！"张良曰："臣为韩王送沛公；沛公今有急，亡去，不义，不可不语。"良乃入，具告沛公。沛公大惊。良曰："料公士卒足以当项羽乎？"沛公默然曰："固不如也。且为之奈何？"张良曰："请往谓项伯，言沛公之不敢叛也。"沛公曰："君安与项伯有故？"张良曰："秦时与臣游，尝杀人，臣活之。今事有急，故幸来告良。"沛公曰："孰与君少长？"良曰："长于臣。"沛公曰："君为我呼入，吾得兄事之。"张良出，固要项伯；项伯即入见沛公。沛公奉卮酒为寿，约为婚姻，曰："吾入关，秋毫不敢有所近，籍吏民、封府库而待将军。所以遣将守关者，备他盗之出入与非常也。日夜望将军至，岂敢反乎！愿伯具言臣之不敢倍德也。"项伯许诺，谓沛公曰："旦日不可不蚤自来谢。"沛公曰："诺。"于是项伯复夜去，至军中，具以沛公言报项羽；因言曰："沛公不先破关中，公岂敢入乎！今人有大功而击之，不义也；不如因善遇之。"项羽许诺。

【译文】

楚国左尹项伯，是项羽的叔父，向来同张良很好。于是连夜骑马奔到沛公驻军的营地，私下会见张良，把这些事详细告诉他，想要张良同自己一道离去，说："别跟着一起死啊！"张良说："我因为韩王的缘故相送沛公，沛公现在有了急难的事，我出走离去，是不义的，不可不告诉他。"张良便进去，把所有情况告诉沛公。沛公大惊。张良说："沛公你估计一下，你的军队能抵得过项羽的吗？"沛公默不作声，然后说："当然不如项羽了，但是该怎么办呢？"张良说："请前去告诉项伯，说沛公是不敢背叛项羽的。"沛公说："你是怎么同项伯有交情的呢？"张良说："在秦朝的时候他同我结交，他曾经杀了人，我救了他的命。现在事情危急，所以特意来告诉我。"沛公说："你与他哪个年龄大？"张良说："他比我年长。"沛公说："你给我招呼他进来，我要像侍奉兄长那样接待他。"张良出去，诚心邀请项伯；项伯立即进去会见沛公。沛公捧着酒向项伯问好，约定同他结为儿女亲家，说："我进入关内，丝毫都不敢私自占有，登记好了官民的户籍，封存好官府的府库，为的是等待将军的到来。之所以派遣将领把守函谷关，是为了防备其他盗贼出入及意外的事变。我日夜盼望将军到来，哪里敢反叛呢！希望项伯你详尽地为我解释，我决不敢背信弃义。"项伯答应了，对沛公说："明天不可不早些亲自来向项王致意。"沛公说："是。"于是项伯又连夜回去，到达军中，把沛公的话全都向项羽报告了，接着说："沛公不先攻破关中，你岂敢入关吗！现在人家有大功而你去攻击他，这是不义啊；不如就好好地对待他。"项羽答应了。

张良　字子房，汉初三杰之一。汉初城父（今安徽亳州市东南）人。秦末农民战争中，率部投奔刘邦，为其重要谋士。汉朝建立，封留侯。

【原文】

沛公旦日从百余骑来见项羽鸿门，谢曰："臣与将军戮力而攻秦，将军战河北，臣战河南；不自意能先入关破秦，得复见将军于此。今者有小人之言，令将军与臣有隙。"项羽曰："此沛公左司马曹无伤言之；不然，籍何以至此！"项羽因留沛公与饮。范增数目项羽，举所佩玉玦以示之者三；项羽默然不应。范增起，出召项庄，谓曰："君王为人不忍。若入前为寿，寿毕，请以剑舞，因击沛公于坐，杀之。不者，若属皆且为所虏！"庄则入为寿，寿毕，曰："军中无以为乐，请以剑舞。"项羽曰："诺。"项庄拔剑起舞。项伯亦拔剑起舞，常以身翼蔽沛公，庄不得击。

【译文】

沛公在第二天早晨带领随从的一百多骑人马来到鸿门见项羽，向项羽道歉说："我与将军你协力攻打秦军，将军转战黄河以北，我征战黄河以南；但我自己没有想到能先进关攻破秦国，得以在这里重见将军。现在有小人说了挑拨的话，使得将军与我之间产生了嫌隙。"项羽说："这是沛公左司马曹无伤讲的，不是这样的话，我项羽哪里会这样子呢？"项羽便留下沛公共同宴饮。范增多次使眼色暗示项羽，再三拿起佩挂在身上的玉玦向项羽示意，项羽沉默不理会。范增起身，出去之后，召来项庄，对他说："君王为人下不了狠心，你进去到席前敬酒，敬完酒，便请求表演舞剑助兴，乘机刺击沛公，在座位上把他杀死。否则，你们这些人将来都会被他俘虏！”项庄随即进帐敬酒。敬酒完毕，说：“军中没有什么可以娱乐的，请让我表演舞剑吧。”项羽说：“很好。”项庄拔出剑起舞。项伯也拔出剑起舞，常常以身体去掩护沛公，项庄没有机会刺击沛公。

【原文】

于是张良至军门见樊哙。哙曰：“今日之事何如？”良曰：“今项庄拔剑舞，其意常在沛公也。”哙曰：“此迫矣，臣请入，与之同命！”哙即带剑拥盾入。军门卫士欲止不内，樊哙侧其盾以撞，卫士仆地。遂入，披帷立，瞋目视项羽，头发上指，目眦尽裂。项羽按剑而跽曰：“客何为者？”张良曰：“沛公之参乘樊哙也。”项羽曰：“壮士！赐之卮酒！”则与斗卮酒。哙拜谢，起，立而饮之。项羽曰：“赐之彘肩！”则与一生彘肩。樊哙覆其盾于地，加彘肩其上，拔剑切而啖之。项羽曰：“壮士复能饮乎？”樊哙曰：“臣死且不避，酒安足辞！夫秦有虎狼之心，杀人如不能举，刑人如恐不胜；天下皆叛之。怀王与诸将约曰：‘先破秦入咸阳者，王之。’今沛公先破秦，入咸阳，毫毛不敢有所近，还军霸上以待将军。劳苦而功高如此，未有封爵之赏，而听细人之说，欲诛有功之人，此亡秦之续耳，窃为将军不取也！”项羽未有以应，曰：“坐！”樊哙从良坐。

樊哙（？－前189年），沛县（今江苏省沛县）人。西汉开国功臣，大将，封舞阳侯，谥武侯，以勇著称。

【译文】

于是张良到军营门口去见樊哙。樊哙说：“今日的情况怎么样？”张良说：“现在项庄拔出剑起舞，他的意图经常是指向沛公。”樊哙说：“这太紧急了，让我进去，同沛公生死与共！”樊哙立即带剑持盾闯进军门。军门的卫士想阻止不让进去，樊哙把盾牌横着一撞，卫士跌倒在地。樊哙便冲进去，揭开帷帐在一旁站立，瞪着眼睛怒视项羽，头发直竖起来，眼眶都要裂开了。项羽按住剑长跪着说：“你是做什么的？”张良说：“是沛公随车的卫士樊哙。”

项羽说："是位壮士！赐他一杯酒！"但拿给他的是一斗酒。樊哙伏地拜谢，而后起身站着，一口气喝完。项羽说："赏他一条猪腿！"可是拿给他的是一条生猪腿。樊哙把盾牌覆放在地上，把猪腿放在盾牌上，拔出剑切割猪腿肉吃着。项羽说："壮士还能饮酒吗？"樊哙说："我死都不回避，一杯酒还值得推辞吗！那秦王有虎狼般的野心，杀人之多数也数不清，加刑于人唯恐不残酷；天下的人都叛变它。怀王同将领们约定：'谁先攻破秦国进入咸阳的，就在那里称王。'现在沛公先攻破秦国，进入咸阳，东西丝毫不敢占有，把军队撤回霸上驻扎，等待将军你的到来。这样的劳苦功高，没有得到封爵的赏赐，而你反而听小人的挑拨，想诛杀有功的人，这是已灭亡了的暴秦的继续罢了，我私下以为将军这种做法不可取！"项羽一时无话回答，说："坐下！"樊哙挨着张良坐着。

【原文】

坐须臾，沛公起如厕，因招樊哙出。沛公曰："今者出，未辞也，为之奈何？"樊哙曰："如今人方为刀俎，我方为鱼肉，何辞为！"于是遂去。鸿门去霸上四十里，沛公则置车骑，脱身独骑；樊哙、夏侯婴、靳彊、纪信等四人持剑、盾步走，从骊山下道芷阳，间行趣霸上。留张良使谢项羽，以白璧献羽，玉斗与亚父。沛公谓良曰："从此道至吾军，不过二十里耳。度我至军中，公乃入。"沛公已去，间至军中，张良入谢曰："沛公不胜杯杓，不能辞，谨使臣良奉白璧一双，再拜献将军足下；玉斗一双，再拜奉亚父足下。"项羽曰："沛公安在？"良曰："闻将军有意督过之，脱身独去，已至军矣。"项羽则受璧，置之坐上。亚父受玉斗，置之地，拔剑撞而破之，曰："唉，竖子不足与谋！夺将军天下者，必沛公也；吾属今为之虏矣！"沛公至军，立诛杀曹无伤。

【译文】

坐了一会儿，沛公起来上厕所，趁机招呼樊哙出去。沛公说："现在出走，没有告辞，怎么办？"樊哙说："现在人家正准备好了刀和砧板，我们正是刀下的鱼肉，还告辞做什么！"于是便离开鸿门而去。鸿门距离霸上四十里，沛公便弃置车骑不用，独自骑马脱身而逃；樊哙、夏侯婴、靳彊、纪信等四人手

持刀剑、盾牌步行，从骊山脚下经过芷阳，抄小道赶回霸上。留下张良让他去辞谢项羽，把白璧献给项羽，把玉斗送给亚父范增。沛公对张良说：“从这条道路到我们军中，不过二十里而已。估计我已经回到了军中，你便可进去辞谢。”沛公已经离开鸿门，从小路回到了军中，张良这时才进帐向项羽辞谢说：“沛公经受不了酒力，不能亲自来告辞了，他让小臣张良恭敬地奉上白璧一双，拜献给将军你；玉斗一双，拜送给亚父足下。”项羽说：“沛公在哪里？”张良说：“听说大王有意要责备他，所以一个人脱身回去，已经到军中了。”项羽就接受了白璧，放在座位上。亚父接受了玉斗，放在地上，拔出剑来将它击碎，说：“唉！这小子不值得同他谋划！夺取将军天下的人，一定是沛公啊；我们这些人如今都要被他俘虏了！”沛公回到军中，立即诛杀了曹无伤。

垓下悲歌

【原文】

[汉高祖五年]（前202年）

十二月，项王至垓下，兵少，食尽，与汉战不胜，入壁。汉军及诸侯兵围之数重。项王夜闻汉军四面皆楚歌，乃大惊曰：“汉皆已得楚乎？是何楚人之多也！”则夜起，饮帐中，悲歌慷慨，泣数行下。左右皆泣，莫能仰视。于是项王乘其骏马名骓，麾下壮士骑从者八百余人，直夜溃围南出驰走。平明，汉军乃觉之，令骑将灌婴以五千骑追之。项王渡淮，骑能属者才百余人。至阴陵，迷失道，问一田父，田父绐曰“左”。左，乃陷大泽中，以故汉追及之。

【译文】

汉高祖五年（前202年）

十二月，项王到垓下，兵少，粮食吃完了，与汉军交战未能取胜，退入营垒。汉军和诸侯兵把他包围了好几层。项王在夜里听到四边的汉军都在唱楚

歌，大惊道："难道汉已经完全占领了楚地？何以汉军中楚人有这么多啊！"于是夜里起来，在帐中喝酒，慷慨悲歌，眼泪不断流下来。左右的人都哭了，没有人能抬头看他。于是项王乘上他那匹名叫骓的骏马，带领着手下骑马跟随他的壮士八百多人，趁着夜色突破重围朝南方奔驰而去。到天亮后，汉军才发现，派骑将灌婴带领五千骑兵追击。项王渡过淮河，能跟上的骑士只剩下一百多人。到达阴陵，迷了路，问一个耕田的，耕田的骗他们说："向左。"他们向左走，就陷进大泽里，因此被汉军追赶上。

【原文】

项王乃复引兵而东，至东城，乃有二十八骑；汉骑追者数千人。项王自度不得脱，谓其骑曰："吾起兵至今，八岁矣。身七十余战，未尝败北，遂霸有天下。然今卒困于此，此天之亡我，非战之罪也！今日固决死，愿为诸君快战，必溃围、斩将、刈旗，三胜之，令诸君知天亡我，非战之罪也。"乃分其骑以为四队，四向。汉军围之数重。项王谓其骑曰："吾为公取彼一将。"令四面骑驰下，期山东为三处。于是项王大呼驰下，汉军皆披靡。遂斩汉一将。是时，郎中骑杨喜追项王，项王瞋目而叱之，喜人马俱惊，辟易数里。项王与其骑会为三处，汉军不知项王所在，乃分军为三，复围之。项王乃驰，复斩汉一都尉，杀数十百人；复聚其骑，亡其两骑耳。乃谓其骑曰："何如？"骑皆伏曰："如大王言！"

【译文】

项王又带了兵马向东走，走到东城，只剩下二十八骑，汉骑追赶的有几千人。项王自料不能脱身，对他的骑士说："我起兵到现在，有八年了。身经七十余战，未曾败北，终于称霸天下。但现在竟然受困于此，这是天要亡我，不是仗打得不行啊！今天肯定要决一死战，愿为诸君痛快地打一仗，一定做到突破包围，斩杀敌将，砍倒敌旗，取得这三项胜利，好让诸君知道，是天要亡我，不是仗打得不行啊！"于是分骑士为四队，面对四方。当时汉军将他们包围了好几重。项王对骑士们说："我给诸公斩取他们的一个将领！"叫骑士从四方冲下，预先约定在山的东面分三处集合。于是项王大声呼号着飞驰而下，汉军都望风披靡。终于斩取了一名汉将。这时候，郎中骑杨喜追赶项王，项王瞪起眼睛大喝一声，杨喜人马都受惊，后退了好几里。项王和他的骑士会合成三处，汉军不知道项王在哪处，就分军为三，再次包围上来。项王纵马奔驰，又斩取汉军一名都尉，杀了上百人；再次会合他的骑士，只损失了两人。项王对骑士们说："怎么样？"骑士们都拜伏道："确实像大王所说的那样！"

【原文】

于是项王欲东渡乌江，乌江亭长舣船待，谓项王曰："江东虽小，地方千里，众数十万人，亦足王也。愿大王急渡！今独臣有船，汉军至，无以渡。"项王笑曰："天之亡我，我何渡为！且籍与江东子弟八千人渡江而西，今无一人还；纵江东父兄怜而王我，我何面目见之！纵彼不言，籍独不愧于心乎！"乃以所乘骓马赐亭长，令骑皆下马步行，持短兵接战。独籍所杀汉军数百人，身亦被十余创。顾见汉骑司马吕马童，曰："若非吾故人乎？"马童面之，指示中郎骑王翳曰："此项王也。"项王乃曰："吾闻汉购我头千金，邑万户，吾为若德！"乃自刎而死。

【译文】

于是项王想要东渡乌江，乌江的亭长把船靠到岸边等待着，对项王说："江东虽然小，地盘也有千里见方，丁口几十万，也足以称王了。望大王赶快渡江！现在只有臣有船，汉军到了，他们没法渡过。"项王笑道："这是天要亡我，我渡过去干什么！况且我项籍和江东子弟八千人渡江而西，现在没有一个人回来；即使江东父老爱怜我，尊我为王，我有什么面目见他们！即使他们不说，我项籍难道不自愧于心吗！"于是把所乘的骓马赐给了亭长，下令骑士们都下马步行，持短兵器接战。单是项王所杀的汉军就有数百人，他身上也受了十多处创伤。当看到汉军的骑司马吕马童时，说："你不是我当年的朋友吗？"马童面对项王，指给中郎骑王翳看："这就是项王啊！"项王说："我听说汉家要用千金买我的头，还给一万户的封邑，我就来成全你吧！"于是自刎而死。

诛杀诸吕

【原文】

[汉高后七年]（前181年）

春，正月，太后召赵幽王友。友以诸吕女为后，弗爱，爱他姬。诸吕女怒去，谗之于太后曰：“王言‘吕氏安得王！太后百岁后，吾必击之’。”太后以故召赵王。赵王至，置邸，不得见，令卫围守之，弗与食；其群臣或窃馈，辄捕论之。丁丑，赵王饿死，以民礼葬之长安民冢次。

【译文】

汉高后七年（前181年）

春天，正月，太后召见赵幽王刘友。刘友立吕氏的女子做王后，不爱她，而爱其他姬妾。吕氏的女子发怒，离开赵国，在太后面前说了刘友的坏话：“赵王说：‘吕氏怎么可以封王！太后百年之后，我一定要攻打吕氏。’”因为这个缘故，太后召见赵王。赵王到了京城，被安置在邸舍，得不到召见，（太后）还命令卫士包围看守他，不给他食物；赵王带来的僚属，有的便偷偷地送些食品给他，（太后手下的人）就把他们捉住论罪处死。正月十八日，赵王饿死，就按一般平民的葬礼，将他埋葬在长安平民百姓的坟墓旁。

【原文】

二月，徙梁王恢为赵王，吕王产为梁王。梁王不之国，为帝太傅。

【译文】

二月，迁徙梁王刘恢为赵王，吕王吕产为梁王。梁王并不到自己的封国去，而留在京城做皇帝的太傅。

【原文】

赵王恢之徙赵，心怀不乐。太后以吕产女为王后，王后从官皆诸吕，擅权，微伺赵王，赵王不得自恣。王有所爱姬，王后使人鸩杀之。六月，王不胜悲愤，自杀。太后闻之，以为王用妇人弃宗庙礼，废其嗣。

【译文】

赵王刘恢被迁徙到赵国后，心里闷闷不乐。太后立吕产的女儿做赵王刘恢的王后，王后的属官都是吕氏，吕氏专权，并暗中监视着赵王，赵王行动得不到自由。赵王有一个爱姬，王后派人用毒酒毒死了她。六月，赵王不胜悲痛愤恨，自杀身死。太后得知这一消息后，认为赵王因妇人的缘故而自杀，是抛弃了祭祀宗庙的礼仪，就不许他的后代继承王位。

【原文】

是时，诸吕擅权用事。朱虚侯章，年二十，有气力，忿刘氏不得职。尝入侍太后燕饮，太后令章为酒吏。章自请曰："臣将种也，请得以军法行酒。"太后曰："可。"酒酣，章请为《耕田歌》；太后许之。章曰："深耕概种，立苗欲疏；非其种者，锄而去之！"太后默然。顷之，诸吕有一人醉，亡酒，章追，拔剑斩之，而还报曰："有亡酒一人，臣谨行法斩之！"太后左右皆大惊，业已许其军法，无以罪也；因罢。自是之后，诸吕惮朱虚侯，虽大臣皆依朱虚侯，刘氏为益强。

【译文】

这时，吕姓的人专权，掌握朝内外大事。朱虚侯刘章，二十岁，有气识胆力，对刘氏不得掌权、自己不能担任要职而愤愤不平。有一回，他曾入宫侍候太后宴饮，太后让他做行酒的令官。刘章自己请求说："我是将门后代，请允许我用军法来巡行劝酒。"太后说："可以。"在座的人酒喝到酣畅时，刘章提出让他即席唱首《耕田歌》，太后也准许了。刘章唱道："深耕稠种，立苗要稀；不是它的种，必须除掉它！"太后默然不作声。过了一会儿，有个姓吕的喝醉了，避酒而逃，刘章起身追赶，拔剑斩了他的首级，然后回到宴席上报告说："有一个人避酒而逃，我已按军法将他斩首！"太后和左右的人都大惊失色，可是太后已经同意他按军法巡行劝酒，也就无法怪罪他；因此作罢。从这以后，诸姓吕的便害怕朱虚侯，即使是大臣也都得依从朱虚侯，刘氏因此渐渐强大。

【原文】

陈平患诸吕，力不能制，恐祸及己，尝燕居深念。陆贾往，直入坐，而陈丞相不见。陆生曰："何念之深也！"陈平曰："生揣我何念？"陆生曰："足下极富贵，无欲矣；然有忧念，不过患诸吕、少主耳。"陈平曰："然。为之奈何？"陆生曰："天下安，注意相；天下危，注意将。将相和调，则士豫附；天下虽有变，权不分。为社稷计，在两军掌握耳。臣尝欲谓太尉绛侯，绛侯与我戏，易吾言。君何不交欢太尉，深相结！"因为陈平画吕氏数事。陈平用其计，乃以五百金为绛侯寿，厚具乐饮；太尉报亦如之。两人深相结，吕氏谋益衰。陈平以奴婢百人、车马五十乘、钱五百万遗陆生为饮食费。

【译文】

陈平忧虑吕姓的人专权，自己控制不了他们，又担心灾祸波及自身，曾一度静居深思对付诸吕的计策。有一回陆贾到他住处，不经门人通报而径自进屋就座，但是，陈丞相并没有注意到有人进来。陆贾发问道："思考什么问题这么入神？"陈平反问说："先生猜我在思考什么？"陆贾说："您极其富足高贵，没有什么欲望了，然而您有担忧的事，所忧患的只不过是吕姓的人掌权和小皇帝而已。"陈平说："是的。可是对这件事该怎么办？"陆贾说："天下安定，则大家注意宰相；天下危险，则大家注意大将。将相和谐，那天下的人士就顺从归附；天下即使有变乱，权力也不会分散。为国家考虑，安危就掌握在你们将相二位的手上罢了。我曾想过要把这一意见告诉太尉绛侯，因为绛侯平常和我太随便，不会重视我的话。您为什么不和太尉亲近，深相结交？"陆贾因此替陈平谋划好几条对付吕氏的计策。陈平用陆贾的计策，就拿出五百金为绛侯周勃做寿礼，并准备丰盛的酒宴和太尉畅饮；太尉也以同等厚礼来回敬陈平。陈平和周勃两个人深相交结，吕氏的阴谋也就更难得逞。陈平把一百个奴婢、五十辆车马、五百万钱送给陆贾做饮食的费用。

【原文】

太后使使告代王，欲徙王赵。代王谢之，愿守代边，太后乃立兄子吕禄为赵王，追尊禄父建成康侯释之为赵昭王。

【译文】

太后派使者告诉代王刘恒，打算改封他为赵王。代王辞谢，情愿继续驻守代地边陲。太后就立她哥哥的儿子吕禄为赵王，追尊吕禄的父亲建成康侯吕释之为赵昭王。

【原文】

[八年] 秋，七月，太后病甚，乃令赵王禄为上将军，居北军；吕王产居南军。太后诫产、禄曰："吕氏之王，大臣弗平。我即崩，帝年少，大臣恐为变。必据兵卫宫，慎毋送丧，为人所制！"辛巳，太后崩，遗诏：大赦天下，以吕王产为相国，以吕禄女为帝后。高后已葬，以左丞相审食其为帝太傅。

【译文】

（八年）秋天，七月，太后病重，于是命令赵王吕禄为上将军，掌管北军；吕王吕产掌管南军。太后告诫吕产、吕禄说："吕氏封王，大臣们心中不平。我将辞谢人世，而皇帝年纪小，大臣们恐怕会有变乱。你们一定得控制军队守卫皇宫，千万不能（出宫）送葬，免得被人控制！"八月初一，太后去世，留下遗诏：大赦天下罪犯，以吕王吕产为相国，立吕禄的女儿为皇后。高后下葬罢，以左丞相审食其为皇帝太傅。

【原文】

诸吕欲为乱，畏大臣绛、灌等，未敢发。朱虚侯以吕禄女为妇，故知其谋，乃阴令人告其兄齐王，欲令发兵西，朱虚侯、东牟侯为内应，以诛诸吕，立齐王为帝。齐王乃与其舅驷钧、郎中令祝午、中尉魏勃阴谋发兵。齐相召平弗听。八月，丙午，齐王欲使人诛相；相闻之，乃发卒卫王宫。魏勃绐召平曰："王欲发兵，非有汉虎符验也。而相君围王固善，勃请为君将兵卫王。”召平信之。勃既将兵，遂围相府；召平自杀。于是齐王以驷钧为相，魏勃为将军，祝午为内史，悉发国中兵。

【译文】

诸吕准备叛乱，害怕绛侯周勃、颍阴侯灌婴等人，不敢轻易发动。朱虚侯以吕禄的女儿为妻室，所以了解到吕氏的阴谋，于是暗地里派人通知他的哥哥齐王刘襄，要他带兵西进，朱虚侯自己、东牟侯刘兴居做内应，来诛灭诸吕，立齐王做皇帝。齐王就和他的舅父驷钧、郎中令祝午、中尉魏勃暗地图谋发兵。齐国相召平不听从。八月二十六日，齐王打算派兵诛杀国相召平；召平听到消息，马上派兵抢先围住齐王宫。魏勃骗召平说：“齐王想发兵，可是没有朝廷调兵的虎符做信验。而国相您围卫齐王本来就做得好，请让我替您带兵保卫齐王。”召平轻易地相信了他的话。魏勃带了兵，就反过来包围国相府；召平被迫自杀。于是齐王便以驷钧为相，魏勃为将军，祝午为内史，全部征发了国中的军队。

周勃　秦末汉初的军事家和政治家、西汉开国功臣，沛县（今江苏沛县）人，汉高祖封为绛侯。

【原文】

使祝午东诈琅邪王曰：“吕氏作乱，齐王发兵欲西诛之。齐王自以年少，不习兵革之事，愿举国委大王。大王，自高帝将也；请大王幸之临菑，见齐王计事。”琅邪王信之，西驰见齐王。齐王因留琅邪王，而使祝午尽发琅邪国兵，并将之。琅邪王说齐王曰：“大王，高皇帝嫡长孙也，当立；今诸大臣狐疑未有所定；而泽于刘氏最为长年，大臣固待泽决计。今大王留臣，无为也，不如使我入关计事。”齐王以为然，乃益具车送琅邪王。琅邪王既行，齐遂举兵西攻济南；遗诸侯王书，陈诸吕之罪，欲举兵诛之。

【译文】

齐王派祝午往东去骗琅邪王刘泽说：“吕氏叛乱，齐王带兵准备西进去诛杀他们。齐王自认为年纪轻，不熟悉军事，愿把整个齐国委托给大王。大王，您从高帝时代就已经做了将军，请大王光临齐都临菑，会见齐王以便共商大事。”琅邪王相信祝午的话，驰马往西去见齐王。齐王趁机将琅邪王留下，而派祝午全部征发琅邪国的军队，一并归自己指挥。琅邪王（发现自己上当）就劝齐王说：“大王，您是高皇帝的嫡长孙，应当立为皇帝；现在各位大臣犹豫不决，尚未确定立谁为帝；而我刘泽在刘氏中辈分最高，大臣们本来就等待我去决定计策。现在大王留下我，没有用处，倒不如让我入关商议大事。”齐王认为他讲得有道理，就增派车辆送走琅邪王。琅邪王出发后，齐国就发兵向西进攻济南；同时给各诸侯王写了书信，条陈诸吕的罪状，说明发兵诛杀他们的缘由。

【原文】

相国吕产等闻之，乃遣颍阴侯灌婴将兵击之。灌婴至荥阳，谋曰：“诸吕拥兵关中，欲危刘氏而自立。今我破齐还报，此益吕氏之资也。”乃留屯荥阳，使使谕齐王及诸侯与连和，以待吕氏变，共诛之。齐王闻之，乃还兵西界待约。

【译文】

相国吕产等人听到齐王发兵西进的消息后，就派遣颍阴侯灌婴带兵去迎击他们。灌婴到达荥阳，思谋道：“那些姓吕的人在关中拥有重兵，想危害刘氏而立吕姓的人做皇帝。如果我击破齐军回京复命，这对吕氏来说就是为虎添翼。”于是便留守荥阳，派使者通知齐王及诸侯并同他们联和，等待时机，一旦吕氏变乱，就共同来诛灭他们。齐王得到这个通知后，就回兵齐国西界等待消息。

汉代长信宫灯

【原文】

吕禄、吕产欲作乱，内惮绛侯、朱虚等，外畏齐、楚兵；又恐灌婴叛之，欲待灌婴兵与齐合而发，犹豫未决。

【译文】

吕禄、吕产想发动叛乱，朝廷内惧怕绛侯周勃、朱虚侯刘章等人，朝廷外又害怕齐国、楚国的军队；同时又担心灌婴带兵在外会背叛他们，想等到灌婴的军队与齐军交战然后才发动，所以一直犹豫不决。

【原文】

当是时，济川王太、淮阳王武、常山王朝及鲁王张偃皆年少，未之国，居长安；赵王禄、梁王产各将兵居南、北军；皆吕氏之人也。列侯群臣莫自坚其命。

【译文】

这时，济川王刘太、淮阳王刘武、常山王刘朝以及鲁王张偃年纪都太小，没有到各自的封国，都居住在首都长安；赵王吕禄、梁王吕产分别带兵驻扎在南、北二军；这些人都是吕氏的一伙。其他列侯官员都自身难保。

【原文】

太尉绛侯勃不得主兵。曲周侯郦商老病，其子寄与吕禄善。绛侯乃与丞相陈平谋，使人劫郦商，令其子寄往绐说吕禄曰："高帝与吕后共定天下，刘氏所立九王，吕氏所立三王，皆大臣之议，事已布告诸侯，皆以为宜。今太后崩，帝少，而足下佩赵王印，不急之国守藩，乃为上将，将兵留此，为大臣诸侯所疑。足下何不归将印，以兵属太尉，请梁王归相国印，与大臣盟而之国。齐兵必罢，大臣得安，足下高枕而王千里，此万世之利也。"吕禄信然其计，欲以兵属太尉；使人报吕产及诸吕老人，或以为便，或曰不便，计犹豫未有所决。

【译文】

太尉绛侯周勃没有掌握调兵遣将的大权。曲周侯郦商年老有病，他的儿子郦寄和吕禄交情很好。绛侯就和丞相陈平谋划，派人去劫持郦商，郦商就（按照绛侯等人的意思）叫他的儿子郦寄去诓劝吕禄，说："高帝与吕后一起平定天下，立刘氏王九个，立吕氏王三个，这都是经过大臣们商议定下来的，而且事情都已向诸侯宣布了，诸侯也都认为很合适。现在太后刚谢世，皇帝年纪又小，而您身佩赵王印绶，不赶快赴国守封地，却担任上将的职务，带兵留在首都，被大臣们怀疑。您为什么不归还将印，把兵权交给太尉周勃，同时也动员梁王归还相国印绶，同大臣们订立盟约而赴封国。这样一来，齐国就会罢兵，大臣们得以相安，您也可以平安无事地当您的千里王，这是万世长远的利益。”吕禄相信并同意郦寄的计策，打算把兵权交给太尉周勃。吕禄派人将自己的打算报告吕产及吕姓中年长的人，有的以为合适，有的以为不合适，计议未定，犹豫不决。

【原文】

吕禄信郦寄，时与出游猎，过其姑吕媭。媭大怒曰：“若为将而弃军，吕氏今无处矣！”乃悉出珠玉、宝器散堂下，曰：“毋为他人守也！”

【译文】

吕禄信任郦寄不疑，时常和他一起出外游猎。有一次，吕禄过访姑母吕媭，吕媭大发火，说道：“你身为将军却放弃兵权，吕氏将无立锥之地了。”说完，就把家中的珍珠宝玉、贵重器皿全部撒在堂下，一边又说：“不必再替别人厮守这些东西了！”

【原文】

九月，庚申旦，平阳侯窋行御史大夫事，见相国产计事。郎中令贾寿使从齐来，因数产曰：“王不早之国；今虽欲行，尚可得耶！”具以灌婴与齐、楚合从欲诛诸吕告产，且趣产急入宫。平阳侯颇闻其语，驰告丞相、太尉。

【译文】

九月十日早上，平阳侯曹窋代理御史大夫，去见相国吕产议事。这时，郎中令贾寿出差从齐国回来，就责备吕产说：“王不早赴梁国；现在即使想走，还可能吗？”他把灌婴联合齐、楚，准备诛灭吕姓的来龙去脉全部向吕产做了汇报，并且敦促吕产迅速入宫拥兵自卫。平阳侯多少听到他们谈话的内容，赶忙报告给丞相、太尉。

【原文】

太尉欲入北军，不得入。襄平侯纪通尚符节，乃令持节矫内太尉北军。太尉复令郦寄与典客刘揭先说吕禄曰："帝使太尉守北军，欲足下之国。急归将印，辞去！不然，祸且起。"吕禄以为郦况不欺己，遂解印属典客，而以兵授太尉。太尉至军，吕禄已去。太尉入军门，行令军中曰："为吕氏右袒，为刘氏左袒！"军中皆左袒。太尉遂将北军；然尚有南军。丞相平乃召朱虚侯章佐太尉；太尉令朱虚侯监军门，令平阳侯告卫尉："毋入相国产殿门！"

【译文】

太尉想进入北军（控制它），但是进不去。襄平侯纪通保管符节，于是派使者手拿符节假传命令，接纳太尉入北军。太尉又让郦寄和典客刘揭先去劝说吕禄："皇帝派太尉据守北军，要您回到梁国。赶快归还将军印，离开这里！要不然的话，灾祸就要降临。"吕禄认为郦寄不会欺骗自己，就解下印绶交给典客刘揭，而把兵权交给太尉。太尉到北军时，吕禄已经离去了。太尉进入军门，便向军中发布命令道："拥护吕氏的，袒露右边的臂膀；拥护刘氏的，袒露左边的臂膀！"一时，军中将士全都袒露左边的臂膀。太尉于是就控制了北军；但是南军还掌握在吕氏手中。丞相陈平便召朱虚侯刘章来协助太尉；太尉命令朱虚侯监管军门，又命令平阳侯曹窋告诉掌管未央宫的卫尉："不要让相国吕产进入宫殿门！"

【原文】

吕产不知吕禄已去北军，乃入未央宫，欲为乱。至殿门，弗得入，徘徊往来。平阳侯恐弗胜，驰语太尉。太尉尚恐不胜诸吕，未敢公言诛之，乃谓朱虚侯曰："急入宫卫帝！"朱虚侯请卒，太尉予卒千余人。入未央宫门，见产廷中。日铺时，遂击产；产走。天风大起，以故其从官乱，莫敢斗；逐产，杀之郎中府吏厕中。朱虚侯已杀产，帝命谒者持节劳朱虚侯。朱虚侯欲夺其节，谒者不肯。朱虚侯则从与载，因节信驰走，斩长乐卫尉吕更始。还，驰入北军报太尉，太尉起拜贺。朱虚侯曰："所患独吕产；今已诛，天下定矣！"遂遣人分部悉捕诸吕男女，无少长皆斩之。辛酉，捕斩吕禄而笞杀吕媭，使人诛燕王吕通而废鲁王张偃。戊辰，徙济川王王梁。遣朱虚侯章以诛诸吕事告齐王，令罢兵。

【译文】

吕产并不知道吕禄已经离开北军，却想进入未央宫，策划叛乱。到了宫殿门，进不去，（急得在殿门前）来回徘徊。平阳侯担心打起来胜不了吕产，赶紧派人快马报告太尉。太尉当时还担心胜不了吕氏，所以不敢公开说要诛灭他们，就只对朱虚侯刘章说："快入宫护卫皇帝！"朱虚侯请求拨给他一些士卒，太尉给他一千多人。朱虚侯来到未央宫门，看到吕产在宫廷中。这时，已是傍晚时分，朱虚侯便率领士卒进击吕产；吕产逃跑。天刮起大风，吕产的随从官员乱成一团，没有人敢迎战；朱虚侯追赶吕产，把吕产杀死在郎中令官府的厕所中。朱虚侯杀了吕产之后，皇帝命令谒者拿符节来慰劳朱虚侯。朱虚侯想夺他的符节，谒者不让。朱虚侯便登上谒者的车辆，和他同车共载，凭借谒者手中的符节，在宫廷禁地驰走无阻，因此斩了长乐宫的卫尉吕更始。从长乐宫回来，驰车到北军向太尉汇报，太尉起身拜迎表示祝贺。朱虚侯说："心腹之患独有吕产，现在已经把他杀了，天下平定了！"太尉等就派遣将士分头把吕氏男男女女都捉住，不论老少全部杀头。九月十八日，捕杀吕禄、棒杀吕媭，太尉等又派人诛杀燕王吕通，废除张偃鲁王的封号。九月十八日，改封济川王刘太为梁王。同时，派朱虚侯刘章把诛灭诸吕的经过通报齐王，命令他退兵。

【原文】

灌婴在荥阳，闻魏勃本教齐王举兵，使使召魏勃至，责问之。勃曰："失火之家，岂暇先言丈人而后救火乎！"因退立，股战而栗，恐不能言者，终无他语。灌将军熟视笑曰："人谓魏勃勇；妄庸人耳，何能为乎？"乃罢魏勃。灌婴兵亦罢荥阳归。

【译文】

灌婴这时在荥阳，听说齐王发兵西进这件事，本来是魏勃教的，便派使者把魏勃召来，责问他。魏勃说："失火的人家，哪里有功夫先去向长者报告，然后才来救火的呢！"说完，退后站在一旁，两腿直发抖，恐慌得像不能说话似的，始终也没有其他话语。灌婴将军注目细看他，笑着说："人家说魏勃是勇夫；原来不过是个轻举妄动的平庸人罢了，能成什么大器呢！"于是，就罢免了魏勃的官职。灌婴也从荥阳收兵回到京城长安。

通使西域

【原文】

[汉武帝元朔三年]（前126年）

初，匈奴降者言："月氏故居敦煌、祁连间，为强国，匈奴冒顿攻破之。老上单于杀月氏王，以其头为饮器。余众遁逃远去，怨匈奴，无与共击之。"上募能通使月氏者。汉中张骞以郎应募，出陇西，径匈奴中；单于得之，留骞十余岁。骞得间亡，乡月氏西走，数十日，至大宛。大宛闻汉之饶财，欲通不得，见骞，喜，为发导译抵康居，传致大月氏，大月氏太子为王，既击大夏，分其地而居之，地肥饶，少寇，殊无报胡之心。骞留岁余，竟不能得月氏要领，乃还；并南山，欲从羌中归，复为匈奴所得，留岁余。会伊稚斜逐於单，匈奴国内乱，骞乃与堂邑氏奴甘父逃归。上拜骞为太中大夫，甘父为奉使君。骞初行时百余人，去十三岁，惟二人得还。

【译文】

汉武帝元朔三年（前126年）

当初，归降朝廷的匈奴人说："月氏原来居住在敦煌和祁连山之间，是一个强国，匈奴冒顿单于攻破了它。老上单于杀了月氏国王，把他的头骨做成了饮酒的器皿。其余的月氏部众逃走到远方，极其怨恨匈奴。最好的办法莫过于联合月氏共同进攻匈奴。"武帝就招募能出使月氏的人。汉中人张骞以郎官的身份应募，从陇西郡出发，直接进入匈奴的腹地，结果被匈奴单于抓住了，被拘留了十多年。张骞找个机会逃了出来，向着月氏国所在的西方走去，过了数十日，到了大宛国。大宛国早就听说汉国富有财物，想通使结好，却没有实现，见到张骞后非常高兴，为他安排了向导和翻译，直达康居国，再转送到大月氏国。大月氏原来的太子做了国王，进攻大夏国之后，分割了大夏国的土地安居下来，当地土地肥沃富饶，很少有外敌入侵，早就没有丝毫向匈奴复仇的打算了。张骞滞留了一年多，终究不知道月氏国打的什么主意，就往回走。他沿着南山走，想通过羌人的居住地返归，又被匈奴人捉住了，拘留了一年多。当时正逢伊稚斜驱逐前单于的太子於单，匈奴国内混乱，张骞就和堂邑氏的奴隶甘父逃脱归来。武帝任命张骞为太中大夫，甘父为奉使君。张骞当初出发时有一百多人，往返历时十三年，只有他们二人得以回国。

【原文】

[汉武帝元鼎二年]（前115年）

浑邪王既降汉，汉兵击逐匈奴于幕北，自盐泽以东空无匈奴，西域道可通。于是张骞建言："乌孙王昆莫本为匈奴臣，后兵稍强，不肯复朝事匈奴，匈奴攻不胜而远之。今单于新困于汉，而故浑邪地空无人，蛮夷俗恋故地，又贪汉财物，今诚以此时厚币赂乌孙，招以益东，居故浑邪之地，与汉结昆弟，其势宜听，听则是断匈奴右臂也。既连乌孙，自其西大夏之属皆可招来而为外臣。"天子以为然，拜骞为中郎将，将三百人，马各二匹，牛羊以万数，赍金币帛直数千巨万；多持节副使，道可便，遣之他旁国。

【译文】

[汉武帝元鼎二年]（前115年）

浑邪王归降汉朝以后，汉军将匈奴势力驱逐到大漠以北，自盐泽往东广大地区已没有匈奴的踪影，前往西域的道路通行无阻。于是张骞建议说："乌孙王昆莫本来是匈奴的藩属，后来兵力渐强，不肯再受匈奴的统治，匈奴派兵征服，未能取胜，只得舍他而去。如今匈奴刚刚受到我朝的沉重打击，而原来浑邪的地盘又空无一人，蛮夷之族的习俗本来就依恋故地，何况又贪图我朝的财物。如果我们用丰厚的礼物拉拢乌孙，招他们东迁到过去浑邪的地盘上居住，与我国结成友好邻邦，势必可使他们听从我朝的调遣，这就等于断了匈奴的右臂一般。与乌孙结盟之后，其西部的大夏等国也都能招来成为我朝的藩属。”汉武帝认为有理，便任命张骞为中郎将，率领三百人，每人马两匹，以及数万头牛羊和价值数千万钱的黄金、钱币、绸缎等物，又指定多人为手持天子符节的副使，沿途如有通往别国的道路，即派一个副使前往。

【原文】

骞既至乌孙，昆莫见骞，礼节甚倨。骞谕指曰：“乌孙能东居故地，则汉遣公主为夫人，结为兄弟，共距匈奴，匈奴不足破也。”乌孙自以远汉，未知其大小；素服属匈奴日久，且又近之，其大臣皆畏匈奴，不欲移徙。骞留久之，不能得其要领，因分遣副使使大宛、康居、大月氏、大夏、安息、身毒、于阗及诸旁国。乌孙发译道送骞还，使数十人，马数十匹，随骞报谢，因令窥汉大小。是岁，骞还，到，拜为大行。后岁余，骞所遣使通大夏之属者皆颇与其人俱来，于是西域始通于汉矣。

【译文】

张骞到达乌孙后，乌孙王昆莫接见张骞，态度傲慢，礼节不周。张骞转达汉武帝的旨意说：“如果乌孙能够向东返回故土，那么我大汉将把公主许配给乌孙国王做夫人，两国结为兄弟之邦，共同抵抗匈奴，那么，击破匈奴将不是什么难事。”但是，乌孙因距汉朝太远，不知汉朝是大是小；且长期以来一直是匈奴的藩属，与匈奴相距又近，朝中大臣全都畏惧匈奴，不愿东迁。张骞在乌孙待了很久，一直得不到满意的答复，便向大宛、康居、大月氏、大夏、安息、身毒、于阗及附近各国分别派出副使联络。乌孙派翻译、向导送张骞回国，又派数十人携数十匹马随张骞赴汉朝报谢，顺便了解汉朝的大小强弱。这一年，张骞派去出使大夏等国的副使大部分都与该国使臣一同回来，这样，西域各国与汉朝的联系通道就开始打开了。

逐 戮 匈 奴

【原文】

[汉武帝元朔五年]（前124年）

匈奴右贤王数侵扰朔方。天子令车骑将军青将三万骑出高阙，卫尉苏建为游击将军，左内史李沮为强弩将军，太仆公孙贺为骑将军，代相李蔡为轻车将军，皆领属车骑将军，俱出朔方；大行李息、岸头侯张次公为将军，俱出右北平；凡十余万人，击匈奴。右贤王以为汉兵远，不能至，饮酒，醉。卫青等兵出塞六七百里，夜至，围右贤王。右贤王惊，夜逃，独与壮骑数百驰，溃围北去。得右贤裨王十余人，众男女万五千余人，畜数十百万，于是引兵而还。

【译文】

汉武帝元朔五年（前124年）

匈奴右贤王屡次侵扰朔方（治今内蒙古乌拉特前旗南）。天子令车骑将军卫青率三万骑兵，从高阙（今内蒙古包头市）出发，卫尉苏建任游击将军、左内史李沮任强弩将军、太仆公孙贺任骑将军、代相李蔡任轻车将军，都属车骑将军统领，从朔方出发；大行李息、岸头侯张次公任将军，都从右北平（今河北平泉）出发，共计十余万人，进击匈奴。匈奴右贤王认为汉兵遥远，不能马上到来，饮酒大醉。卫青等率大军出塞六七百里，夜里到达，包围了右贤王。右贤王大吃一惊，乘夜逃走，仅与数百名壮健骑从，冲出包围，向北驰去。汉军掳得右贤王的裨将十余人、男女人众一万五千余人，牲畜近百万头，于是率军返还。

卫青　（？－前106年），字仲卿，河东平阳（今山西省临汾市）人，汉武帝时期军事家。

【原文】

至塞，天子使使者持大将军印，即军中拜卫青为大将军，诸将皆属焉。夏，四月，乙未，复益封青八千七百户，封青三子伉、不疑、登皆为列侯。青固谢曰："臣幸得待罪行间，赖陛下神灵，军大捷，皆诸校尉力战之功也。陛下幸已益封臣青；臣青子在襁褓中，未有勤劳，上列地封为三侯，非臣待罪行间，所以劝士力战之意也。"天子曰："我非忘诸校尉功也。"乃封护军都尉公孙敖为合骑侯，都尉韩说为龙頟侯，公孙贺为南窌侯，李蔡为乐安侯，校尉李朔为涉轵侯，赵不虞为随成侯，公孙戎奴为从平侯，李沮、李息及校尉豆如意皆赐爵关内侯。

【译文】

到达边塞，天子派使者捧持大将军印，于军中即拜卫青为大将军，诸将均归他统率。夏季，四月八日，又增封卫青食邑八千七百户，封卫青三个儿子卫伉、卫不疑、卫登为列侯。卫青再三辞谢说："我有幸待罪军中，仰仗陛下神灵，出兵获大捷。这都是诸位将领奋战的功劳啊！陛下极为宠幸，已增加了我的食邑。我的儿子尚在襁褓之中，毫无功劳可言，皇上分割土地封为三侯，这不是我待罪军中激励将士英勇作战的本意。"天子说："我没有忘记诸位校尉的功劳。"于是，封护军都尉公孙敖为合骑侯，都尉韩说为龙頟侯，公孙贺为南窌侯，李蔡为乐安侯，校尉李朔为涉轵侯，赵不虞为随成侯，公孙戎奴为从平侯，李沮、李息及校尉豆如意都赐爵关内侯。

【原文】

于是青尊宠，于群臣无二，公卿以下皆卑奉之，独汲黯与亢礼。人或说黯曰："自天子欲群臣下大将军，大将军尊重，君不可以不拜。"黯曰："夫以大将军有揖客，反不重邪！"大将军闻，愈贤黯，数请问国家朝廷所疑，遇黯加于平日。大将军青虽贵，有时侍中，上踞厕而视之；丞相弘燕见，上或时不冠；至如汲黯见，上不冠不见也。上尝坐武帐中，黯前奏事，上不冠，望见黯，避帐中，使人可其奏。其见敬礼如此。

汲黯　（？－前112年）
西汉濮阳（今河南濮阳）人，字长孺。孝景帝时为太子洗马，武帝即位后为谒者，并先后任荥阳令，东海太守，主爵都尉，位列九卿。

【译文】

于是，卫青得到的尊崇宠爱，在群臣中是独一无二的。公卿以下的大臣都卑身奉承他，唯独汲黯以平等的礼节相待。有人劝汲黯说："自天子希望群臣向大将军下拜。大将军尊贵威重，您不可以不下拜。"汲黯说："身为大将军，而能有平等作揖的朋友，威望反而不厚重吗？"大将军听说以后，更加钦敬汲黯的贤明，多次向他请教国家朝廷的疑难大事，待汲黯比往日更加尊敬。大将军卫青虽然尊贵，有时到宫中侍奉皇上，皇上一边踞厕上大便，一边看着他说话。丞相公孙弘谒见，皇上有时就不戴帽子。至于汲黯来见，皇上未戴帽子就不接见。皇上曾坐在武帐中，汲黯前来奏事。皇上未戴帽子，望见汲黯，忙躲避到帐子中，派人告知批准他的奏请。可见汲黯受尊崇礼敬的程度。

【原文】

[汉武帝元朔六年]（前123年）

夏，四月，卫青复将六将军出定襄，击匈奴，斩首虏万余人。右将军建、前将军信并军三千余骑独逢单于兵，与战一日余，汉兵且尽。信故胡小王，降汉，汉封为翕侯，及败，匈奴诱之，遂将其余骑约八百降匈奴。建尽亡其军，脱身亡，自归大将军。

【译文】

[汉武帝元朔六年]（前123年）

元朔六年，夏季，四月。卫青又率六位将军从定襄（治今内蒙古和林格尔）出发，进击匈奴。斩首、俘虏万余人。右将军苏建、前将军赵信共同率领三千余骑兵，单独与单于的军队遭遇。交战一天多，汉军死伤殆尽。赵信本是匈奴的小王，投降了汉朝。汉朝封为翕侯，及至兵败，匈奴诱降他。赵信遂率他剩余的八百多骑兵投降了匈奴。苏建丧失了他的全部军队，脱身逃走，自己回到大将军处。

【原文】

初，平阳县吏霍仲孺给事平阳侯家，与青姊卫少兒私通，生霍去病。去病年十八，为侍中，善骑射，再从大将军击匈奴，为票姚校尉，与轻勇骑八百，直弃大军数百里赴利，斩捕首虏过当。于是天子曰：“票姚校尉去病，斩首虏二千余级，得相国、当户，斩单于大父行藉若侯产，生捕季父罗姑，比再冠军，封去病为冠军侯。上谷太守郝贤四从大将军，捕斩首虏二千余级，封贤为众利侯。”

【译文】

当初，平阳（今山西临汾县）县吏霍仲孺，在平阳侯家服役，与卫青的姐姐卫少儿私通，生下霍去病。霍去病十八岁时，任侍中。善于骑马射箭，又跟从大将军出击匈奴，担任票姚校尉，与轻骑勇士八百人，远离大军数百里，寻求战机，斩首俘获敌兵大大超过自己的兵力损失。于是，天子说：“票姚校尉霍去病，斩敌二千余人，生擒匈奴的相国和当户，斩单于的祖父辈藉若侯栾提产，活捉单于季父栾提罗姑，功可比双冠军。封霍去病为冠军侯。上谷郡（治今河北怀来）太守郝贤四次跟从大将军出征，捕获斩首二千余人，封郝贤为众利侯。”

霍去病　（公元前140－前117年）西汉名将。河东平阳（今山西临汾）人。善骑射。元朔六年（公元前123年）为票姚校尉，受封冠军侯。元狩二年（公元前121年）任骠骑将军。后升任大司马，与卫青同掌兵权。元狩六年（公元前117年）病卒。

苏武牧羊

【原文】

[汉武帝天汉元年]（前100年）

上嘉匈奴单于之义，遣中郎将苏武送匈奴使留在汉者，因厚赂单于，答其善意。武与副中郎将张胜及假吏常惠等俱，即至匈奴，置币遗单于。单于益骄，非汉所望也。

【译文】

汉武帝天汉元年（前100年）

汉武帝嘉许匈奴单于的义举，派遣中郎将苏武将留在汉朝的匈奴使臣送回匈奴，顺便携带厚礼，答谢匈奴单于的好意。苏武与副使中郎将张胜及暂时充任使团官吏的常惠等一同前往，到达匈奴后，将礼品送给单于。单于却更加骄横，这不是汉朝原来所希望的样子。

【原文】

会缑王与长水虞常等及卫律所将降者，阴相与谋劫单于母阏氏归汉。卫律者，父故长水胡人，律善协律都尉李延年，延年荐言律使于匈奴，使还，闻延年家收，遂亡降匈奴。单于爱之，与谋国事，立为丁灵王。虞常在汉时素与副张胜相知，私候胜曰："闻汉天子甚怨卫律，常能为汉伏弩射杀之。吾母、弟在汉，幸蒙其赏赐。"张胜许之，以货物与常。后月余，单于出猎，独阏氏、子弟在，虞常等七十余人欲发，其一人夜亡告之。单于子弟发兵与战，缑王等皆死，虞常生得。

【译文】

恰在此时，曾经归降过汉朝的匈奴缑王和长水人虞常，以及卫律所率领的投降匈奴的原汉朝人暗中商议，企图劫持匈奴单于的母亲阏氏回到汉朝。卫律这个人，他父亲原是长水地区的匈奴人，他本人与汉朝的协律都尉李延年关系很好，经李延年推荐，受汉朝派遣出使匈奴。出使归来，听说李延年一家被收捕，便逃到匈奴投降。单于很喜欢他，与他商讨国家大事，封他为丁灵王。虞常在汉朝时一直与副使张胜相交，私下拜访张胜时说："听说大汉天子非常怨恨卫律，我可以埋伏弓弩手为汉朝将其射死。我的母亲和弟弟都在汉朝，希望他们能得到赏赐。"张胜嘉许他的打算，并送给他很多财物。一个多月以后，单于出外打猎，只有他母亲和部分子弟留在王庭。虞常等七十余人正准备动手，不料其中一人于夜间逃走，告发了虞常等人的打算。于是，单于子弟调兵与虞常等人交战，缑王等全部被杀，虞常被活捉。

【原文】

单于使卫律治其事。张胜闻之，恐前语发，以状语武。武曰："事如此，此必及我，见犯乃死，重负国。"欲自杀，胜、惠共止之。虞常果引张胜。单于怒，召诸贵人议，欲杀汉使者。左伊秩訾曰："即谋单于，何以复加！宜皆降之。”单于使卫律召武受辞。武谓惠等：“屈节辱命，虽生，何面目以归汉！”引佩刀自刺。卫律惊，自抱持武，驰召医，凿地为坎，置煴火，覆武其上，蹈其背以出血。武气绝，半日复息。惠等哭，舆归营。单于壮其节，朝夕遣人候问武，而收系张胜。

【译文】

匈奴单于派卫律处理此事。张胜听到消息后，害怕先前与虞常约定之事被揭发，便向苏武报告。苏武说：“事情既然这样，肯定会涉及到我，如受到侵犯再死，那就太辜负国家了。”于是，准备自杀，被张胜、常惠一起阻止。虞常果然牵引了张胜，单于大怒，召集贵族们商议，打算杀死汉使。匈奴左伊秩訾说：“谋杀卫律就要处死，如果谋害单于，又如何加罪呢！应让他们全部归降。”单于派卫律召见苏武听取供辞。苏武对常惠等人说：“卑躬屈节，辱君使命，虽然活着，又有何面目再回到我们大汉！”拔出佩刀自杀。卫律大吃一惊，将苏武抱住，急忙召医生前来，在地上挖了一个土坑，生起炭火，将苏武放在坑上，用脚踩苏武的后背，使淤血流出。苏武气绝，半日才恢复呼吸。常惠等痛哭，将苏武抬回驻地。单于很钦佩苏武的气节，早晚都派人问候，而将张胜逮捕。

苏武 （前140－前60年）字子卿，杜陵（今陕西西安西南）人。汉武帝时奉命出使匈奴，被借故扣留。数次拒绝匈奴的劝降，后被发配北海牧羊。苏武牧羊达十九年之久，直到公元前81年，苏武才回到长安。

【原文】

武益愈，单于使使晓武，欲降之，会论虞常，欲因此时降武。剑斩虞常已，律曰：“汉使张胜谋杀单于近臣，当死，单于募降者赦罪。”举剑欲击之，胜请降。律谓武曰：“副有罪，当相坐。”武曰：“本无谋，又非亲属，何谓相坐！”复举剑拟之，武不动。律曰：“苏君！律前负汉归匈奴，幸蒙大恩赐号称王，拥众数万，马畜弥山，富贵如此！苏君今日降，明日复然；空以身膏草野，谁复知之！”武不应。律曰：“君因我降，与君为兄弟；今不听吾计，后虽欲复见我，尚可得乎！”武骂律曰：“汝为人臣子，不顾恩义，畔主背亲，为降虏于蛮夷，何以

汝为见！且单于信汝，使决人死生，不平心持正，反欲斗两主，观祸败。南越杀汉使者，屠为九郡；宛王杀汉使者，头县北阙；朝鲜杀汉使者，即时诛灭；独匈奴未耳。若知我不降明，欲令两国相攻，匈奴之祸从我始矣。”律知武终不可胁，白单于，单于愈益欲降之。乃幽武置大窖中，绝不饮食；天雨雪，武卧，啮雪与旃毛并咽之，数日不死。匈奴以为神，乃徙武北海上无人处，使牧羝，曰：“羝乳乃得归。”别其官属常惠等，各置他所。

【译文】

苏武逐渐痊愈，单于派人来劝谕苏武，要苏武归降匈奴。正在此时，虞常被定为死罪。便打算借此机会逼苏武投降。用剑斩了虞常之后，卫律说：“汉使张胜想谋杀单于的亲信大臣，其罪当死，单于招募归降，降者赦免。”举剑要刺张胜，张胜请求投降。卫律又对苏武说：“副使有罪，你作为正使，应连坐问罪。”苏武回答说：“我本未参与其事，与张胜又没有亲属关系，为什么要连坐！”卫律又举剑威胁苏武，苏武纹丝不动。卫律说：“苏先生！我以前背叛汉朝，归顺匈奴，有幸蒙单于大恩，赐号称王，并拥有数万人众，马匹牲畜满山，这样富贵！苏先生如果今日归降，明日就会和我一样，否则白白以尸体施肥于草野，又有谁知道呢！”苏武闭口不答。卫律又说：“你要是听我的话，归降匈奴，我与你结拜为兄弟；如今日不听我的建议，以后即使想再见我，还能够办得到吗？”苏武骂道：“你身为汉朝臣子，却不顾恩义，背叛君主、亲人，投降蛮夷异族，我见你干什么！况且单于信任你，让你决定别人的生死，你不但不公平处理，反而想挑动两国君主相互争斗，坐观成败。南越国杀死汉使，被汉灭掉后变为九郡；大宛王杀死汉使，其人头被悬于长安宫廷北门；朝鲜杀死汉使，立即招来灭国之祸；只有匈奴还没有干过这种事。你明知我不会投降，却想借此挑起两国之间的战争，匈奴的灾难从我这里开始了。”卫律明白苏武终究不会被胁迫，只得禀报单于。单于越发想争取苏武归顺，便将苏武囚禁于一个大地窖中，断绝苏武的饮食，（企图逼其就范）当时正下大雪，苏武躺在地上，靠吞食雪片和衣服上的毡毛，一同咽下，几天后竟然未死。匈奴人以为他有神灵庇护，便将苏武放逐到北海荒无人烟之处，让他放牧一群公羊，并对苏武说：“等到公羊能产出羊奶，你就可以回国了。”常惠等使团中不肯投降的官员，也被分别扣留在其他地方。

【原文】

[汉昭帝始元六年]（前81年）

初，苏武既徙北海上，禀食不至，掘野鼠、去草实而食之。杖汉节牧羊，卧起操持，节旄尽落。武在汉，与李陵俱为侍中；陵降匈奴，不敢求武。久之，单于使陵至海上，为武置酒设乐，因谓武曰："单于闻陵与子卿素厚，故使来说足下，虚心欲相待。终不得归汉，空自苦亡人之地，信义安所见乎！足下兄弟二人，前皆坐事自杀；来时，太夫人已不幸；子卿妇年少，闻已更嫁矣；独有女弟二人、两女、一男，今复十余年，存亡不可知。人生如朝露，何久自苦如此！陵始降时，忽忽如狂，自痛负汉，加以老母系保宫。子卿不欲降，何以过陵！且陛下春秋高，法令无常，大臣无罪夷灭者数十家。安危不可知，子卿尚复谁为乎！"武曰："武父子无功德，皆为陛下所成就，位列将，爵通侯，兄弟亲近，常愿肝脑涂地。今得杀身自效，虽斧钺、汤镬，诚甘乐之！臣事君，犹子事父也；子为父死，无所恨。愿勿复再言！"陵与武饮数日，复曰："子卿壹听陵言！"武曰："自分已死久矣，王必欲降武，请毕今日之欢，效死于前！"陵见其至诚，喟然叹曰："嗟乎，义士！陵与卫律之罪上通于天！"因泣下沾衿，与武决去。赐武牛羊数十头。

【译文】

汉昭帝始元六年（前81年）

当初，苏武被匈奴放逐到了北海边，得不到粮食供应，便掘野鼠，找草籽当食物。他手持汉朝的符节牧羊，无论睡卧还是起身都带着，节杖上的毛缨全部脱落了。苏武在汉朝时，与李陵同为侍中，李陵投降匈奴后，不敢求见苏武。过了很长时间，单于派李陵来到北海边，为苏武摆下酒筵，并以乐助兴。李陵对苏武说："单于听说我与你一向情谊深厚，所以派我来劝你，单于愿意对你虚心相待。你终究不能再回汉朝，自己白白受苦在这荒无人烟的地方，你的信义节操，又有谁看得到呢！你的两个兄弟，先前已都因罪自杀；我来此时，

太夫人也已不幸去世；你的夫人年轻，听说已经改嫁别人了；只剩下两个妹妹、两个女儿、一个儿子，如今又过了十几年，是活是死，不得而知。人的一生，就像早晨的露水一般短暂，你又何必长久地如此受苦！我刚投降匈奴时，精神恍惚，像是发疯，恨自己辜负汉朝，还连累老母被拘禁牢狱。你不愿归降匈奴的心情，怎么会超过我！况且武帝年事已高，法令变化无常，大臣无罪而被满门抄斩的达数十家。安危不可知，你还要为谁拼命呢！”苏武说：“我父子本无才德功绩，全靠皇上栽培，才得以位列将军，爵封通侯，使我们兄弟得以亲近皇上，所以我常常希望能够肝脑涂地，报答皇上的大恩。如今得以杀身报效皇上，即使是被斧钺斩，下汤锅烹，我也心甘情愿！臣侍奉君，就如同子侍奉父，儿子为父亲而死，没有遗憾。希望你不要再说了。”李陵与苏武一连饮酒数日，又劝道：“子卿你再听我一句话。”苏武说：“我自己料想必死已经很久了，大王你一定要我苏武投降，就请结束今日的欢聚，让我死在你面前！”李陵见苏武一片至诚，长叹道：“唉！你真是义士！我与卫律的罪过上通于天！”不觉泪湿衣衿，与苏武告别而去。赐给苏武牛羊数十头。

【原文】

后陵复至北海上，语武以武帝崩。武南乡号哭欧血，旦夕临，数月。及壶衍鞮单于立，母阏氏不正，国内乖离，常恐汉兵袭之，于是卫律为单于谋，与汉和亲。汉使至，求苏武等，匈奴诡言武死。后汉使复至匈奴，常惠私见汉使，教使者谓单于，言：“天子射上林中，得雁，足有系帛书，言武等在某泽中。”使者大喜，如惠语以让单于。单于视左右而惊，谢汉使曰：“武等实在。”乃归武及马宏等。马宏者，前副光禄大夫王忠使西国，为匈奴所遮；忠战死，马宏生得，亦不肯降。故匈奴归此二人，欲以通善意。于是李陵置酒贺武曰：“今足下还归，扬名于匈奴，功显于汉室，虽古竹帛所载，丹青所画，何以过子卿！陵虽驽怯，令汉贳陵罪，全其老母，使得奋大辱之积志，庶几乎曹柯之盟，此陵宿昔之所不忘也。收族陵家，为世大戮，陵尚复何顾乎！已矣，令子卿知吾心耳！”陵泣下数行，因与武决。

【译文】

后来，李陵又来到北海边，告诉苏武汉武帝已经去世。苏武面对南方号啕痛哭，甚至吐血，早晚吊唁，一连数月。壶衍鞮单于即位后，其母阏氏行为不正，国内分崩离析，常常害怕汉军前来袭击，于是卫律为单于定计，要求与汉朝和亲。汉使来到匈奴，要求放回苏武等人，匈奴假称苏武已死。后来汉使又来到匈奴，常惠暗中面见汉使，教使者对单于这样说：“汉天子在上林苑射猎，射下一只大雁，雁脚上系着一件用丝绸写的书信，上面说苏武等人在某湖泽之地。”使者大喜，按常惠之言责问单于。单于环视左右侍从，大吃一惊，向汉使道歉说：“苏武等人确实还活着。”这才将苏武及马宏等人放还。马宏先前是光禄大夫王忠的副使，出使西域各国，受到匈奴军队拦截，王忠战死，马宏被俘，也不肯投降匈奴。所以匈奴这次将苏武、马宏二人放回，是想向汉朝表示他们的善意。于是，李陵摆设酒筵祝贺苏武说：“如今你返回祖国，名声传遍匈奴，功劳显扬于汉朝，即使是史籍所记载、丹青所描画的人物，又怎能超过你！我虽然愚笨怯懦，假如当年汉朝能赦免我的罪过，保全我的老母，使我能够忍辱负重，也许会有春秋时期曹刿于柯盟劫持齐桓公那样的壮举，这是我当时念念不忘的志向。将我满门抄斩，受当世最残酷的杀戮，我还能再顾念什么呢！ 一切都已过去了，现在只是想让你知道我的心罢了！”李陵泪流满面，便与苏武诀别。

【原文】

单于召会武官属，前已降及物故，凡随武还者九人。既至京师，诏武奉一太牢谒武帝园庙，拜为典属国，秩中二千石，赐钱二百万，公田二顷，宅一区。武留匈奴凡十九岁，始以强壮出，及还，须发尽白。

【译文】

单于召集当年随苏武前来的汉朝官员及随从，除先前已归降匈奴和去世的以外，共九人与苏武一同返回汉朝。苏武一行来到长安后，汉昭帝诏令苏武用牛、羊、猪各一头，以最隆重的仪式祭拜汉武帝的陵庙，任命苏武为典属国，品秩为中二千石，赏钱二百万、公田二顷、住宅一所。苏武被扣留匈奴共十九年，去时正当壮年，归来时头发、胡须全都白了。

昭君出塞

【原文】

[汉元帝竟宁元年]（前33年）

春，正月，匈奴呼韩邪单于来朝，自言愿婿汉氏以自亲。帝以后宫良家子王嫱字昭君赐单于。单于欢喜，上书："愿保塞上谷以西至敦煌，传之无穷。请罢边备塞吏卒，以休天子人民。"天子下有司议，议者皆以为便。郎中侯应习边事，以为不可许。上问状，应曰："周、秦以来，匈奴暴桀，寇侵边境；汉兴，尤被其害。臣闻北边塞至辽东，外有阴山，东西千余里，草木茂盛，多禽兽，本冒顿单于依阻其中，治作弓矢，来出为寇，是其苑囿也。至孝武世，出师征伐，斥夺此地，攘之于幕北，建塞徼，起亭隧，筑外城，设屯戍以守之，然后边境用得少安。幕北地平，少草木，多大沙，匈奴来寇，少所蔽隐；从塞以南，径深山谷，往来差难。边长老言：'匈奴失阴山之后，过之未尝不哭也！'如罢备塞吏卒，示夷狄之大利，不可一也。今圣德广被，天覆匈奴，匈奴得蒙全活之恩，稽首来臣。夫夷狄之情，困则卑顺，强则骄逆，天性然也。前已罢外城，省亭隧，才足以候望，通烽火而已。古者安不忘危，不可复罢，二也。中国有礼义之教，刑罚之诛，愚民犹尚犯禁；又况单于，能必其众不犯约哉！三也。自中国尚建关梁以制诸侯，所以绝臣下之觊欲也。设塞徼，置屯戍，非独为匈奴而已，亦为诸属国降民本故匈奴之人，恐其思旧逃亡，四也。近西羌保塞，与汉人交通，吏民贪利，侵盗其畜产、妻子，以此怨恨，起而背畔。今罢乘塞，则生嫚易分争之渐，五也。往者从军多没不还者，子孙贫困，一旦亡出，从其亲戚，六也。又边人奴婢愁苦，欲亡者多，曰：‘闻匈奴中乐，无奈候望急何！’然时有亡出塞者，七也。盗贼桀黠，群辈犯法，如其窘急，亡走北出，则不可制，八也。起塞以来百有余年，非皆以土垣也，或因山岩、石、木、溪谷、水门，稍稍平之，卒徒筑治，功费久远，不可胜计。臣恐议者不深虑其终始，欲以壹切省繇戍，十年之外，百岁之内，卒有他变，障塞破坏，亭隧灭绝，当更发屯缮治，累岁之功不可卒复，九也。如罢戍卒，省候望，单于自以保塞守御，必深德汉，请求无已；小失其意，则不可测。开夷狄之隙，亏中国之固，十也。非所以永持至安、威制百蛮之长策也！”对奏，天子有诏：“勿议罢边塞事。”使车骑将军嘉口谕单于曰：“单于上书愿罢北塞吏士屯戍，子孙世世保塞。单于乡慕礼义，所以为民计者甚厚，此长久之策也。朕甚嘉之！中国四方皆有关梁障塞，非独以备塞外也。亦以防中国奸邪放纵，出为寇害，故明法度以专众心也。敬谕单于之意，朕无疑焉。为单于怪其不罢，故使嘉晓单于。”单于谢曰：“愚不知大计，天子幸使大臣告语，甚厚！”

【译文】

汉元帝竟宁元年（前33年）

春季，正月，匈奴呼韩邪单于来朝见，说自己愿娶汉女，当汉家女婿，以增进和汉家的亲密关系。汉元帝刘奭把后宫“良家女子”王嫱，字昭君，赐给单于。单于欢喜，上书说：“甘愿保卫东从上谷（今河北怀来），西到敦煌（今甘肃敦煌）的边塞，世代相传，以至永远。请撤销边塞防务，让吏卒复员，使天子的子民，得以休息。”天子下发给有关衙门讨论。参加讨论的官员都认为方便可行，郎中侯应熟悉守边事宜，认为不可答应。皇上追问原因，侯应说：“周、秦以来，匈奴暴虐，侵扰边境。汉朝兴起，尤受其害。我听说，北部边塞到辽东（今辽宁辽阳），外有阴山，东西千余里，水草、树木，十分繁盛，多有禽兽出没。本有冒顿单于，依据险阻，占据其中，制造弓箭，出没为寇，把这片地方当作他的苑囿。到孝武皇帝之世，出师征伐，夺取了这片地方，把匈奴赶到大漠以北，修通道路，筑起城廓，设立屯戍，驻军防守。此后，边境才逐渐得到安宁。大漠以北，地面平坦，草木稀少，多大片沙碛。匈奴来寇掠时，缺少隐蔽的地方。边塞之南，山高谷深，往来困难。边塞上的老人们说：'匈奴丧失阴山后，再经过时，没有不伤心痛哭的。'如果撤销边塞防务，复员吏卒，正是给夷狄莫大之利。这是不可答应的理由之一。现在皇上的恩德广施，像天空一样覆盖着匈奴。匈奴人幸蒙再生之恩，叩首臣服。但夷狄之人的性情是：身陷困境则卑下顺从，一旦强盛则肆逆骄横。其天性就是这样。在此之前，已罢筑外城，停修道路，边防力量减少到只能担当瞭望、以烽火通军情而已。古人讲究居安思危，我们不可撤销防务。这是不可答应的理由之二。中国有礼义教化、刑罚诛杀，愚顽之人尚且违犯禁令，何况单于！难道一定能使其部众不违犯约定吗？这是不可答应的理由之三。就是中国，尚需设关卡以控制诸侯，从而杜绝臣下的觊觎。设立边塞城堡，建置屯戍，不仅仅是为防备匈奴，也因为诸属国降民中本是匈奴汗国之人，唯恐他们思念故旧而逃亡。这是不可答应的理由之四。接近西羌的边塞一带，与汉人交往，官吏小民贪图私利，侵夺盗取其畜产，强占其妻子儿女。由此怨恨，激起叛变。如果撤除防务，会逐渐产生欺侮和争斗。这是不可答应的理由之五。过去，从军的战士很多人在匈奴未还。他们的子孙贫困，一旦有了机会，就会逃亡出去，投降其亲戚。这是不可答应的理由之六。再说，沿边塞地区人家的奴婢愁苦无告，多想逃亡，说：'听说匈奴安乐，无奈边防守卫严密，怎么办？'即使如此，还是经常有逃亡出塞的。这是不可答应的理由之七。盗贼凶恶狡猾，群辈犯法不止，如果窘迫紧急，就会逃亡北窜，官府就不能惩治他们。这是不可答应的理由之八。沿边设塞，已有百余年，并非完全以土筑墙建塞，有的地方利用山岩、巨石、大木、深谷、水峡，士卒徒隶，修筑治理，逐渐平整，经年累月，费功不可胜计。我担心主张撤除防务的官员，未能对事情的来龙去脉搞清楚，未经深思熟虑，就想用一刀切的办法简单地全部省去徭役和戍守。十年之后，百年以内，突然发生变故，要塞已破坏，亭、隧等设施已毁坏，就必须重新征发屯守和缮治防守设施。可是，累世的工程不可能很快恢复。这是不可答应的理由之九。如果停罢戍守，撤除防务，省去守望，单于自以为守御要塞、保卫边疆有功，要汉朝对它感恩戴德，必会不断地请求赏赐，稍有不满意，祸不可测。这反而造成与夷狄之矛盾，有损中国的稳固。这是不可答应的理由之十。总之，这不是永保平安、控制外族的长远策略！”他的意见奏上以后，天子下诏说：“不要再讨论罢撤边塞防务

王昭君　姓王名嫱，南郡秭归（今湖北省兴山县）人。与西施、貂蝉、杨玉环并称为中国古代四大美女。公元前133年出塞下嫁匈奴呼韩邪单于。

的事了。”派车骑将军许嘉向单于传达口谕，说：“单于上书，请求撤除北方边塞防务和屯戍的官兵，子孙世世代代保卫边塞。单于一向仰慕礼义，十分诚恳地为中国百姓着想，这诚然是长久之策，我很赞赏。但中国四方边境都有边塞亭障，并非独独防备塞外，同时也是为了防止中国的奸邪之人，肆虐放纵，出塞寇掠为害。所以，宣明法度使众人之心专一。敬知单于之意，我决无怀疑。为了使单于对我们不撤除边防之举不发生误解，特派许嘉向单于作解释。”单于道谢说：“我愚昧，不懂得国家大计，承蒙天子派大臣告知，恩德甚厚！”

昭君出塞

【原文】

初，左伊秩訾为呼韩邪画计归汉，竟以安定。其后或谗伊秩訾自伐其功，常鞅鞅，呼韩邪疑之；伊秩訾惧诛，将其众千余人降汉，汉以为关内侯，食邑三百户，令佩其王印绶。及呼韩邪来朝，与伊秩訾相见，谢曰：“王为我计甚厚，令匈奴至今安宁，王之力也，德岂可忘！我失王意，使王去，不复顾留，皆我过也。今欲白天子，请王归庭。”伊秩訾曰：“单于赖天命，自归于汉，得以安宁，单于神灵，天子之佑也，我安得力！既已降汉，又复归匈奴，是两心也。愿为单于侍使于汉，不敢听命！”单于固请，不能得而归。

【译文】

当初，左伊秩訾为呼韩邪出谋划策，使其归汉，终于得以安定。其后，有人进谗言，说左伊秩訾自矜有功，而心常怏怏不满，呼韩邪就对他产生疑忌。伊秩訾惧怕被诛，率领部众千人向汉朝投降。汉朝封他为关内侯，食邑三百户，令依匈奴王号佩印信绶带。及至呼韩邪来汉朝见，与伊秩訾见面，道歉并致谢说：“大王为我设计，恩德甚厚，使匈奴至今享有安宁，这是大王的功力所致。此德岂可忘记！我使大王失意，使大王离去，不想再留居匈奴。这都是我的过错。现在，我想报告天子，请大王重归单于庭。”伊秩訾说：“单于遵从上天的旨意，自己归附于汉，得以安宁。这是单于英明，天子佑护，怎能说得力于我？既已降汉，又重归匈奴，是有二心。我愿为单于充使留侍于汉，不敢听命重归匈奴！”单于一再请求，不得应允，只好归去。

【原文】

单于号王昭君为宁胡阏氏；生一男伊屠智牙师，为右日逐王。

【译文】

单于给王昭君的封号为宁胡阏氏，生一男孩伊屠智牙师，封为右日逐王。

王莽篡汉

【原文】

[汉平帝元始二年]（公元2年）

郡国大旱，蝗，青州尤甚，民流亡。王莽白太后，宜衣缯练，颇损膳，以示天下。莽因上书愿出钱百万，献田三十顷，付大司农助给贫民。于是公卿皆慕效焉，凡献田宅者二百三十人，以口赋贫民。又起五里于长安城中，宅二百区，以居贫民。莽帅群臣奏太后，言："幸赖陛下德泽，间者风雨时，甘露降，神芝生， 蓂荚、朱草、嘉禾，休征同时并至。愿陛下遵帝王之常服，复太官之法膳，使臣子各得尽欢心，备共养！"莽又令太后下诏，不许。每有水旱，莽辄素食，左右以白太后，太后遣使者诏莽曰："闻公菜食，忧民深矣。今秋幸孰，公以时食肉，爱身为国！"

【译文】

汉平帝元始二年（公元2年）

郡国发生大旱灾、蝗灾，青州尤其严重，人民逃荒流亡。王莽禀告太皇太后：应该改穿没有花纹的丝帛服装，减省御用膳食，以向天下表示克己节约。王莽乘机上书，愿意拿出百万钱的捐款并献田三十顷，交付大司农以救助贫民。于是公卿大臣都敬仰而仿效，共有二百三十人捐献田宅，把这些田宅按人数分配给贫民。又在长安城中

兴建五个里，盖民宅二百所，用来安置贫民居住。然后王莽率领群臣奏报太皇太后说：“有幸仰赖陛下的盛德恩泽，最近以来，风雨依时，甘露从天而降，灵芝生长，蓂荚、朱草、嘉禾等诸般美好祥瑞的征兆同时并至。愿陛下仍然遵照规定穿帝王正常的服装，恢复太后的正常膳食供应，使做臣子的各自都能尽力使陛下有和乐之心，精心周到地供养陛下。”王莽又让太皇太后下诏，表示不同意。每遇水旱灾害，王莽就吃素食，左右侍臣将这个情况报告给太皇太后，太皇太后派使者诏令王莽说：“听说安汉公只吃素食，真是忧民至深。今年秋天幸而庄稼丰收，请公及时吃肉，为国家爱护自己的身体！”

【原文】

莽欲以女配帝为皇后以固其权，奏言：“皇帝即位三年，长秋宫未建，掖廷媵未充。乃者国家之难，本从无嗣，配取不正，请考论《五经》，定取后礼，正十二女之义，以广继嗣，博采二王后及周公、孔子世、列侯在长安者適子女。”事下有司，上众女名，王氏女多在选中者，莽恐其与己女争，即上言：“身无德，子材下，不宜与众女并采。”太后以为至诚，乃下诏曰：“王氏女，朕之外家，其勿采。”庶民、诸生、郎吏以上守阙上书者日千余人，公卿大夫或诣廷中，或伏省户下，咸言：“安汉公盛勋堂堂若此，今当立后，独奈何废公女，天下安所归命！愿得公女为天下母！”莽遣长史以下分部晓止公卿及诸生，而上书者愈甚。太后不得已，听公卿采莽女。莽复自白：“宜博选众女。”公卿争曰：“不宜采诸女以贰正统。”莽乃白：“愿见女。”

【译文】

王莽想把女儿嫁给平帝为皇后，以巩固自己的权力。就上奏说：“陛下即位已三年，还没有立皇后，后宫嫔妃也空缺。以往国家的灾难，本由于无继承人、后妃的来路不正所引起。请考查讨论儒学《五经》的有关记载，制定聘娶皇后之礼，使古代天子娶十二个女子的规定纳入正轨，以广求继嗣。广泛地在殷、周天子的后裔，周公、孔子的后代，以及在长安的列侯之家中挑选合适的女子。”太皇太后将此事交付有关机关办理，主管官员呈上众女子的名单，王氏家族的女子多在被选中。王莽恐怕王氏其他人的女儿会与自己的女儿争当皇后，就上书说："我本身没有高尚的品德，女儿的资质才能又为下等，她不适宜与众女子一起被挑选 。"太皇太后以为他是诚心诚意地谦虚，就下诏说："王氏家族的女子是我娘家人，就不要参加挑选了。"平民、诸生、郎吏及以上官吏，守候在皇宫大门上书的，每天有一千余人。公卿大夫有的前往廷中，有的俯伏在宫内官署的门下，都要求说："安汉公的盛大功勋如此辉煌，如今应当立他的女儿为皇后，为什么单单剔除了安汉公的女儿，天下人将把期望归聚到哪一位身上呢！我们希望能让安汉公的女儿做天下之母！"王莽派遣长史及以下官员分别去劝说阻止公卿及诸生的请愿，然而上书请愿的人反而愈来愈多。太皇太后不得已，就听从公卿的意见，挑选王莽的女儿为皇后。王莽又为自己辩白说："应该广选众女。"公卿争辩说："再选取其他女子，就会违背正统。"王莽只好说："请察看我的女儿吧。"

【原文】

[汉平帝元始四年]（公元4年）

夏，太保舜等及吏民上书者八千余人，咸请："如陈崇言，加赏于安汉公。"章下有司，有司请："益封公以召陵、新息二县及黄邮聚、新野田；采伊尹、周公称号，加公为宰衡，位上公，三公言事称'敢言之'；赐公太夫人号曰功显君；封公子男二人安为褒新侯、临为赏都侯；加后聘三千七百万，合为一万万，以明大礼。"太后临前殿亲封拜，安汉公拜前，二子拜后，如周公故事。莽稽首辞让，出奏封事："愿独受母号，还安、临印韨及号位户邑。"事下，太师光等皆曰："赏未足以直功。谦约退让，公之常节，终不可听。忠臣之节亦宜自屈，而伸主上之义。宜遣大司徒、大司空持节承制，诏公亟入视事，诏尚书勿复受公之让奏。"奏可。莽乃起视事，止减召陵、黄邮、新野之田而已。

【译文】

汉平帝元始四年（公元4年）

夏季，太保王舜等以及官民八千多人上书朝廷，一致请求："请按照大司徒司直陈崇的建议，增加对安汉公王莽的赏赐。"奏章交给主管官吏，主管官吏奏报说："增加安汉公王莽的封地，把召陵、新息二县，和黄邮聚、新野两地的耕田全都划入；采用伊尹和周公的称号，安汉公加上宰衡的官号，位居上公，三公向安汉公汇报工作，自称‘冒昧陈辞’；封王莽的母亲为功显君；封王莽的两个儿子王安为褒新侯、王临为赏都侯；增加皇后彩礼三千七百万钱，合成一万万钱，用来表明大礼的隆重。”太皇太后来到前殿，亲自赐封爵位和称号；王莽在前面下拜，两个儿子在后面下拜，一如周公的旧

例。王莽叩头辞让，出宫以后送上密奏，说：“仅愿接受对我母亲的封号，而退还王安、王临的印玺绶带和爵位称号、封邑民户。”太师孔光等都说：“赏赐不足以抵偿功劳，谦虚辞让是安汉公的一贯作风，到底不可以听从。忠臣的气节有时应该自己屈服，使主上的大义得以伸张。应该派遣大司徒、大司空拿着符节，奉皇帝命令征召安汉公赶快入宫主持朝政，并下令尚书拒绝接受安汉公任何推辞退让的奏章。”奏章被批准了。王莽这才起来办理公务，仅减少召陵、黄邮聚、新野三地的封土罢了。

【原文】

莽复以所益纳征钱千万遗太后左右奉共养者。莽虽专权，然所以诳耀媚事太后，下至旁侧长御，方故万端，赂遗以千万数。白遵太后姊、妹号皆为君，食汤沐邑。以故左右日夜共誉莽。莽又知太后妇人，厌居深宫中，莽欲虞乐以市其权，乃令太后四时车驾巡狩四郊，存见孤、寡、贞妇，所至属县，辄施恩惠，赐民钱帛、牛酒，岁以为常。太后旁弄儿病，在外舍，莽自亲候之。其欲得太后意如此。

【译文】

王莽又在所增加彩礼的三千七百万中，提出一千万，送给太皇太后左右侍从人员。王莽虽然独裁，但他千方百计迷惑谄媚取悦太皇太后，甚至连太皇太后身边那些常侍的随从，都使用多种方法，致送数以千万计的贿赂。又建议封太后的姐、妹为君，各有汤沐邑。因此，太皇太后身旁的人日夜共同赞美王莽。王莽知道，太皇太后是一个女人，厌恶居住在深宫之中。他打算用娱乐方式换取太后手里的权力。于是，春夏秋冬四季，王莽都请太后到长安四郊游览，慰问孤儿、寡妇和贞妇。所到长安各属县，都布施恩惠，赏赐平民钱币、丝织品、

牛肉、美酒，每年都是如此。太后身旁的弄儿有病，王莽亲自前往探望。王莽想得到太后的好感，所用的手段大致如此。

【原文】

莽奏起明堂、辟雍、灵台，为学者筑舍万区，制度甚盛。立《乐经》；益博士员，经各五人。征天下通一艺、教授十一人以上，及有逸礼、古书、天文、图谶、钟律、月令、兵法、史篇文字，通知其意者，皆诣公车。网罗天下异能之士，前后至者千数，皆令记说廷中，将令正乖谬、壹异说云。

【译文】

王莽提议兴建明堂、辟雍和灵台，给学者建筑宿舍一万间，规模十分宏伟。在太学设立《乐经》课程，并增加博士名额，每一经各五人。征求全国精通一经，而且教授弟子十一人以上的经师，以及藏有散失的《礼经》、古文《尚书》、天文、图谶、音乐、《月令》、《兵法》、《史籀篇》文字，通晓它们意义的人，都前往公车衙门。收罗全国具有卓越才能的士人，来到京师的前后数以千计，都让他们到朝廷上记录其学说，打算让他们订正流传的错误，统一各种分歧的说法。

【原文】

又征能治河者以百数，其大略异者，长水校尉平陵关并言："河决率常于平原、东郡左右，其地形下而土疏恶。闻禹治河时，本空此地，以为水猥盛则放溢，少稍自索，虽时易处，犹不能离此。上古难识。近察秦、汉以来，河决曹、卫之域，其南北不过百八十里。可空此地，勿以为官亭、民室而已。"御史临淮韩牧以为："可略于《禹贡》九河处穿之，纵不能为九，但为四五，宜有益。"大司空掾王横言："河入勃海地，高于韩牧所欲穿处。往者天尝连雨，东北风，海水溢，西南出，浸数百里，九河之地已为海所渐矣。禹之行河水，本随西山下东北去。《周谱》云：'定王五年，河徙。'则今所行非禹之所穿也。又秦攻魏，决河灌其都，决处遂大，不可复补。宜却徙完平处更开空，使缘西山足，乘高地而东北入海，乃无水灾。”司空掾沛国桓谭典其议，为甄丰言：“凡此数者，必有一是；宜详考验，皆可豫见。计定然后举事，费不过数亿万，亦可以事诸浮食无产业民。空居与行役，同当衣食，衣食县官而为之作，乃两便，可以上继禹功，下除民疾。”时莽但崇空语，无施行者。

【译文】

王莽又征求能够治理黄河的人才以百计算，各人的主张并不相同。长水校尉平陵人关并认为：“黄河溃决的地点，经常在平原、东郡左右，那一带地势低下，土质松软。据说夏禹治理黄河时，原本把这一带地区空出来，认为水大时就到那里倾泄，水小时自会逐渐干涸。虽然时常改变地方，但还没能离开这一带。上古时代的往事难以考察。考察近代秦、汉以来的状况，黄河在古曹国、古卫国的地域决口，南北相距不过百八十里。可以把这一带腾空，不再兴建官亭、民居罢了。”御史临淮人韩牧认为：“《禹贡》有九条河流的记载，我们应大略地在故道上挖掘，即使不能凿出九条河流，只要能开凿四五条，应该也有裨益。”大司空掾王横进言说：“黄河注入渤海的出口，比韩牧打算挖掘地带的地势要高。过去降雨频繁，东北风起，海水倒灌，黄河向西南倒流，淹没数百里，古九河的故道早就被海水吞没了。禹当初疏通黄河，本来是要顺着西山，流向东北。《周谱》说：‘周定王五年黄河改道。’说明今天的黄河，并非大禹当年挖掘的河道。还有，秦国攻击魏国时，决开黄河堤岸，用河水灌入魏国京都大梁，决口于是扩大，无法再次堵塞。所以，应把平地的百姓全部迁移，重新开凿河道，使河水顺着西山脚下，居高临下向东北注入大海，就没有水患了。”司空掾沛国人桓谭主持这项讨论，向少傅甄丰说：“这几项建议中，肯定有一个是对的。应详细考察，都可以预先发现。计划既定而后行动，费用不过数亿万，而且可以使一些无产业的游民找到工作。他们闲着不事生产，与他们参与劳动，同样都需要那么多衣服和粮食。由国家供应他们的衣食，而他们为国家劳作，这对两方面都有好处。这样上可以继承禹的大业，下可以为人民除害。”然而，当时王莽崇尚的只是空话，并没有具体施行。

禹　姓姒，因治水有功，受舜禅让成为炎黄部落联盟的首领，亦称大禹，夏禹。

【原文】

群臣奏言："昔周公摄政七年，制度乃定。今安汉公辅政四年，营作二旬，大功毕成，宜升宰衡位在诸侯王上。"诏曰："可。"仍令议九锡之法。

【译文】

文武百官奏称："从前，周公代周成王处理国政七年，国家的制度才厘定妥当。而今安汉公辅助国政四年，修建明堂等用了二十天，却大功完成。所以，应该把宰衡地位提高到侯爵亲王之上。"太皇太后下诏说："可以。"同时下令讨论九锡之法。

【原文】

莽自以北化匈奴，东致海外，南怀黄支，唯西方未有加，乃遣中郎将平宪等多持金币诱塞外羌，使献地愿内属。宪等奏言："羌豪良愿等种可万二千人，愿为内臣，献鲜水海、允谷、盐池、平地美草，皆予汉民；自居险阻处为藩蔽。问良愿降意，对曰：'太皇太后圣明，安汉公至仁，天下太平，五谷成熟，或禾长丈余，或一粟三米，或不种自生，或茧不蚕自成；甘露从天下，醴泉自地出；凤皇来仪，神爵降集。从四岁以来，羌人无所疾苦，故思乐内属。'宜以时处业，置属国领护。"事下莽，莽复奏："今已有东海、南海、北海郡，请受良愿等所献地为西海郡。分天下为十二州，应古制。"奏可。冬，置西海郡。又增法五十条，犯者徙之西海。徙者以千万数，民始怨矣。

【译文】

王莽自以为他的德威，北边感化了匈奴，东边招徕了海外国家，南边怀柔了黄支国，只有西边没有施加影响，便派遣平宪等人多多携带金钱礼物，去招引边界以外的羌人，使他们献出土地，归属汉朝。平宪等人奏报说："羌人豪杰良愿等为首的部落，人口约一万二千，愿意成为汉朝的臣民，献出鲜水海和允谷、盐池，该地区地平草茂，都交给汉朝百姓，自己住到险阻之处，作为汉朝的屏障。我们询问良愿归降的用意，他回答说：'太皇太后圣明，安汉公

最仁慈，天下太平，五谷成熟，有的禾苗长到一丈多长，有的一粒谷子包含三粒米，有的不须种植自己生长，有的茧不要蚕吐丝就可以自织而成，甘露从天上降下，甘泉从地下涌出，凤凰前来朝贺，神雀飞临聚集。四年来，羌人没有遭遇过艰难困苦，所以希望并喜欢归属汉朝。’应及时安排他们的生产和生活，设置属国统辖保护他们。”事情交给王莽处理，王莽回奏说：“现在已有东海郡、南海郡、北海郡，请接受良愿等所献土地设置西海郡。全国分为十二州，以符合古代制度。”平帝批准。冬季，设置西海郡。又增订法律五十条，违者被流放到西海郡去，被流放的人数以千万计，百姓开始怨恨了。

【原文】

王莽初始元年（公元8年）

王邑等还京师，西与王级等合击赵朋、霍鸿。二月，朋等殄灭，诸县息平。还师振旅，莽乃置酒白虎殿，劳赐将帅。诏陈崇治校军功，第其高下，依周制爵五等，以封功臣为公、侯、伯、子、男，凡三百九十五人，曰“皆以奋怒，东指西击，羌寇、蛮盗、反虏、逆贼，不得旋踵，应时殄灭，天下咸服”之功封云。其当赐爵关内侯者，更名曰附城，又数百人。莽发翟义父方进及先祖冢在汝南者，烧其棺柩；夷灭三族，诛及种嗣，至皆同坑，以棘五毒并葬之。又取义及赵朋、霍鸿党众之尸，聚之通路之旁，濮阳、无盐、圉、槐里、盩厔凡五所，建表木于其上，书曰：“反虏逆贼鲸鲵。”义等既败，莽于是自谓威德日盛，大获天人之助，遂谋即真之事矣。

【译文】

王莽初始元年（公元8年）

王邑等人回到长安，再向西与王级等会合，共同进击赵朋、霍鸿。二月，赵朋等人被消灭，各县秩序恢复。胜利凯旋，整顿军队，王莽于是在白虎殿举行酒宴，慰劳和赏赐将帅。命令陈崇审核军功，排列高低。依照周朝的制度，把爵位分为五等，赐封功臣为公、侯、伯、子、男，共三百九十五人，指出：“他们都怀着愤怒的心情，东征西讨，羌寇、蛮盗、反叛、逆贼，还没有转过脚跟，便被及时扑灭，天下人都敬服。”这便是他们封爵的理由。应当赐爵为关内侯的，改名叫附城，又有数百人。王莽下令挖掘翟义父亲翟方进和他祖先在汝南的坟墓，焚烧棺材，屠杀三族，连幼儿都不能幸免，甚至还把他们放在一个坑中，连同野葛五毒一起埋掉。又把翟义和赵朋、霍鸿党羽们的尸体堆积在濮阳、无盐、圉城、槐里、 盩厔五个地方的交通大道旁边，把木牌竖立在尸体堆上，上面写道：“反虏逆贼鲸鲵。”翟义等人已经失败，王莽于是认为自己的声威德行一天天兴盛，这是上天在帮助自己，于是考虑正式登皇位了。

【原文】

梓潼人哀章学问长安，素无行，好为大言，见莽居摄，即作铜匮，为两检，署其一曰：“天帝行玺金匮图”，其一署曰：“赤帝玺某传予皇帝金策书”。某者，高皇帝名也。书言王莽为真天子，皇太后如天命。图书皆书莽大臣八人，又取令名王兴、王盛，章因自窜姓名，凡十一人，皆署官爵，为辅佐。章闻齐井、石牛事下，即日昏时，衣黄衣，持匮至高庙，以付仆射。仆射以闻。戊辰，莽至高庙拜受金匮神禅，御王冠，谒太后，还坐未央宫前殿，下书曰：“予以不德，托于皇初祖考黄帝之后，皇始祖考虞帝之苗裔，而太皇太后之末属。皇天上帝隆显大佑，成命统序，符契、图文、金匮策书，神明诏告，属予以天下兆民。赤帝汉氏高皇帝之灵，承天命，传金策之书，予甚祇畏，敢不钦受！ 以戊辰直定，御王冠，即真天子位，定有天下之号曰新。其改正朔，易服色，变牺牲，殊徽帜，异器制。以十二月朔癸酉为始建国元年正月之朔；以鸡鸣为时。服色配德上黄，牺牲应正用白，使节之旄幡皆纯黄，其署曰‘新使五威节’，以承皇天上帝威命也。”

【译文】

梓潼（今四川梓潼）人哀章，在长安求学，素无品行，好说大话。他见王莽摄政，就做了个铜匣子，内放两个书简。一个写“天帝行玺金匮图”，另一个写“赤帝玺某传予皇帝金策书”。“某”者，是高皇帝名字。书简上说，王莽为真天子，太皇太后当遵守天命。图画上都书写着王莽的大臣八人，又取了好听的名字王兴、王盛，哀章也写上了自己的姓名，共十一人，都署上官爵，为辅佐大臣。哀章听说齐郡（治今山东淄博市临淄区）出现新井、巴郡（治今重庆市江北）发现石牛，都被奉为祥瑞。他就在当日黄昏时分，穿上黄衣服，手持铜匣子到祭祀汉高祖刘邦的“高庙”，交给了仆射。高庙仆射马上奏报。十一月二十五日，王莽到高庙，叩拜接受了金匮及禅位于他的神命，戴上了王冠，谒见太后。回来后，坐于未央宫前殿，下达文书说：“我以无德之身，有幸是皇初祖黄帝轩辕的后裔，是皇始祖虞帝舜的后裔，是太皇太后的微末亲属。皇天上帝隆重地显示最大的佑护，命我继承大统。符语、预言、图画、文字、金匮诏书，都是神灵诏示，把天下亿万人民托付给我。赤帝、汉氏高皇帝刘邦的神灵，奉承天命，传达金匮诏书。我极敬畏，怎敢不恭敬地接受？谨以二十五日恭敬地决定大事，戴王冠，即真天子位，定天下号称‘新’王朝。改变历法的正朔规定，改变衣服颜色，改变祭祀用的供品，改变旗帜徽号，改变器具和有关制度。以十二月一日作为始建国元年正月一日，以丑时作十二时的开始。因为土德继火德，所以衣服用上黄色，祭祀供品用白色，使节的旌幡皆用纯黄色，其署号为‘新使五威节’，以表示上承皇天上帝的威严使命！”

铜奔马　东汉晚期青铜器。高34.5厘米，长45厘米，宽10.1厘米。1976年出土于甘肃武威市雷台汉墓。现藏于甘肃省博物馆。

【原文】

莽将即真，先奉诸符瑞以白太后，太后大惊。是时以孺子未立，玺藏长乐宫。及莽即位、请玺，太后不肯授莽。莽使安阳侯舜谕指。舜素谨敕，太后雅爱信之。舜既见太后，太后知其为莽求玺，怒骂之曰：“而属父子宗族，蒙汉家力，富贵累世，既无以报，受人孤寄，乘便利时，夺取其国，不复顾恩义。人如此者，狗猪不食其余，天下岂有而兄弟邪！且若自以金匮符命为新皇帝，变更正朔、服制，亦当自更作玺，传之万世，何用此亡国不祥玺为，而欲求之！我汉家老寡妇，旦暮且死，欲与此玺俱葬，终不可得！”太后因涕泣而言，旁侧长御以下皆垂涕。舜亦悲不能自止，良久，乃仰谓太后："臣等已无可言者。莽必欲得传国玺，太后宁能终不与邪！"太后闻舜语切，恐莽欲胁之，乃出汉传国玺投之地，以授舜曰："我老已死，知而兄弟今族灭也！"舜既得传国玺，奏之；莽大说，乃为太后置酒未央宫渐台，大纵众乐。

【译文】

王莽将即真皇帝位，先把各种符瑞奉告太后，太后大惊。此时，因孺子刘婴未即位，皇帝御玺藏在长乐宫。及至王莽即位，请给予御玺，太后不肯授予王莽。王莽派安阳侯王舜去劝说。王舜素来谨慎，太后也一向喜爱和信任他。王舜晋见太后，太后知道他是为王莽来索取御玺的，就怒不可遏地骂他说："你们父子和宗族，承蒙汉家恩典，累世富贵，不但无以报答，却利用受人托孤寄子之机，乘便利时夺取国家政权，竟不顾及恩德情义。如此之人，猪狗也不吃其尸体。天下哪有你们兄弟这样全无人心的东西！再说，你们既用金匮符命的把戏使自己当上了新王朝的皇帝，改变了历法的正朔，改变了衣服的制度，也就应自己重新制作御玺，传之万世，为何要用这亡国的不祥御玺，而非索取不可！我是汉家老寡妇，早晚即将死去，想与这御玺一同埋葬，你们终究不会得到它！"太后边说边悲愤涕泣，身边侍从人员也都垂泪。王舜也悲伤落泪，不能自禁，过了好长一段时间，王舜才抬起头来，仰面对太后说："我已无话可说了。王莽一定要得到这传国御玺，难道太后能一直不给他吗？"太后听王舜说得恳切，也害怕王莽以暴力胁迫，于是拿出了汉朝传国御玺，投到地上，给王舜，说："我老得如同已经死去，知道你们兄弟将被族灭！"王舜得到传国玺后，马上奏报。王莽十分高兴，特地在未央宫渐台为太后摆酒设宴，纵情欢乐。

光武中兴

【原文】

[王莽地皇三年]（公元22年）

初，长沙定王发生春陵节侯买，买生戴侯熊渠，熊渠生考侯仁。仁以南方卑湿，徙封南阳之白水乡，与宗族往家焉　。仁卒，子敞嗣；值莽篡位，国除。节侯少子外为郁林太守，外生巨鹿都尉回，回生南顿令钦。钦娶湖阳樊重女，生三男：缜、仲、秀，兄弟早孤，养于叔父良。缜性刚毅，慷慨有大节，自莽篡汉，常愤愤，怀复社稷之虑，不事家人居业，倾身破产，交结天下雄俊。秀隆准日角，性勤稼穑；缜常非笑之，比于高祖兄仲。秀姊元为新野邓晨妻，秀尝与晨俱过穰人蔡少公，少公颇学图谶，言“刘秀当为天子”。或曰：“是国师公刘秀乎？”秀戏曰：“何用知非仆邪！”坐者皆大笑。晨心独喜。

【译文】

王莽地皇三年（公元22年）

当初，汉景帝之子、长沙定王刘发，生舂陵节侯刘买。刘买生戴侯刘熊渠。刘熊渠生考侯刘仁。刘仁因南方低洼潮湿，迁徙其封地至南阳郡（治今河南南阳）的白水乡，与宗族前往安了家。刘仁去世，儿子刘敞嗣位。适值王莽篡位，封国被撤除。节侯刘买的小儿子刘外任郁林郡（治今广西贵县东）太守。刘外生巨鹿（治今河北平乡县）都尉刘回。刘回生南顿（今河南项城县北）令刘钦。刘钦娶湖阳人樊重的女儿为妻，生了三个儿子：刘缜、刘仲、刘秀。兄弟三人早早失去父亲，被叔父刘良抚养长大。刘缜性格刚毅、慷慨，注重大节，自王莽篡汉，常愤慨不平，心怀兴复汉家社稷的志向，无意于经营家产，反而不惜变卖产业，礼贤下士，交结天下英雄俊杰。刘秀高鼻梁、额骨中央隆起状如日，禀性勤于种庄稼。刘缜常常讥笑他，将他比做汉高祖的哥哥刘仲。刘秀的姐姐刘元，是新野人邓晨的妻子。刘秀曾与邓晨一起到穰县人蔡少公家。蔡少公对预言书——图谶颇有研究。他说：“刘秀当为天子。”有人问：“是国师公刘秀吗？”刘秀开玩笑说：“怎么知道不是我？”在座的人都大笑。唯独邓晨心中喜悦。

汉光武帝刘秀　（公元前6－公元57年）　东汉王朝的开国皇帝，字叔文，南阳蔡阳（今湖北枣阳）人。建武元年（公元25年）称帝于鄗（今河北柏乡北），重建汉政权，史称东汉。庙号世祖，谥光武帝。

【原文】

宛人李守，好星历、谶记，为莽宗卿师，尝谓其子通曰：“刘氏当兴，李氏为辅。”及新市、平林兵起，南阳骚动，通从弟轶谓通曰："今四方扰乱，汉当复兴。南阳宗室，独刘伯升兄弟泛爱容众，可与谋大事。"通笑曰："吾意也！"会秀卖谷于宛，通遣轶往迎秀，与相见，因具言谶文事，与相约结，定计议。通欲以立秋材官都试骑士日，劫前队大夫甄阜及属正梁丘赐，因以号令大众，使轶与秀归春陵举兵以相应。于是縯召诸豪杰计议曰："王莽暴虐，百姓分崩；今枯旱连年，兵革并起，此亦天亡之时，复高祖之业，定万世之秋也！"众皆然之。于是分遣亲客于诸县起兵，縯自发春陵子弟。诸家子弟恐惧，皆亡匿，曰："伯升杀我！"及见秀绛衣大冠，皆惊曰："谨厚者亦复为之！"及稍自安。凡得子弟七八千人，部署宾客。自称"柱天都部"。秀时年二十八。李通未发，事觉，亡走；父守及家属坐死者六十四人。

【译文】

宛城人李守，喜好星象、图谶，是王莽设置的宗卿师。他曾对儿子李通说："刘氏要复兴，李氏为辅佐。"及至新市军、平林军兴起，南阳骚动。李通的堂弟李轶对李通说："现在四方扰乱，汉朝必当复兴。南阳宗室惟独刘伯升（刘縯字伯升）兄弟宽厚仁爱，能团结众人。可以与之图谋大事。"李通笑道："我也有此意！"适逢刘秀到宛城卖谷子，李通派李轶前往迎接刘秀，与他相见，详谈了图谶上的话，深相交结，商议确定起事大计。李通想在立秋检阅骑兵武士的那天，劫持前队（王莽改南阳为"前队"）大夫（职同太守）甄阜及属正（职同都尉）梁丘赐，用来号令大众。让李轶与刘秀回春陵（即南阳的白水乡，今湖北枣阳县）起兵响应。于是，刘縯招集诸位豪杰商议说："王莽暴虐，百姓分崩离析。现今连年大旱，各地同时举兵，这正是上天灭王莽的时机，是复兴汉高祖的大业，定天下传万代的关键时刻！"众人皆赞同。于是派遣亲友、宾客到诸县起兵。刘縯自己动员春陵子弟。各家子弟恐惧，都逃走藏匿，说道："刘伯升要使我被杀？"及至看见刘秀穿起将军服——绛色衣服和大帽子，都惊讶地说："谨慎忠厚的人也行动起来了！"这才逐渐安定下来。共集结子弟兵七八千人，并部署安排了宾客，自称"柱天都部"。刘秀这年二十八岁。李通尚未发动，事情泄露，连忙逃走。父亲李守及家属因此事被处死六十四人。

【原文】

缜使族人嘉招说新市、平林兵，与其师王凤、陈牧西击长聚；进屠唐子乡，又杀湖阳尉。军中分财物不均，众恚恨，欲反攻诸刘；刘秀敛宗人所得物，悉以与之，众乃悦。进拔棘阳，李轶、邓晨皆将宾客来会。

【译文】

刘缜派同族人刘嘉招募、说服新市兵和平林兵，与他们的首领王凤、陈牧向西进击长聚，攻入唐子乡（今河南唐河西南）后，进行了大屠杀，又杀死湖阳县尉。军队中因分财物不均，众人愤恨不平，要反击刘家兄弟一伙。刘秀把同族人得到的财物收集起来，全都给了大家，众人这才高兴。于是，进军攻拔棘阳（今河南新野东北）。李轶、邓晨都率领宾客前来会合。

【原文】

[淮阳王更始元年]（公元23年）

刘秀至郾、定陵，悉发诸营兵。诸将贪惜财物，欲分兵守之。秀曰："今若破敌，珍宝万倍，大功可成；如为所败，首领无余，何财物之有！"乃悉发之。六月，己卯朔，秀与诸营俱进，自将步骑千余为前锋，去大军四五里而陈。寻、邑亦遣兵数千合战，秀奔之，斩首数十级。诸将喜曰："刘将军平生见小敌怯，今见大敌勇，甚可怪也！且复居前，请助将军！"秀复进，寻、邑兵却，请部共乘之，斩首数百、千级。连胜，遂前，诸将胆气益壮，无不一当百，秀乃与敢死者三千人从城西水上冲其中坚。寻、邑易之，自将万余人行陈，敕诸营皆按部毋得动，独迎与汉兵战，不利，大军不敢擅相救；寻、邑陈乱，汉兵乘锐崩之，遂杀王寻。城中亦鼓噪而出，中外合势，震呼动天地。莽兵大溃，走者相腾践，伏尸百余里。会大雷、风，屋瓦皆飞，雨下如注，滍川盛溢，虎豹皆股战，士卒赴水溺死者以万数，水为不流。王邑、严尤、陈茂轻骑乘死人渡水逃去，尽获其军实辎重，不可胜算，举之连月不尽，或燔烧其余。士卒奔走，各还其郡，王邑独与所将长安勇敢数千人还洛阳，关中闻之震恐。于是海内豪杰翕然响应，皆杀其牧守，自称将军，用汉年号以待诏命。旬月之间，遍于天下。

【译文】

淮阳王更始元年（公元23年）

刘秀冲出昆阳（今河南叶县），达到郾城（今河南郾城县）、定陵（今河南舞阳），征发诸营的全部兵马。诸将贪恋爱惜财物，打算分兵把守。刘秀说："现今如能破敌，可以得到万倍的珍宝，大功可以成就。如被打败，脑袋都保不住，哪里还会有什么财物！"于是，征发了全部军队。六月一日，刘秀与诸营军队一同进发，自率步兵、骑兵千余人为前锋，到达距包围昆阳的大军只有四五里的地方安营列阵。王莽军队的统帅、司徒王寻和司空王邑也派遣数千军队合同迎战。刘秀追奔逐北，斩数十人。诸将高兴地说："刘将军平时见小股敌人就胆怯，现今面对大敌却勇不可挡，实在奇怪！而且又亲为前锋，我们应当帮助将军。"刘秀挥军再进，王寻、王邑之兵退却。诸部乘机一同进攻，斩敌数百至上千。刘秀所部连连取胜，遂向前推进。诸将胆量益壮，无不以一当百。刘秀组织了一支三千人的敢死队，从城西沿河水直冲敌军的中坚营垒。王寻、王邑轻视他们，自率万余人巡行军阵。命令其余诸营按兵勿动，独自迎战汉军。接战不利，但大军不敢擅自前往救援。王寻、王邑阵脚大乱。汉兵乘势进击，敌阵崩溃，遂杀王寻。昆阳城中守军亦鼓噪而出，内外夹击，喊杀声震动天地。王莽军大败，争相逃命，互相践踏，尸体遍地，相连百余里。适逢雷声隆隆，狂风大作，屋瓦皆飞，大雨倾盆。滍川（汝水支流）暴涨。王莽用来助威的虎豹猛兽都吓得颤抖不止，士兵有上万人坠水溺死，致使河水堵塞不流。王邑、严尤、陈茂乘轻骑、踏死尸渡水逃走。其军中财物辎重全被掳获，数量之多，难以计算，连月运不完，只得将剩余的烧掉。王莽士兵得以逃走的，各还本郡。只有王邑和他所统领的长安勇士数千人逃回洛阳。关中人得知，非常惊恐。于是，天下豪杰纷纷响应，争相杀死地方官府长官，自称将军，用汉朝年号，等候汉的诏书使命。十天月余，遍及天下。

【原文】

邓晔开武关迎汉兵。李松将三千余人至湖，与晔等共攻京师仓，未下。晔以弘农掾王宪为校尉，将数百人北渡渭，入左冯翊界。李松遣偏将军韩臣等径西至新丰击莽波水将军，追奔至长门宫。王宪北至频阳，所过迎降。诸县大姓各起兵称汉将军，率众随宪。李松、邓晔引军至华阴，而长安旁兵四会城下。又闻天水隗氏方到，皆争欲入城，贪立大功、卤掠之利。莽赦城中囚徒，皆授兵，杀豨，饮其血，与誓曰：“有不为新室者，社鬼记之！”使更始将军史谌将之。渡渭桥，皆散走；谌空还。众兵发掘莽妻子、父、祖冢，烧其棺椁及九庙、明堂、辟雍，火照城中。

【译文】

邓晔开武关（在今陕西商州市东）迎接汉兵。李松率三千余人到达湖县，与邓晔等共同进攻京师仓，未能攻下。邓晔任命弘农掾王宪为校尉，率数百人，向北渡过渭水，进入左冯翊界内。李松派遣偏将军韩臣等径直向西到新丰（今陕西临潼东北），击破王莽的波水将军，一直追击到长门宫。王宪北进到频阳（今陕西富平东北），所过之处，望风迎降。各县大姓豪绅纷纷起兵，自称汉王朝将军，率部众追随王宪。李松、邓晔率领军队到华阴（今陕西华阴）。而长安旁边拉起来的部队也从四面会集城下。又听说天水隗氏马上来到，因而，都想争先进入长安城，贪图立大功，并可抢掠财物。王莽大赦了城中囚徒，全发给武器，杀猪，饮猪血，与他们盟誓，说：“如有不为新室出力的，鬼神不饶他！”派更始将军史谌统领他们，但刚过渭桥，都一哄而散，史谌空身而回。城外诸路军队，发掘王莽妻子、父亲、祖父的坟墓，将棺材焚烧，并烧毁九庙、明堂、辟雍，火光冲天，直照城中。

【原文】

九月，戊申朔，兵从宣平城门入。张邯逢兵见杀。王邑、王林、王巡、𫆳恽等分将兵距击北阙下，会日暮，官府，邸第尽奔亡。己酉，城中少年朱弟、张鱼等恐见卤掠，趋讙并和，烧作室门，斧敬法闼，呼曰：“反虏王莽，何不出降！”火及掖庭、承明、黄皇室主所居。黄皇室主曰：“何面目以见汉家！”自投火中而死。

【译文】

九月一日，军队从宣平城门进入长安。王莽的大司徒张邯，遇兵被杀。王邑、王林、王巡、𨱏恽等分头带兵在北阙下顽抗。此时天色已晚，官府和宅第的人，逃亡一空。二日，城中青年朱弟、张鱼等害怕被抢掠，联合众人，呼喊相应，放火烧掉了工匠出入的作室门——未央宫便门，挥斧劈开敬法殿小门，大喊："叛贼王莽，为何不出来投降！"大火烧到后宫、承明殿、黄皇室主居住的地方。黄皇室主说："还有什么脸面去见汉家之人！"自己跳到大火中烧死。

【原文】

莽避火宣室前殿，火辄随之。莽绀袀服，持虞帝匕首；天文郎按式于前，莽旋席随斗柄而坐，曰："天生德于予，汉兵其如予何！"庚戌，且明，群臣扶掖莽自前殿之渐台，公卿从官尚千余人随之。王邑昼夜战，罢极，士死伤略尽，驰入宫，间关至渐台，见其子侍中睦解衣冠欲逃，邑叱之，令还，父子共守莽。军人入殿中，闻莽在渐台，众共围之数百重。台上犹与相射，矢尽，短兵接；王邑父子、𨱏恽、王巡战死，莽入室。下晡时，众兵上台，苗䜣、唐尊、王盛等皆死。商人杜吴杀莽，校尉东海公宾就斩莽首。军人分莽身，节解脔分，争相杀者数十人。公宾就持莽首诣王宪。宪自称汉大将军，城中兵数十万皆属焉。舍东宫，妻莽后宫，乘其车服。癸丑，李松、邓晔入长安，将军赵萌、申屠建亦至。以王宪得玺绶不上，多挟宫女，建天子鼓旗，收斩之。传莽首诣宛，县于市。百姓共提击之，或切食其舌。

【译文】

王莽逃到未央宫宣室前殿避火，大火却好像故意跟随着他。王莽穿着深青透红的衣服，手持据说是舜的匕首。天文郎就在他面前占卜时日。王莽转动座位，按斗柄的位置坐下。说："上天降德于我，汉兵能把我怎么样！"三日，时近黎明，群臣扶着王莽从前殿到渐台。公卿和随从官员尚有千余人跟从着他。王邑昼夜战斗，极为疲乏，士卒也死伤渐尽。他驰马入宫，辗转到达渐台，看见他的儿子侍中王睦解下官衣官帽，打算逃走。王邑叱责他，令他回来，父子共同守护着王莽。军人进入殿中，听说王莽在渐台，众人共同包围了数百重。台上这时还发箭相射。箭尽，则短兵相接。王邑父子、𧅵恽、王巡都战死。王莽进入室内躲藏。晚饭时，兵众攻入渐台。苗䜣、唐尊、王盛等也都死去。商县人杜吴，杀死王莽。校尉、东海人公宾就砍下了王莽的头颅。军人又分割了王莽的身体，节解为碎块。在争夺中有数十人被杀。公宾就拿着王莽的人头呈献给王宪。王宪自称汉大将军，城中数十万军队都归属了他。他住进东宫，让王莽后宫的嫔妃侍寝，乘王莽的车，穿王莽的皇帝服装。六月，李松、邓晔进入长安。将军赵萌、申屠建也来到。因王宪得到皇帝的玺绶而不呈交，又多挟持宫女，建用天子鼓号旗帜，将他收捕斩首。把王莽的人头送到宛城（今河南南阳），悬于街上示众。百姓都提起其首级击打，有的人甚至切食其舌头。

【原文】

[汉光武帝建武元年]（公元25年）

行至鄗，召冯异诣鄗，问四方动静。异曰："更始必败，宗庙之忧在于大王，宜从众议！"会儒生强华自关中奉《赤伏符》来诣王曰："刘秀发兵捕不道，四夷云集龙斗野，四七之际火为主。"群臣因复奏请。六月，己未，王即皇帝位于鄗南；改元，大赦。

【译文】

光武帝建武元年（公元25年）

刘秀来到鄗县（今河北柏乡县北），召见冯异，探听四方动静。冯异说："更始将军刘玄必然失败，皇家的重担在大王身上，您应接受大家的意见继承帝位。"适逢儒生强华从关中带来《赤伏符》见萧王刘秀。《赤伏符》上说："刘秀发兵捕不道，四夷云集龙斗野，四七之际火为主。"群臣根据这件事再次奏请萧王即位。六月二十二日，萧王刘秀在鄗县南郊即皇帝位，改元，大赦天下。

冯异　（?—34年），字公孙，颍川父城（今河南宝丰）人。东汉中兴名将，"云台二十八将"之一。

西域之行

【原文】

[汉明帝永平十六年]（公元73年）

固使假司马班超与从事郭恂俱使西域。超行到鄯善，鄯善王广奉超礼敬甚备，后忽更疏懈。超谓其官属曰：“宁觉广礼意薄乎？”官属曰：“胡人不能常久，无他故也。”超曰：“此必有北虏使来，狐疑未知所从故也！明者睹未萌，况已著邪！”乃召侍胡，诈之曰：“匈奴使来数日，今安在乎？”侍胡惶恐曰：“到已三日，去此三十里。”超乃闭侍胡，悉会其吏士三十六人，与共饮，酒酣，因激怒之曰：“卿曹与我俱在绝域，今虏使到裁数日，而王广礼敬即废，如令鄯善收吾属送匈奴，骸骨长为豺狼食矣，为之奈何？”官属皆曰：“今在危亡之地，死生从司马！”超曰：“不入虎穴，不得虎子。当今之计，独有因夜以火攻虏，使彼不知我多少，必大震怖，可殄尽也。灭此虏，则鄯善破胆，功成事立矣。”众曰：“当与从事议之。”超怒曰：“吉凶决于今日；从事文俗吏，闻此必恐而谋泄，死无所名，非壮士也。”众曰：“善！”

【译文】

汉明帝永平十六年（公元73年）

窦固派遣假司马班超和从事郭恂一起出使西域。班超前行到达鄯善，鄯善国王广接待班超，礼貌极为周到，可后来忽然变得疏慢起来。班超对他的部下说：“是否觉得国王广在礼貌上不如以前了？”部下说：“胡人做事有头无尾，不见得会有什么别的缘故。”班超说：“这一定是有北虏匈奴的使者来到，使国王在依从汉还是依从匈奴的问题上犹豫不决啊！明白人要在事情还没有露头时就觉察，何况情况已摆得如此清楚！”于是把服侍他们的胡人找来，骗他说：

"匈奴使者来了几天，现在他们在哪里？"这个胡人惊惶不安地说："来到已经三天，住处离这里有三十里。"班超就把这个胡人关起来，招集自己带来的官吏士兵一共三十六人，一起喝酒，趁喝到兴头上，激怒他们说："诸位和我都身处绝域，如今北虏使者到了才几天，国王广对我们已不再礼貌。如果让鄯善把我们抓起来送往匈奴，我们的尸骨也就只能成为豺狼的口中食了，该怎么办？"部下都说："如今处于危亡之地，是死是活都听从司马！"班超说："不进老虎洞，抓不到小老虎。如今的办法，只有趁夜火攻北虏，使他们不知道我们有多少人，必定大为震惊恐惧，可把他们全部歼灭。歼灭了这些北虏，鄯善的胆被吓破，就可建立大功。"大家说："该和从事郭恂商量一下。"班超发怒说："好坏决定在今日，从事是个只懂文墨的平庸官吏，知道了必定害怕而使计谋外泄，这样我们死得就会没有名堂，不像个好汉！"大家说："对"。

班超　字仲升，扶风平陵（今陕西咸阳东北）人，东汉著名的军事家和外交家。著名史学家班彪的幼子，其长兄班固、妹妹班昭也是著名的史学家。

【原文】

初夜，超遂将吏士往奔虏营。会天大风，超令十人持鼓藏虏舍后，约曰："见火然，皆当鸣鼓大呼。"余人悉持兵弩，夹门而伏。超乃顺风纵火，前后鼓噪，虏众惊乱，超手格杀三人，吏兵斩其使及从士三十余级，余众百许人悉烧死。明日乃还，告郭恂，恂大惊；既而色动，超知其意，举手曰："掾虽不行，班超何心独擅之乎！"恂乃悦。超于是召鄯善王广，以虏使首示之，一国震怖。超告以汉威德："自今以后，勿复与北虏通！"广叩头："愿属汉，无二心。"遂纳子为质。

【译文】

天黑下来不久，班超就率领官吏士卒直奔虏营。正好天刮大风，班超派十个人带着鼓躲到北虏屋舍的后面，约定："见到火烧起来，都要擂鼓呐喊。"余下的人都带着兵刀和弓弩，在门两边埋伏。班超顺风放火，前后擂鼓呐喊，北虏慌了，乱成一团，被班超亲手斩杀了三人，官吏士卒们杀死那匈奴使者和三十多个随从，余下的一百多人全部烧死。第二天返回，告诉郭恂，恂大为吃惊，接着脸色变了，班超明白他的意思，举了举手说："你虽然没有前去，班超怎么有心独占这份功劳呢？”郭恂才高兴起来。班超于是把鄯善王广召来，把匈奴使者的头给他看。整个鄯善国都感到震惊恐惧，班超宣示汉朝的国威恩德，说：“从今以后，不要再和北虏往来了！”国王广叩头，表示：“情愿归属汉朝，没有二心。”他把儿子送到洛阳去做人质。

【原文】

还白窦固，固大喜，具上超功效，并求更选使使西域。帝曰：“吏如班超，何故不遣，而更选乎？今以超为军司马，令遂前功！”

固复使超使于寘，欲益其兵。超愿但将本所从三十六人，曰：“于寘国大而远，今将数百人，无益于强；如有不虞，多益为累耳。”

【译文】

班超返回报告窦固。窦固大为高兴，把班超的功劳详细地上奏皇帝，并请求再选派使者出使西域，皇帝说：“官吏像班超这样，为什么不派去而还要再选呢？现在就任命班超为军司马，让他继续完成以前的功业！”

窦固再次派遣班超出使于寘，要给他增添兵马。班超表示只带原先跟从自己的三十六人，说：“于寘国大，离开中原远，今天带上几百人，也不见得增加多少力量；如果有所不测，人多了反而会受牵累。”

【原文】

是时于寘王广德雄张南道，而匈奴遣使监护其国。超既至于寘，广德礼意甚疏。且其俗信巫，巫言：“神怒，何故欲向汉？汉使有騧马，急求取以祠我！”广德遣国相私来比就超请马，超密知其状，报许之，而令巫自来取马。有顷，巫至，超即斩其首；收私来比，鞭笞数百。以巫首送广德，因责让之。广德素闻超在鄯善诛灭虏使，大惶恐，即杀匈奴使者而降。超重赐其王以下，因镇抚焉。于是诸国皆遣子入侍。西域与汉绝六十五载，至是乃复通焉。

【译文】

这时的于寘国王名叫广德，称雄于南道。而匈奴则派使者驻于这时的于寘国监护。班超到了于寘以后，广德在接待上很疏慢。当地风俗是相信巫术，巫师说：“神发怒了，说为什么要归向汉朝？汉朝的使者有匹騧马，快取来祭祀我！”广德派国相名叫私来比的向班超要马。班超已经探悉情况，回答可以，要求巫师亲自来取马。不一会，巫师到了，班超当即把他处斩；把私来比也抓起来，用鞭子抽打了几百下。把巫师的脑袋送给广德，并责问他。广德早就听说班超在鄯善诛灭匈奴使者的事，这时大为惶恐，就杀掉匈奴使者降汉。班超重重地赏赐了国王及其臣下，便安定抚慰他们。于是当地各国都派遣王子入侍汉朝廷。西域和汉朝隔绝了六十五年，到这时又恢复了关系。

黄巾起义

【原文】

[汉灵帝光和六年]（公元183年）

初，巨鹿张角奉事黄、老，以妖术教授，号“太平道”。咒符水以疗病，令病者跪拜首过，或时病愈，众共神而信之。角分遣弟子周行四方，转相诳诱，十余年间，徒众数十万，自青、徐、幽、冀、荆、扬、兖、豫八州之人，莫不毕应。或弃卖财产，流移奔赴，填塞道路，未至病死者亦以万数。郡县不解其意，反言角以善道教化，为民所归。

【译文】

汉灵帝光和六年（公元183年）

最初，巨鹿人张角信奉黄帝、老子，以妖妄的法术传授门徒，号称“太平道”。他用咒语和符水治病，先让病人下跪，说出自己所犯的错误，然后喝下符水。有些病人竟然就此痊愈，于是，人们将他奉若神明，非常相信他。张角派他的弟子到各地去传播教义，仅十余年的时间，信徒便多达数十万，青州、徐州、幽州、冀州、荆州、扬州、兖州和豫州等八州之人，无不响应。有的信徒卖掉自己的家产，前往投奔张角，一路上拥挤得水泄不通，仅病死在途中的就数以万计。郡、县的官员不了解张角的真实意图，反而讲张角教民向善，因而为百姓所拥戴。

【原文】

太尉杨赐时为司徒，上书言："角诳耀百姓，遭赦不悔，稍益滋蔓。今若下州郡捕讨，恐更骚扰，速成其患。宜切敕刺史、二千石，简别流民，各护归本郡，以孤弱其党，然后诛其渠帅，可不劳而定。"会赐去位，事遂留中。司徒掾刘陶复上疏申赐前议，言："角等阴谋益甚，四方私言，云角等窃入京师，觇视朝政。鸟声兽心，私共鸣呼；州郡忌讳，不欲闻之，但更相告语，莫肯公文。宜下明诏，重募角等，赏以国土，有敢回避，与之同罪。"帝殊不为意，方诏陶次第春秋条例。

【译文】

太尉杨赐当时正担任司徒，他上书说："张角欺骗百姓，虽受到赦令的宽恕，仍不思悔改，反而进一步蔓延扩张其影响。现在，如果命州、郡进行镇压，恐怕会加重局势的混乱，促使其提前叛乱。应该命令刺史、郡守把流民的籍贯一一查清，并将他们分别护送回原籍，借以削弱张角党徒的力量，然后再诛杀那些首领。这样，不必劳师动众，就可以平息事态。"恰在此时，杨赐被免职，他的奏章遂留在皇宫，未能实行。司徒掾刘陶再次上书，重提杨赐的这项建议，说："张角等人正在加紧策划阴谋，外面曾有流言说，张角等偷偷潜入京城洛阳，窥探朝廷的动静。他在各地的党徒也在暗地里遥相呼应。州郡官员怕如实呈报会受到朝廷的处分，不敢上奏，只是私下相互间通知，没人愿用公文的形式来通报。为此，建议陛下公开颁发诏书，悬赏捉拿张角等人，以封侯作为奖赏。官员中若有畏惧逃避者，与张角等人同罪论处。"灵帝对这件事并不重视，反而下诏让刘陶整理《春秋条例》。

【原文】

角遂置三十六方。方，犹将军也，大方万余人，小方六七千，各立渠帅。讹言："苍天已死，黄天当立，岁在甲子，天下大吉。"以白土书京城寺门及州郡官府，

皆作“甲子”字。大方马元义等先收荆、扬数万人，期会发于邺。元义数往来京师，以中常侍封谞、徐奉等为内应，约以三月五日，内外俱起。

【译文】

张角把自己的党徒按地区分为三十六个部分，每部分设置一个首领，称之为“方”，犹如将军；大方统率一万余人，小方统率六七千人，各自分别委派大小头领。他宣称：“苍天已死，黄天当立，岁在甲子，天下大吉。”并用白土在京城洛阳各官署及各州、郡、县府的大门上书写“甲子”二字。他们计划由大方马元义等集结荆州、扬州的党徒数万人，在邺城会师后起事。为此，马元义经常前往京城洛阳，与中常侍封谞、徐奉等人联络，由封、徐二人为内应，约定于次年的三月五日，京城内外同时举事。

【原文】

[汉灵帝中平元年]（公元184年）

春，角弟子济南唐周上书告之。于是收马元义，车裂于雒阳。诏三公、司隶按验宫省直卫及百姓有事角道者，诛杀千余人；下冀州逐捕角等。角等知事已露，晨夜驰敕诸方，一时俱起，皆著黄巾以为标帜，故时人谓之“黄巾贼”。二月，角自称天公将军，角弟宝称地公将军，宝弟梁称人公将军，所在燔烧官府，劫略聚邑，州郡失据，长吏多逃亡；旬月之间，天下响应，京师震动。安平、甘陵人各执其王应贼。

【译文】

汉灵帝中平元年（公元184年）

春季，张角的弟子济南人唐周上书告密。于是朝廷逮捕了马元义，在洛阳用车裂的酷刑将他处死。灵帝下诏，命令三公和司隶校尉调查宫廷及朝廷官员、禁军将士和普通百姓，凡信奉张角“太平道”的，一律逮捕，处死了一千余人。同时还下令让冀州的官员捉拿张角等人。张角等得知计划已经泄露，便派人昼夜兼程赶往各地，通知各方首领提前举事。一时间各方全都起兵，他们个个头戴黄巾作标志，因此当时人称作“黄巾贼”。二月，张角自称天公将军，他弟弟张宝自称地公将军，张梁称人公将军。他们率兵焚烧当地官府，攻陷城镇。所到之处，州郡官员无力抵抗，大多弃城逃跑。不过一个月的时间，天下纷纷响应，连京城洛阳也为之震动。安平国和甘陵国的人民也起来响应黄巾军，并生擒了安平王刘续和甘陵王刘忠。

诛杀董卓

【原文】

[汉献帝初平三年]（公元192年）

董卓以其弟旻为左将军，兄子璜为中军校尉，皆典兵事，宗族内外并列朝廷。卓侍妾怀抱中子皆封侯，弄以金紫。卓车服僭拟天子，召呼三台，尚书以下皆自诣卓府启事。又筑坞于郿，高厚皆七丈，积谷为三十年储，自云：“事成，雄据天下，不成，守此足以毕老。”

【译文】

汉献帝初平三年（公元192年）

初平三年（192），董卓让他的弟弟董旻为左将军，让他哥哥的儿子董璜为中军校尉，都掌兵权。其家族内外亲党，都在朝廷里当官。董卓的普通侍妾怀里抱着的儿子都封为侯，将金印和紫绣带当玩具玩耍。董卓的车辆和服饰皆僭越制度，比拟天子，对三台官员随意驱使。尚书以下的官员，都得亲自到董卓府上请示报告工作。董卓又在郿县（今陕西眉县）筑起坞堡，墙壁高和厚都是七丈，储存了够三十年用的谷米，他自己说过：“大事成功，则称雄天下，事不成，守着它足以安度晚年。”

【原文】

卓忍于诛杀，诸将言语有蹉跌者，便戮于前，人不聊生。司徒王允与司隶校尉黄琬、仆射士孙瑞、尚书杨瓒密谋诛卓。中郎将吕布，便弓马，膂力过人，卓自以遇人无礼，行止常以布自卫，甚爱信之，誓为父子。然卓性刚褊，尝小失卓意，卓拔手戟掷布，布拳捷避之。而改容顾谢，卓意亦解。布由是阴怨于卓。卓又使布守中阁，而私于傅婢，益不自安。王允素善待布，布见允，自陈卓几见杀之状，允因以诛卓之谋告布，使为内应。布曰："如父子何？"曰："君自姓吕，本非骨肉。今忧死不暇，何谓父子？掷戟之时，岂有父子情邪！"布遂许之。

【译文】

董卓杀人十分残忍，诸将说话稍有差错，便当即杀死。人人惊恐，朝不保夕。司徒王允与司隶校尉黄琬、仆射士孙瑞、尚书杨瓒秘密谋划诛杀董卓。中郎将吕布，精于骑射，力大超过常人。董卓自知待人无礼，起居行止常让吕布侍卫，对他十分宠爱信赖，发誓结为义父子。但董卓性情凶暴褊窄，曾有一次小小不合意，就拔出手戟，向吕布掷去。吕布敏捷地避开了，并改换成谦卑的神情连连谢罪，董卓的怒气也消解了。吕布从此就暗暗怨恨董卓。董卓又让吕布看守内宅，他便与婢女私通，于是心中更加不安。王允一向对吕布挺好。吕布见了王允，主动叙述了差点被杀的情况。王允乘机将谋划杀董卓的事告诉了吕布，让他做内应，吕布说："父子关系怎好下手？"王允说："你自姓吕，本非骨肉关系，现今担忧被杀还来不及呢，还说什么父子关系！用手戟掷你的时候，哪有父子之情呢！"吕布遂应允。

【原文】

夏，四月，丁巳，帝有疾新愈，大会未央殿。卓朝服乘车而入，陈兵夹道，自营至宫，左步右骑，屯卫周匝，令吕布等扞卫前后。王允使士孙瑞自书诏以授布，布令同郡骑都尉李肃与勇士秦谊、陈卫等十余人伪著卫士服，守北掖门内以待卓。卓入门，肃以戟刺之；卓衷甲，不入，伤臂，堕车，顾大呼曰："吕布何在！"布曰："有诏讨贼臣！"卓大骂曰："庸狗，敢如是邪！"布应声持矛刺卓，趣兵斩之。主簿田仪及卓仓头前赴其尸，布又杀之，凡所杀三人。布即出怀中诏版以令吏士曰："诏讨卓耳，余皆不问。"吏士皆正立不动，大称万岁。百姓歌舞于道，长安中士女卖其珠玉衣装市酒肉相庆者，填满街肆。弟旻、璜等及宗族老弱在郿，皆为其群下所斫射死。暴卓尸于市，天时始热，卓素充肥，脂流于地，守尸吏为大炷，置卓脐中然之，光明达曙，如是积日。诸袁门生聚董氏之尸，焚灰扬之于路。坞中有金二三万斤，银八九万斤，锦绮奇玩积如丘山。以王允录尚书事，吕布为奋威将军、假节，仪比三司，封温侯，共秉朝政。

【译文】

夏季，四月丁巳日，皇帝有病刚好，在未央殿大会群臣。董卓穿着朝服，乘车入朝。从大营到皇宫，夹道列兵：左侧是步兵、右侧是骑兵，团团层层护卫着，让吕布等人在前后保卫着。吕布命同乡、骑都尉李肃与勇士秦谊、陈卫等十多人伪装成卫士，穿着卫士服装，守候在北掖门内，等待董卓。董卓进了门，李肃举戟刺去。董卓内著铁甲，戟刺不进，只刺伤了手臂，跌下车来。董卓忙回头大叫："吕布在哪里？"吕布应道："奉诏书惩办贼臣！"董卓大骂："癞皮狗，胆敢如此！"吕布应声持长矛，向董卓刺去，催促士兵砍下了董卓的头。主簿田仪及董卓的老仆扑向董卓的尸首，吕布又杀死他俩，共杀了三人。吕布立即从怀里掏出诏书，向吏员和士兵宣布命令："诏书命令惩办董卓，其余的人一律不过问。"吏员和士兵都立正站着，一动不动，大呼万岁。老百姓在大街上载歌载舞。长安城中男女卖掉珠玉衣服，买来酒肉庆贺的人，挤满了大街小巷。董卓的弟弟董旻、侄子董璜等，以及董家宗族老弱之人，凡在郿城的，全被众人砍死或射死。将董卓的尸体拖到街市上示众。此时天气刚变热，董卓平素肥胖，肥脂流在地上。看守尸体的吏员，制了个大灯芯，放在董卓的肚脐眼中，用火点燃，灯芯大放光芒，直到天亮。就这样点了好几天。袁家的门生，将董氏的尸体堆到一起，焚烧成灰，扬弃在路上。董卓的坞堡中，有黄金二三万斤、银八九万斤，锦缎珍宝古玩堆积如山。朝廷任命王允为录尚书事，吕布为奋威将军、假节，仪同三司，封为温侯，共同主持国政。

平定江东

【原文】

[汉献帝兴平二年]（公元195年）

初，丹阳朱治尝为孙坚校尉，见袁术政德不立，劝孙策归取江东。时吴景攻樊能、张英等，岁余不克。策说术曰："家有旧恩在东，愿助舅讨横江；横江拔，因投本土召募，可得三万兵，以佐明使君定天下。"术知其恨，而以刘繇据曲阿，王朗在会稽，谓策未必能定，乃许之，表策为折冲校尉。将兵千余人、骑数十匹，行收兵，比至历阳，众五六千。时周瑜从父尚为丹阳太守，瑜将兵迎之，仍助以资粮，策大喜，曰："吾得卿，谐也！"进攻横江、当利，皆拔之，樊能、张英败走。

【译文】

汉献帝兴平二年（公元195年）

起初，丹阳人朱治曾任过孙坚的校尉，看到袁术不行德政，就劝孙策回去收取江东。此时，吴景在攻打樊能、张英等，一年多不能取胜。孙策劝袁术说："我家在江东对当地人有旧恩故情，我愿帮助舅舅讨伐横江；攻下横江，乘机回本土招募兵马，可以得到三万士兵，用来辅佐您平定天下。"袁术知道他的怨恨，但因为有刘繇占据曲阿，王朗守在会稽，认为孙策未必能平定他们，于是答应他的要求，上表推举孙策为折冲校尉。孙策率兵一千多人，骑兵几十名，边走边收集兵马，等到了历阳时，已有五六千人马。当时周瑜的伯父周尚任丹阳太守，周瑜率兵迎助孙策，还援助他军费和粮食，孙策大喜，说："我得你，真是得了一知己！"孙策进攻横江、当利，都一举拿下，樊能、张英战败逃走。

【原文】

策渡江转斗，所向皆破，莫敢当其锋者。百姓闻孙郎至，皆失魂魄。长吏委城郭，窜伏山草。及策至，军士奉令，不敢虏略，鸡犬菜茹，一无所犯，民乃大悦，竞以牛酒劳军。策为人，美姿颜，能笑语，阔达听受，善于用人，是以士民见者莫不尽心，乐为致死。

策攻刘繇牛渚营，尽得邸阁粮谷、战具。时彭城相薛礼、下邳相丹阳笮融依繇为盟主，礼据秣陵城，融屯县南，策皆击破之。又破繇别将于梅陵，转攻湖孰、江乘，皆下之，进击繇于曲阿。

繇与策战，兵败，走丹徒。策入曲阿，劳赐将士，发恩布令，告谕诸县："其刘繇、笮融等故乡部曲来降首者，一无所问；乐从军者，一身行，复除门户；不乐者不强。"旬日之间，四面云集，得见兵二万余人，马千余匹，威震江东。

【译文】

孙策渡江后辗转战斗，所向披靡，没有敢抵拒他锋芒的。百姓听说孙郎来了，都魂飞魄散，长官们丢弃城郭，窜入山林躲进草丛。等孙策来到，军队遵命，不敢抢掠，鸡犬蔬菜，无一触犯，人民大喜，争先用牛肉和美酒慰劳军队。孙策这个人，容貌英俊，谈笑风生，豁达大度，善于用人，因此从士大夫到老百姓，看见过他的人没有不为之倾心的，都乐意为他效命。

孙策进攻刘繇在牛渚的营地，缴获了仓库里存放的全部粮食和武器。当时彭城相薛礼、下邳相丹阳人笮融都拥刘繇为盟主，薛礼据守秣陵城，笮融驻守秣陵县南，孙策都把他们打败了。又在梅陵击败刘繇的别将，接着转攻湖孰、江乘，都一一攻克，在曲阿进击刘繇。

刘繇与孙策交战，兵败，逃到丹徒。孙策进入曲阿，慰劳赏赐将士，发布宽恩令，告知各县："凡是刘繇、笮融等同乡部属来降的，一律不咎既往，愿意当兵的，一人从军，便可免除全家赋税劳役；不愿当兵的，不勉强。"不出十天，应召者从四面八方赶来，得兵二万多人，马一千多匹，孙策顿时威震江东。

官渡之战

【原文】

[汉献帝建安五年]（公元200年）

曹操还军官渡，绍及议攻许，田丰曰："曹操既破刘备，则许下非复空虚。且操善用兵，变化无方，众虽少，未可轻也，今不如以久持之。将军据山河之固，拥四州之众，外结英雄，内修农战，然后简其精锐，分为奇兵，乘虚迭出以扰河南，救右则击其左，救左则击其右，使敌疲于奔命，民不得安业，我未劳而彼已困，不及三年，可坐克也。今释庙胜之策而决成败于一战，若不如志，悔无及也。"绍不从。丰强谏忤绍，绍以为沮众，械系之。于是移檄州郡，数操罪恶。二月，进军黎阳。

【译文】

汉献帝建安五年（公元200年）

曹操班师，驻扎在官渡（今河南中牟东北）。袁绍就商量准备进攻许都。田丰说："曹操既然已攻破刘备，那么，许城不会空虚。再说，曹操善于用兵，变化无常，部众虽少，不可轻视。为今之计，不如按兵不动，长久相峙。将军据守山川险固，拥有四个州的人力，对外结交英雄，对内发展农业生产，加强战争准备。然后选拔精锐，分为数路奇兵，乘其空虚，分批出击，扰敌黄河以南。敌人救右，则进攻它的左方；敌人救左，则进攻它的右方，使敌人疲于奔命，它的民众不能平安从业。我方尚未辛劳而敌方已经困顿。不出三年，便可坐待胜利。现在放弃必胜的决策，却把成败付诸一战。如若不能如愿取胜，将后悔莫及啊！"袁绍不听从他的意见。田丰强硬的谏阻冒犯了袁绍。袁绍认为他故意扰乱军心，将他逮捕，戴上镣铐，关入监狱。于是向各州郡发布檄文，宣布曹操的罪恶。二月，进军黎阳（今河南浚县）。

曹操　字孟德，小名阿瞒、吉利，沛国谯县（今安徽亳州）人。东汉末年杰出的政治家、军事家和诗人。

【原文】

袁绍遣其将颜良攻东郡太守刘延于白马。沮授曰："良性促狭，虽骁勇，不可独任。"绍不听。夏，四月，曹操北救刘延。荀攸曰："今兵少不敌，必分其势乃可。公到延津，若将渡兵向其后者，绍必西应之，然后轻兵袭白马，掩其不备，颜良可禽也。"操从之。绍闻兵渡，即分兵西邀之。操乃引军兼行趣白马，未至十余里，良大惊，来逆战。操使张辽、关羽先登击之。羽望见良麾盖，策马刺良于万众之中，斩其首而还，绍军莫能当者。遂解白马之围，徙其民，循河而西。

【译文】

关羽　字云长，河东解良（今山西运城）人。三国时期蜀汉著名将领。死后被民间尊称为"关公"、"武圣"。

袁绍派遣他的大将颜良，进攻东郡太守刘延所在的白马（今河南滑县东）。沮授说："颜良性情急躁，心胸狭隘，虽然骁勇，不可独当重任。"袁绍不听他的话。夏季四月，曹操北进，援救刘延。荀攸说："现今我们兵少，难以取胜，必须分散敌人的攻势才行。曹公到达延津（今河南延津），摆出将要兵渡黄河抄后路的势头，袁绍必然西上应战。然后，您却轻兵突袭白马，攻其不备，则颜良必可俘获。"曹操听从了他的主张。袁绍得知曹兵将北渡黄河，当即分兵西上阻截迎击。曹操就率军兼程急扑白马。尚有十余里路，颜良发觉，大吃一惊，忙来迎战。曹操派张辽、关羽率先出击。关羽望见颜良的戎车麾盖，跃马上前，在万众之中将颜良刺死，砍下首级，策马而回。袁绍军中，无人敢阻挡，于是解除了白马之围，将城中百姓，沿着黄河向西迁徙。

【原文】

袁绍军阳武，沮授说绍曰："北兵虽众而劲果不及南，南军谷少而资储不如北；南幸于急战，北利在缓师。宜徐持久，旷以日月。"绍不从。八月，绍进营稍前，以沙埴为屯，东西数十里。操亦分营与相当。

冬，十月，绍复遣车运谷，使其将淳于琼等将兵万余人送之，宿绍营北四十里。沮授说绍："可遣蒋奇别为支军于表，以绝曹操之钞。”绍不从。

许攸曰：“曹操兵少而悉师拒我，许下余守，势必空弱。若分遣轻军，星行掩袭，许可拔也。许拔，则奉迎天子以讨操，操成禽矣。如其未溃，可令首尾奔命，破之必也。”绍不从，曰：“吾要当先取操。”会攸家犯法，审配收系之，攸怒，遂奔操。

【译文】

袁绍进军到阳武（今河南阳武），沮授劝袁绍说：“我们北边的军队，人数虽多，但战斗力不如南边曹操的军队。南边的军队粮秣少，物资储备不如北军。南军利于急战，北军利在相持。应该旷日持久，拖而不战。”袁绍不采纳他的意见。八月，袁绍稍稍推进，依傍沙堆筑营。东西连绵数十里。曹操也分营与袁军遥相对峙。

冬季，十月，袁绍又派遣车辆运送谷米，让大将淳于琼等率军万余人护送，在袁绍大营北面四十里处宿营。沮授向袁绍建议：“请派蒋奇另外率一支军队在外保护，以防曹操抄截。”袁绍不听从。

许攸说：“曹操兵少，但出动全部兵力与我军相拒。许城剩余的守卫兵力，势必孤弱。如果派遣几股轻装部队，星夜前往突袭，许城必可攻拔。许城攻下，就迎接天子，用以讨伐曹操。曹操必可擒获。即使他尚未溃散，也会首尾不能兼顾，疲于奔命。最后击破他就是必然的了。”袁绍不听，说：“我要首先捉住曹操。”适逢许攸家人犯法，审配逮捕收监。许攸大怒，遂投奔曹操。

【原文】

操闻攸来，跣出迎之，抚掌笑曰：“子卿远来，吾事济矣！”既入坐，谓操曰：“袁氏军盛，何以待之？今有几粮乎？”操曰：“尚可支一岁。”攸曰：“无是，更言之！”又曰：“可支半岁。”攸曰：“足下不欲破袁氏邪，何言之不实也！”操曰：“向言戏之耳。其实可一月，为之奈何？”攸曰：“公孤军独守，外无救援而粮谷已尽，此危急之日也。袁氏辎重万余乘，在故市、乌巢，屯军无严备，若以轻兵袭之，不意而至，燔其积聚，不过三日，袁氏自败也。”操大喜，乃留曹洪、荀攸守营，自将步骑五千人，皆用袁军旗帜，衔枚缚马口，夜从间道出，人抱束薪，所历道有问者，语之曰："袁公恐曹操钞略后军，遣兵以益备。"闻者信以为然，皆自若。既至，围屯，大放火，营中惊乱。会明，琼等望见操兵少，出陈门外，操急击之，琼退保营，操遂攻之。

绍闻操击琼，谓其子谭曰："就操破琼，吾拔其营，彼固无所归矣！"乃使其将高览、张郃等攻操营。郃曰："曹公精兵往，必破琼等，琼等破，则事去矣，请先往救之。"郭图固请攻操营。郃曰："曹公营固，攻之必不拔。若琼等见禽，吾属尽为虏矣。"绍但遣轻骑救琼，而以重兵攻操营，不能下。

【译文】

曹操得知许攸来降，来不及穿鞋，光着脚出来迎接，鼓掌大笑，说："子卿（许攸字）远道而来，我的大事必然成功！"入座后，许攸问曹操说："袁军强盛，怎样对付？现在还有多少粮食？"曹操说："还可维持一年。"许攸说："没有的事，重新说吧！"又回答："可维持半年。"许攸说："您不想消灭袁氏吗？为什么不说实话呢？"曹操说："刚才的话，是和你开玩笑，其实只可用一个月，怎么办呢？"许攸说："您一支孤军，独守阵地，外无救兵，粮食已无，这是危急之日。袁绍的辎重车队一万多辆，屯在故市、乌巢（均在今河南延津县东南），屯守的军人没有严密的戒备，如能用轻装精兵发动突袭，出乎意外，突然而至，将其积聚的粮食烧掉，不出三天，袁绍的军队就会自行溃败。"曹操大喜，就留下曹洪、荀攸守卫大营，自己率领步兵、骑兵五千人，全用袁军的旗帜，马口衔物用绳捆住，使不能出声，夜间从小道出发，每人抱一捆柴。路上有人询问，就告诉他说："袁公恐怕曹操抄略后面的军队，派兵增加戒备力量。"听到这话的人也相信是这样，全都没放在心上。大军到达后，包围了粮屯，放起火来。袁军营中一片惊恐混乱。这时，天色已明，淳于琼等望见曹操兵少，指挥军队到营门外列阵，曹操急忙奋力出击，淳于琼退回营内固守。曹操就麾兵攻营。

袁绍得知曹操突袭淳于琼，对儿子袁谭说："曹操即使攻破淳于琼，我攻拔了他的大营，他就没有退路了。"于是派部将高览、张郃等进攻曹操的大营。张郃说："曹公率精兵前去，必能攻破淳于琼。淳于琼等被消灭，事情就全完了。请先去救援淳于琼。"郭图却固执地请求进攻曹操大营。张郃说："曹公的营垒牢固，必然难以攻破。如果淳于琼等被擒，我们全都要当俘虏。"袁绍只派轻装骑兵去援救淳于琼，而以主力部队进攻曹操大营，但未能攻下。

【原文】

绍骑至乌巢，操左右或言："贼骑稍近，请分兵拒之。"操怒曰："贼在背后，乃白！"士卒皆殊死战，遂大破之，斩琼等，尽燔其粮谷，士卒千余人，皆取其鼻，牛马割唇舌，以示绍军。绍军将士皆恟惧。郭图惭其计之失，复谮张郃于绍曰："郃快军败。"郃忿惧，遂与高览焚攻具，诣操营降。曹洪疑不敢受，荀攸曰："郃计画不用，怒而来奔，君有何疑！"乃受之。

于是绍军惊扰，大溃。绍及谭等幅巾乘马，与八百骑渡河。操追之不及，尽收其辎重、图书、珍宝。余众降者，操尽坑之，前后所杀七万余人。

【译文】

袁绍的骑兵到达乌巢。曹操左右有人说："敌人的骑兵已靠近了，请分出兵力对付他们。"曹操发怒说："贼兵到了背后，再报告！"士兵们都奋勇搏斗，遂大破淳于琼部，将淳于琼等斩首，将粮谷全部烧毁，杀死袁兵千余人，全割下鼻子，牛马割下嘴唇和舌头，让袁绍的军队观看。袁军将士大为震恐。郭图对自己计策的失败，心中惭愧羞怒，又向袁绍说张郃的坏话："我军失败，张郃暗暗高兴。"张郃既忿恨又惧怕，遂与高览焚烧了进攻器械，到曹营投降。曹洪狐疑不敢受降，荀攸说："张郃因计策不被采纳，心中愤怒，前来投奔，您有什么可疑虑的？"于是就接受他投降。

于是，袁绍的军队惊恐混乱，大败溃退。袁绍及袁谭等便衣打扮，身着幅巾，乘马逃走，与八百名骑兵渡过黄河。曹操没能追上，将袁绍军营中的辎重、图书文件、金银珍宝尽皆接收。袁军残余部队投降后，曹操将他们全部坑杀，前后共杀七万余人。

三顾茅庐

【原文】

[汉献帝建安十二年]（公元207年）

初，琅邪诸葛亮寓居襄阳隆中，每自比管仲、乐毅。

时人莫之许也，惟颍川徐庶与崔州平谓为信然。州平，烈之子也。

【译文】

汉献帝建安十二年（公元207年）

当初，琅邪（治今山东临沂）人诸葛亮，寄居于襄阳（治今湖北襄阳）隆中，常常把自己比作管仲、乐毅。当时人并不赞许他，惟有颍川人徐庶与崔州平认为确实如此。崔州平，是崔烈的儿子。

【原文】

刘备在荆州，访士于襄阳司马徽。徽曰："儒生俗士，岂识时务，识时务者在乎俊杰。此间自有伏龙、凤雏。"备问为谁，曰："诸葛孔明、庞士元也。"徐庶见备于新野，备器之。庶谓备曰："诸葛孔明，卧龙也，将军岂愿见之乎？"备曰："君与俱来。"庶曰："此人可就见，不可屈致也，将军宜枉驾顾之。"备由是诣亮，凡三往，乃见。因屏人曰："汉室倾颓，奸臣窃命，孤不度德量力，欲信大义于天下，而智术浅短，遂用猖蹶，至于今日。然志犹未已，君谓计将安出？"亮曰："今曹操已拥百万之众，挟天子而令诸侯，此诚不可与争锋。孙权据有江东，已历三世，国险而民附，贤能为之用，此可与为援而不可图也。荆州北据汉、沔，利尽南海，东连吴会，西通巴、蜀，此用武之国，而其主不能守，此殆天所以资将军也。益州险塞，沃野千里，天府之土；刘璋暗弱，张鲁在北，民殷国富而不知存恤，智能之士思得明君。将军既帝室之胄，信义著于四海，若跨有荆、益，保其岩阻，抚和戎、越，结好孙权，内修政治，外观时变，则霸业可成，汉室可兴矣。"备曰："善！"于是与亮情好日密。关羽、张飞不悦，备解之曰："孤之有孔明，犹鱼之有水也。愿诸君勿复言。"羽、飞乃止。

【译文】

刘备在荆州，向襄阳人司马徽询访人才。司马徽说："儒生和庸俗之辈，怎能认清当前政治形势？只有俊杰才能认清政治形势。这里就有‘伏龙’和‘凤雏’。”刘备忙问是谁。司马徽回答说：“诸葛孔明（诸葛亮字孔明）和庞士元（庞统字士元）。”徐庶在新野（今河南新野）会见刘备，刘备对他很器重。徐庶对刘备说：“诸葛孔明，是一条卧龙，将军愿意见他吗？”刘备说：“请您与他一同来。”徐庶说：“这位先生，只可去拜访，不可让他屈驾前来。将军应当屈驾亲自去探望他。”刘备于是前往拜会诸葛亮，共去了三趟，才见到。于是，让别人避开，说道：“汉朝颓败，奸臣窃权。我不自量力，想向天下展示大义，但智谋短浅，遂遭挫败，直到现在，一事无成。然而志向依然，并不灰心。先生认为该怎么办呢？”诸葛亮说：“现今曹操已拥有百万大军，挟持天子以号令天下，实在难与他争高低。孙权占据江东，已经历三代，地势险要，百姓归附，贤能之人，为他尽力。对他只可交朋友互相援助，不能当敌人算计他。荆州（今湖北、湖南一带地区）北面据有汉水、沔水做屏障，南面直到南海尽头，富于财利，东方连结吴郡（治今江苏苏州），西方通往巴郡（今重庆市）、蜀郡（今四川成都）。这是大有可为的地区，而当地主人（指刘表）不能守护。这大概是上天用来资助将军您的吧！益州（今四川、云南一带地区）边塞险要，土地肥沃，一望千里，是‘天府之国’。刘璋糊涂懦弱，张鲁在它北面虎视眈眈。当地百姓富庶，政府财力雄厚，但刘璋不知道珍惜爱护。有智慧和才能的人，希望得到英明的首领。将军既是皇家后代，信誉仁义，四海闻名。若能跨有荆州、益州，据守险要地形，安抚团结戎、越等少数民族，与孙权缔结盟好，对内修明政治，对外静观时局变化，等待时机。这样，霸主业绩定可成功，汉室复兴指日可待。”刘备兴奋地说：“太好了！”于是与诸葛亮的情谊，日益密切。关羽、张飞不高兴，刘备解释说：“我有了孔明先生，如鱼得水。希望诸位不要再多说了。”关羽、张飞这才罢休。

赤壁之战

【原文】

[汉献帝建安十三年]（公元208年）

初，鲁肃闻刘表卒，言于孙权曰：“荆州与国邻接，江山险固，沃野万里，士民殷富，若据而有之，此帝王之资也。今刘表新亡，二子不协，军中诸将，各有彼此。刘备天下枭雄，与操有隙，寄寓于表，表恶其能而不能用也。若备与彼协心，上下齐同，则宜抚安，与结盟好；如有离违，宜别图之，以济大事。肃请得奉命吊表二子，并慰劳其军中用事者，及说备使抚表众，同心一意，共治曹操，备必喜而从命。如其克谐，天下可定也。今不速往，恐为操所先。”权即遣肃行。

【译文】

汉献帝建安十三年（公元208年）

当初，鲁肃听说刘表死了，便对孙权说道：“荆州和我国接邻，江山形势险要坚固，土地肥沃广阔，百姓殷实富足，如果咱们占有它，这就有了创建帝王大业的资本。现在刘表刚死，两个儿子不和。军队里的将领们，有的拥护这个，有的拥护那个。刘备是当今豪杰，和曹操有矛盾，寄居在刘表那里。刘表畏忌他的才能，不能重用他。如果刘备和荆州方面同心协力，上下团结一致，那么就应该安抚他们，和他们结成友好同盟；如果他们人心不齐，应该另做打算，以便成就我们的大业。我请求能够奉您的命令去吊慰刘表的两个儿子，并慰劳他们军中其他掌权的人。以及劝说刘备让他抚慰刘表方面的人士，同心同德，共同对付曹操，刘备一定很高兴，并且会听从我们的意见。这件事如果办妥，那么天下大局便可以确定了。如果不赶快派人前往荆州，恐怕就要被曹操占了先。”孙权立即派鲁肃前去荆州。

孙权　(182－252年)，孙坚次子，字仲谋。吴大帝，三国时吴国的建立者。吴郡富春县（今浙江富阳）人。

【原文】

到夏口，闻操已向荆州，晨夜兼道，比至南郡，而琮已降。备南走，肃径迎之，与备会于当阳长坂。肃宣权旨，论天下事势，致殷勤之意。且问备曰：“豫州今欲何至？”备曰：“与苍梧太守吴巨有旧，欲往投之。”肃曰：“孙讨虏聪明仁惠，敬贤礼士，江表英豪，咸归附之，已据有六郡，兵精粮多，足以立事。今为君计，莫若遣腹心自结于东，以共济世业。而欲投吴巨，巨是凡人，偏在远郡，行将为人所并，岂足托乎！”备甚悦。

肃又谓诸葛亮曰："我，子瑜友也。"即共定交。子瑜者，亮兄瑾也，避乱江东，为孙权长史。备用肃计，进住鄂县之樊口。

【译文】

鲁肃到了夏口，听说曹操已经向荆州进发，便日夜赶路，等到他赶到南郡时，刘琮已经投降曹操。刘备往南逃跑，鲁肃直接去迎接刘备，和刘备在当阳长坂坡相会。鲁肃传达了孙权的意旨，和刘备讨论天下形势，并向刘备表达了深厚而恳切的希望。鲁肃又问刘备说："您现在打算到哪里？"刘备说："我和苍梧太守吴巨有旧交情，想前去投奔他。"鲁肃说："孙权将军英明仁慈，尊敬贤才，礼遇士人，江东的英雄豪杰，全都来归附他，现在已经占有六个郡，兵精粮广，足以成就大业。现在我替您打算，不如派遣亲信主动和东吴结交，来共同完成大业。您却打算投奔吴巨，吴巨不过是个平庸的人，又地处偏远的苍梧郡，将来总会被人吞并，哪里可以依靠呢？"刘备听了非常高兴。鲁肃又对诸葛亮说："我是子瑜的朋友。"于是一起决定交好。子瑜，就是诸葛亮的兄长诸葛瑾，因为到江东避乱，当上了孙权的长史。刘备采用鲁肃的计策，进驻鄂县的樊口。

【原文】

曹操自江陵将顺江东下。诸葛亮谓刘备曰："事急矣，请奉命求救于孙将军。"遂与鲁肃俱诣孙权。亮见权于柴桑，说权曰："海内大乱，将军起兵江东，刘豫州收众汉南，与曹操共争天下。今操芟夷大难，略已平矣，遂破荆州，威震四海。英雄无用武之地。故豫州遁逃至此。愿将军量力而处之！若能以吴、越之众与中国抗衡，不如早与之绝；若不能，何不按兵束甲，北面而事之！今将军外托服从之名而内怀犹豫之计，事急而不断，祸至无日矣。"权曰："苟如君言，刘豫州何不遂事之乎？"亮曰："田横，齐之壮士耳，犹守义不辱；况刘豫州王室之胄，英才盖世，众士慕仰，若水之归海。若事之不济，此乃天也，安能复为之下乎！"权勃然曰："吾不能举全吴之地，十万之众，受制于人。吾计决矣！非刘豫州莫可以当曹操者；然豫州新败之后，安能抗此难乎？”亮曰：“豫州军虽败于长坂，今战士还者及关羽水军精甲万人，刘琦合江夏战士亦不下万人。曹操之众，远来疲敝，闻追豫州，轻骑一日一夜行三百余里，此所谓‘强弩之末势不能穿鲁缟’者也。故《兵法》忌之，曰：‘必蹶上将军。’且北方之人，不习水战；又，荆州之民附操者，逼兵势耳，非心服也，今将军诚能命猛将统兵数万，与豫州协规同力，破操军必矣。操军破，必北还；如此，则荆、吴之势强，鼎足之形成矣。成败之机，在于今日！”权大悦，与其群下谋之。

【译文】

曹操将从江陵顺着大江向下游东进。诸葛亮对刘备说：“形势很紧急了，请派我去向孙将军求救。”诸葛亮就和鲁肃一起（到江东）去见孙权。诸葛亮在柴桑谒见了孙权，劝说孙权道：“现在天下大乱，将军在江东起兵，刘豫州在汉南集结部队，一齐跟曹操争夺天下。如今曹操最大的祸患已铲除削平，大致已经平定北方了，又攻下荆州，威势震动天下。刘豫州（失去地盘，被逼得）没有施展本领的地方，所以才避逃到这里。希望将军估计一下自己的实力，应怎样来对付这种情况！如果您能凭借吴、越地方的力量来和曹操对抗，不如早点和他断绝关系；如果您觉得不能和曹操对抗，为什么不放下武器、收拾铠甲，向曹操投降称臣！现在将军表面上假托服从曹操的名义，而内心又揣着迟疑不决的主意，事情已经十分紧急，然而您却不能当机立断，大祸临头也就没有几天了。”孙权说：“倘若如您所说，刘豫州为什么不向曹操投降称臣呢？”诸葛亮说：“田横，不过是齐国的一个壮士而已，尚且能坚持道义，不受屈辱，何况刘豫州是皇家后代，才能英明盖世无双，众多士人爱戴拥护他，好像水流归向大海一般。如果大业不能成功，那也是天意，怎么能再做曹操的下属呢？”孙权勃然大怒说：“我不能拿整个东吴的土地，十万人的军队，去受别人约制。我的主意打定了！除了刘豫州，没有人可以来抵挡曹操的；然而，刘豫州刚吃败仗不久，怎么能对付得了这种强大的攻势呢？”诸葛亮说：“刘豫州的部队虽然在长坂坡打了败仗，如今归队的战士加上关羽统率的水军，精兵还有一万人，加上刘琦江夏的战士也不少于一万人。而曹操的军队远道而来，疲惫不堪，听说追赶刘豫州时，轻装的骑兵一

鲁肃（172－217），字子敬，临淮东城（今安徽定远永康）人，三国时期东吴著名政治家、外交家。

天一夜赶三百多里路，这就是通常说的‘强弓发射的箭，到了射程终了时，连一层鲁国的薄绢也射不穿’的那种情况啊。所以《兵法》忌讳这样做，说这样‘一定会使冒进的大将受挫折’。何况北方人不习惯水上作战；而且，荆州的百姓归附曹操，是迫于武力的威胁罢了，并不是心悦诚服。现在将军果真能够派一员虎将统领几万军队，和刘豫州共同规划、同心协力，势必能打败曹操。一旦曹军吃了败仗，一定会撤回北方；这样一来，那荆州、东吴方面的势力就强大起来，三分天下的局面就形成了。成功和失败的关键，只在今天！”孙权听了十分高兴，便和他的部下共同商讨这件事。

【原文】

是时，曹操遗权书曰：“近者奉辞伐罪，旌麾南指，刘琮束手。今治水军八十万众，方与将军会猎于吴。”权以示臣下，莫不响震失色。长史张昭等曰：“曹公，豺虎也，挟天子以征四方，动以朝廷为辞；今日拒之，事更不顺。且将军大势可以拒操者，长江也；今操得荆州，奄有其地，刘表治水军，蒙冲斗舰乃以千数，操悉浮于沿江，兼有步兵，水陆俱下，此为长江之险已与我共之矣，而势力众寡又不可论。愚谓大计不如迎之。”鲁肃独不言。权起更衣，肃追于宇下。权知其意，执肃手曰：“卿欲何言？”肃曰：“向察众人之议，专欲误将军，不足与图大事。今肃可迎操耳，如将军不可也。何以言之？今肃迎操，操当以肃还付乡党，品其名位，犹不失下曹从事，乘犊车，从吏卒，交游士林，累官故不失州郡也。将军迎操，欲安所归乎？愿早定大计，莫用众人之议也！”权叹息曰：“诸人持议，甚失孤望。今卿廓开大计，正与孤同。”

【译文】

这时，曹操派人给孙权送来一封信，信上写道：“近来我奉朝廷的命令讨伐有罪的人，大军南进，刘琮束手投降。现在训练了水军八十万之多，正要和将军共同在东吴打猎。”孙权把这封信拿给部下看，没有不吓得变了脸色的。长史张昭等人说：“曹操是豺狼虎豹，他挟持皇帝，动不动就拿朝廷的名义征讨四方，今天如果和他对抗，就于事理不顺。况且将军凭借抗曹的有利地形，不过是一条长江；如今曹操攻取了荆州，全部占有那一带的地方，原先刘表所训练的水军，战艇战舰多到以千艘来计算，曹操全部把它们布置在沿江一带，又加上步兵，水路陆路一起进军，这就是长江天险已经和我方共有了，至于军事力量悬殊又不可相提并论。我认为不如投降曹操为上策。”只有鲁肃一个人默不作声。孙权起身上厕所，鲁肃追上去，在檐下赶上他，孙权知道他的来意，拉着鲁肃的手说：“你想说点什么吧？”鲁肃说：“刚才我考察了大家的议论，觉得都专想贻误将军，实在不值得和他们商讨国家大事。至于我鲁肃，可以投降曹操，而像将军您却不可以。这话怎么说呢？如果我投降曹操，曹操会把我送还乡里，品评我的名位，还可以当个州郡的下级官吏，乘坐牛车，带几个随从，和士大夫们往来，积累资历逐渐升官职，仍旧可以做州郡一级的长官。将军您一旦投降了曹操，将会得到一个什么样的结局呢？希望您早定战略大计，不要听信那些人的意见！”孙权叹息道：“大家发表的意见，很使我失望。现在您阐发的战略大计，正和我的想法相同。”

【原文】

时周瑜受使至番阳，肃劝权召瑜还。瑜至，谓权曰：“操虽托名汉相，其实汉贼也。将军以神武雄才，兼仗父兄之烈，割据江东，地方数千里，兵精足用，英雄乐业，当横行天下，为汉家除残去秽；况操自送死，而可迎之邪？请为将军筹之：今北土未平，马超、韩遂尚在关西，为操后患；而操舍鞍马，仗舟楫。与吴、越争衡；今又盛寒，马无藁草，驱中国士众远涉江湖之间，不习水土，必生疾病。此数者用兵之患也，而操皆冒行之。将军禽操，宜在今日。瑜请得精兵数万人，进住夏口，保为将军破之！”权曰：“老贼欲废汉自立久矣，徒忌二袁、吕布、刘表与孤耳；今数雄已灭，惟孤尚存。孤与老贼势不两立，君言当击，甚与孤合，此天以君授孤也。”因拔刀斫前奏案曰：“诸将吏敢复有言当迎操者，与此案同！”乃罢会。

【译文】

这时周瑜已受命到番阳去，鲁肃建议孙权召回周瑜。周瑜回来后，对孙权说：“曹操打着汉朝丞相的名号，实际上却是汉朝的国贼。将军凭借非凡的才能，同时依靠父兄建立的功业，拥有江东，方圆几千里地，军队精锐、物资充足，英雄豪杰乐于为国家效力。应当驰骋于天下，替汉朝除掉残暴污秽的人；何况曹操自己前来送死，（更应该消灭他）怎么可以投降他呢？请允许我替将军筹划这件事：现在北方并未完全平定，马超、韩遂还在函谷关以西活动，他们是曹操后方的大患，曹操又舍弃骑兵不用，而依仗舟船来和我东吴争天下；现在正值严冬，马缺乏草料，驱赶中原地区的士兵们远来江河湖泊纵横的南方，不服水土，一定会生病。这几件事都是用兵的禁忌，而曹操都冒失地干了。将军擒拿曹操，应该就在今天。请您拨给我几万精兵，让我进驻夏口，我一定为将军击败曹操！”孙权说：“曹操那老贼想要废掉汉家皇帝自己登基已经很久了，只是顾忌袁绍、袁术、吕布、刘表和我而已；现在那几位豪杰都已被消灭，只有我还幸存着。这种情势使我和老贼双方不能并存，您说应该抗击曹操，很合我的心意，这是天意要使我成功，才把您这样的干才交给我。”于是拔刀砍断面前放置奏章文书的几案，又说：“各位武将文官有谁敢再说应当向曹操投降的，和这张几案下场相同！”于是，就宣布罢会。

周瑜　（175 – 210 年）三国时期吴国将领，杰出的军事家。字公瑾，庐江舒县（今安徽庐江）人。美姿容，精音律，多谋善断，胸襟广阔，人称周郎。公元 208 年赤壁之战中大败曹军，不幸早逝。

【原文】

是夜，瑜复见权曰：“诸人徒见操书言水步八十万而各恐慑，不复料其虚实，便开此议，甚无谓也。今以实校之，彼所将中国人不过十五六万，且已久疲；所得表众亦极七八万耳，尚怀狐疑。夫以疲病之卒御狐疑之众，众数虽多，甚未足畏。瑜得精兵五万，自足制之，愿将军勿虑！”权抚其背曰：“公瑾，卿言至此，甚合孤心。子布、元表诸人，各顾妻子，挟持私虑，深失所望；独卿与子敬与孤同耳，此天以卿二人赞孤也。五万兵难卒合，已选三万人，船粮战具俱办。卿与子敬、程公便在前发，孤当续发人众，多载资粮，为卿后援。卿能办之者诚决，邂逅不如意，便还就孤，孤当与孟德决之。”遂以周瑜、程普为左右督，将兵与备并力逆操；以鲁肃为赞军校尉，助画方略。

【译文】

当天晚上，周瑜再次去见孙权说：“大家只看到曹操书信上写着水军步兵八十万，就各自害怕了，不再估量他们的真假，便发出投降的议论，是很没有意思的。现在按实际情况核对一下，曹操统率的中原士兵不过十五六万人，而且早已疲惫不堪；新收编刘表的水军最多也只有七八万，还都二心不定。曹操用疲乏劳累的士卒，驱使犹豫动摇的人众，人数虽然很多，也是很不值得惧怕的。请拨给我五万精兵，就完全可以制伏曹军，希望将军不必多虑！”孙权抚着他的背说：“公瑾，您说到这里，很合我的心意，子布、元表这些人，只顾各自的妻小，带有私心，非常使我失望；只有您和子敬跟我同心而已，这是天意安排你们二位来协助我。五万精兵一时难于调集，我已挑选了三万人，船只粮草武器全都准备好。您和子敬、程公就先出发，我当继续调兵遣将，多运载些物资粮草，做您的后援。您能对付得了曹操的话，当然可以和他决战，万一遇到意外，便后撤来靠拢我，我将和孟德决一死战。”孙权就派周瑜、程普做左右都督，率领军队和刘备齐心协力迎击曹操；派鲁肃做赞军校尉，协助谋划策略。

【原文】

刘备在樊口，日遣逻吏于水次候望权军。吏望见瑜船，驰往白备，备遣人慰劳之。瑜曰：“有军任，不可得委署；傥能屈威，诚副其所望。”备乃乘单舸往见瑜曰：“今拒曹公，深为得计。战卒有几？”瑜曰：“三万人。”备曰：“恨少。”瑜曰：“此自足用，豫州但观瑜破之。”备欲呼鲁肃等共会语，瑜曰：“受命不得妄委署；若欲见子敬，可别过之。”备深愧喜。

【译文】

刘备驻扎在樊口，每天派巡逻的官吏在江边探望，等候孙权军队的到来。官吏远远望见周瑜的来船，便飞马赶回营地禀告刘备，刘备马上派人前去慰劳他们。周瑜说：“有军务在身，不便擅离职守；倘若刘豫州能屈尊前来，那真是符合我所希望的。”刘备便乘坐单船前来会见周瑜，说：“现在咱们抗拒曹操，这是一个十分正确的决策。不知您的战斗部队有多少人？”周瑜道：“三万人。”刘备说：“可惜太少。”周瑜说：“这完全够用，豫州您只管看我击破曹军。”刘备想邀请鲁肃等人来一起会面交谈，周瑜说：“鲁肃等也有军务在身，不便擅离职守。假如您想会会子敬，可以另

刘备 （162 – 223 年），三国蜀汉开国君王。字玄德，涿郡（今河北省涿县）人。221 年，于成都即位称帝，国号汉，年号章武。伐东吴兵败，因病崩逝，享年 62 岁，谥号昭烈帝，史称刘先主。

外找时间去看他。”刘备深感惭愧，又十分高兴。

【原文】

进，与操遇于赤壁。

时操军众已有疾疫。初一交战，操军不利，引次江北。瑜等在南岸，瑜部将黄盖曰：“今寇众我寡，难与持久。操军方连船舰，首尾相接，可烧而走也。”乃取蒙冲斗舰十艘，载燥荻、枯柴，灌油其中，裹以帷幕，上建旌旗，豫备走舸，系于其尾。先以书遗操，诈云欲降。时东南风急，盖以十舰最著前，中江举帆，余船以次俱进。操军吏士皆出营立观，指言盖降。去北军二里余，同时发火，火烈风猛，船往如箭，烧尽北船，延及岸上营落。顷之，烟炎张天，人马烧溺死者甚众。瑜等率轻锐继其后，雷鼓大震，北军大坏。操引军从华容道步走，遇泥泞，道不通，天又大风，悉使羸兵负草填之，骑乃得过。羸兵为人马所蹈藉，陷泥中，死者甚众。刘备、周瑜水陆并进，追操至南郡。时操军兼以饥疫，死者太半。操乃留征南将军曹仁、横野将军徐晃守江陵，折冲将军乐进守襄阳，引军北还。

【译文】

孙刘联军向前推进，在赤壁与曹军相遇。

这时曹操军中已经发生了传染病。双方刚一交战，曹军就失利，退驻长江北岸。周瑜等人驻扎在南岸，周瑜部下的将领黄盖提议道：“目前敌众我寡，很难和他们长久相持。曹军正好把战船连接在一起，船头船尾相接，可采用火攻迫使他们溃逃。”（周瑜赞同这一计策）就调集战艇战舰十艘，装载干芦荻、枯柴草，里边灌了油，用篷布包裹起来，上面竖立起黄盖的军旗，还准备了轻便快艇，拴在大船尾部。黄盖先派人给曹操送信，假称准备去投降。（到了约定投降的那天）东南风刮得很急，黄盖派那十艘舰艇驶在最前面，到了江中升起帆来，其余的船只按次序一起前进。曹军中的将士都出营站着观看，指点来船说黄盖来投降了。距离北岸曹军还有二里多远，（前头的十艘船）同时点火，风势猛，火势大，船像箭一般飞驰，把北岸曹军的船只全都烧尽，火势还蔓延到岸上的兵营。一会儿工夫，火焰浓烟满天，曹军人马烧死的、淹死的多的

很。周瑜等人率领轻装的精锐部队随后进击，擂起战鼓震天动地，北岸曹军彻底崩溃。曹操领着败兵从华容道陆路逃跑，碰上雨后道路泥泞，不便行走，天又刮着大风，就命令老弱士兵全部背草填路，骑兵才勉强通过。老弱士兵被人马践踏，陷在泥坑中，死的很多。刘备、周瑜水路、陆路齐头并进，追赶曹军直追到南郡。这时曹军加上饥饿、传染病，死了一大半。于是曹操就留下征南将军曹仁、横野将军徐晃来防守江陵，折冲将军乐进防守襄阳，自己带领其余军队向北撤退了。

败走麦城

【原文】

[汉献帝建安二十四年]（公元219年）

（十月）蒙入江陵，释于禁之囚，得关羽及将士家属，皆抚慰之。约令军中："不得干历人家，有所求取。"蒙麾下士，与蒙同郡人，取民家一笠以覆官铠。官铠虽公，蒙犹以为犯军令，不可以乡里故而废法，遂垂涕斩之。于是军中震栗，道不拾遗。蒙旦暮使亲近存恤耆老，问所不足，疾病者给医药，饥寒者赐衣粮。羽府藏财宝，皆封闭以待权至。关羽闻南郡破，即走南还。

【译文】

汉献帝建安二十四年（公元219年）

十月，吕蒙率军进入江陵，解除了对曹军将领于禁的囚禁，控制了关羽和将士们的家属，对他们都采取安抚的措施。向军中公布了有关纪律：不准干扰百姓，求取财物。吕蒙部下有一个士兵和吕蒙是同乡人，取了百姓家中的一顶斗笠来遮盖官配铠甲。官配铠甲虽然是公家的，吕蒙还是认为他触犯了军令，不能因为同乡的缘故就丢了军法，终于流着眼泪杀了他。于是

吕蒙（178－219年），字子明，汝南富坡（今安徽阜南）人，三国时期吴国著名军事家。受孙权之劝，多读史书、兵书，学识渊博。

军中震动畏惧，路上丢的东西也无人去捡。吕蒙早晚派出亲近的人去问候救济老人，问缺乏什么，生病的给治疗吃药，挨冻受饿的送给衣服食物。关羽府库中的财物宝贝，都封闭起来等待孙权前来处理。关羽听到南郡被攻破的消息，立即逃往南边扎营的地方。

【原文】

关羽数使人与吕蒙相闻，蒙辄厚遇其使，周游城中，家家致问，或手书示信。羽人还，私相参讯，咸知家门无恙，见待过于平时，故羽吏士无斗心。会权至江陵，荆州将吏悉皆归附。

【译文】

关羽屡次派人同吕蒙相联系，吕蒙总是优厚地接待那些使者，让他们遍游城内，各家都向使者表达对亲人的问候，有的亲笔写信说明真实情况。关羽的人返回后，私下互相询问，都知道家人平安无事，所受的待遇又超过了平时，所以关羽的官兵没有了战斗的心思。当孙权到了江陵时，荆州地区的守将，全都归附了孙权。

【原文】

（十一月）关羽自知孤穷，乃西保麦城。孙权使诱之。羽伪降，立幡旗为象人于城上，因遁走。兵皆解散，才十余骑。权先使朱然、潘璋断其径路。十二月，璋司马马忠获羽及其子平于章乡，斩之。遂定荆州。

【译文】

十一月，关羽自己明白陷入了孤独无援、走投无路的境地，于是往西退守麦城。孙权派人诱关羽投降。关羽假装投降，树起旗帜，在城上摆起假人，趁机逃跑。兵士全分散了，只剩下十多个骑兵。孙权事先派朱然、潘璋切断了退路。十二月，潘璋的司马马忠在章乡捉住了关羽和他的儿子关平，杀了他们。于是平定了整个荆州。

资治通鉴

【卷二】

[宋] 司马光 · 著
王辉 · 编译

插图精译

陕西新华出版 三秦出版社

泪斩马谡

【原文】

[魏明帝太和二年]（公元228年）

初，越巂太守马谡，才器过人，好论军计，诸葛亮深加器异。汉昭烈临终，谓亮曰：“马谡言过其实，不可大用，君其察之！”亮犹谓不然，以谡为参军，每引见谈论，自昼达夜。及出军祁山，亮不用旧将魏延、吴懿等为先锋，而以谡督诸军在前，与张郃战于街亭。

【译文】

魏明帝太和二年（公元228年）

当初，越巂太守马谡，才华抱负远过常人，喜欢大谈用兵谋略，诸葛亮对之深为器重。汉昭烈帝刘备临终时曾告诫诸葛亮说：“马谡其人言过其实，切不可委以重任，请您慎重考察任用！”诸葛亮听了不以为然，反而任命马谡为参军，经常召见谈话，从白天一直谈到深夜。到出兵祁山时，诸葛亮不任用一直带兵的魏延、吴懿等为先锋，却由马谡担任督军先行，与魏将张郃在街亭交战。

诸葛亮（181－234年），字孔明，号卧龙。琅琊阳都（今山东沂南）人。207年初山辅佐刘备建立蜀汉政权，被封为丞相。刘备死后，刘禅继位，被封为武乡侯，主持军国大事。234年病逝于五丈原军中。

【原文】

谡违亮节度，举措烦扰，舍水上山，不下据城。张郃绝其汲道，击，大破之，士卒离散。亮进无所据，乃拔西县千余家还汉中。收谡下狱，杀之。亮自临祭，为之流涕，抚其遗孤，恩若平生。蒋琬谓亮曰：“昔楚杀得臣，文公喜可知也。天下未定而戮智计之士，岂不惜乎！”亮流涕曰：“孙武所以能制胜于天下者，用法明也；是以扬干乱法，魏绛戮其仆。四海分裂，兵交方始，若复废法，何用讨贼邪！”

【译文】

马谡违反诸葛亮的指挥调度，军政措施冗杂繁乱，放弃有水之地，上山驻扎，不在山下据守城池。张郃断绝马谡的取水通道，率兵出击，大败马谡，士兵溃散。诸葛亮进军没有据点，就攻掠西县一千多家回到汉中。收捕马谡入狱，杀了他。诸葛亮亲自去吊丧，为他痛哭流涕，抚养他的子女，像往常一样恩待他们。蒋琬对诸葛亮说："从前楚国杀了得臣，晋文公喜形于色。今天下没有平定却杀死智谋之士，难道不惋惜吗？"诸葛亮哭泣道："孙武所以能在天下克敌制胜，是执法严明；因此扬干犯法，魏绛就杀了他的仆人。现在四海分裂，战争才刚刚开始，如果破坏法令，用什么来讨伐敌贼呢？"

【原文】

谡之未败也，裨将军巴西王平连规谏谡，谡不能用；及败，众尽星散，惟平所领千人鸣鼓自守，张郃疑其有伏兵，不往逼也，于是平徐徐收合诸营遗迸，率将士而还。亮既诛马谡及将军李盛，夺将军黄袭等兵，平特见崇显，加拜参军，统五部兼当营事，进位讨寇将军，封亭侯。亮上疏请自贬三等，汉主以亮为右将军，行丞相事。

【译文】

当马谡在街亭的布置已经表现出失败征兆时，其副将巴西人王平一再规劝马谡，马谡拒不采纳。马谡兵败，将士四散而去，只有王平带领的千余人鸣鼓相聚，坚守阵地。张郃怀疑他安排了伏兵，不敢进逼太近，因此王平得以从容收纳各部散兵，率领将士归来。诸葛亮诛杀马谡和将军李盛之后，又剥夺了将军黄袭等的指挥权。王平的名声与地位因此显得特别突出，诸葛亮又将王平升为参军，统领五部人马，兼管军营诸事，后又再升职为讨寇将军，封为亭侯。诸葛亮上疏蜀汉国主，请求将自己降职三级，汉主据此任命诸葛亮为右将军，代行丞相职务。

诸葛亮

假痴不颠

【原文】

[魏邵陵厉公正始九年]（公元248年）

大将军爽，骄奢无度，饮食衣服，拟于乘舆；尚方珍玩，充牣其家；又私取先帝才人以为伎乐。作窟室，绮疏四周，数与其党何晏等纵酒其中。弟羲深以为忧，数涕泣谏止之，爽不听。爽兄弟数俱出游，司农沛国桓范谓曰：“总万机，典禁兵，不宜并出，若有闭城门，谁复内入者？”爽曰：“谁敢尔邪！”

【译文】

魏邵陵厉公正始九年（公元248年）

大将军曹爽，骄傲奢侈没有节度，饮食穿着，比拟天子，皇家珍宝玩器，充满他家；又私下选取明帝宫人来做歌伎。修建地下室，四周雕刻花纹，多次同他的党羽何晏等在那儿纵酒取乐。曹爽的弟弟曹羲深感忧虑，几次含泪进谏阻止他，曹爽不听。曹爽兄弟屡次一起出游，司农、沛国人桓范对他们说：“你们兄弟总理万事，主管禁兵，不适宜一起出游，如果有人将城门关闭，谁来开城接纳你们呢？”曹爽说：“谁胆敢那样做呢！”

【原文】

初，清河、平原争界，八年不能决。冀州刺史孙礼请天府所藏烈祖封平原时图以决之；爽信清河之诉，云图不可用，礼上疏自辩，辞颇刚切。爽大怒，劾礼怨望，结刑五岁。久而复为并州刺史，往见太傅懿，有忿色而无言。懿曰：“卿得并州少邪？恚理分界失分乎？”礼曰：“何明公言之乖也！礼虽不德，岂以官位往事为意邪！本谓明公齐踪伊、吕，匡辅魏室，上报明帝之托，下建万世之勋。今社稷将危，天下汹汹，此礼之所以不悦也！”因涕泣横流。懿曰：“且止，忍不可忍！”

【译文】

司马懿（179－251年），字仲达，河内温县（今河南温县）人。三国时期魏国杰出的政治家、军事家。其孙司马炎称帝后，追尊为晋宣帝。

当初，清河、平原两郡发生郡界纠纷，拖了八年不能解决。冀州刺史孙礼请求用国家所藏明帝受封平原王时的地图来判决；曹爽偏信清河方面的言辞，说那份地图不可用，孙礼上疏为自己辩理，文辞强硬激切。曹爽大发脾气，弹劾孙礼怨恨朝廷，判“结刑”五年。一段时期后，孙礼又当上并州刺史，他前去拜见太傅司马懿，脸色忿忿不平，不说话。司马懿说：“您嫌委任并州刺史品级太低吧？还是怨恨处理郡界纠纷失当呢？”孙礼说：“明公的话多么违背常情呀！我孙礼虽然品德不高，难道会介意官职的高低和已经过去了的事情么！我本认为明公是可与伊尹、吕望并驾齐驱的当代辅臣，可以匡扶辅佐魏室，上报明帝临终的嘱托，下建万世的功业。如今国家面临危险，天下骚动，这才是我孙礼郁郁不乐的原因！”说罢，泪水纵横。司马懿说：“暂且等待一个时期，强忍那些不可忍受的事！”

【原文】

冬，河南尹李胜出为荆州刺史，过辞太傅懿。懿令两婢侍。持衣，衣落；指口言渴，婢进粥，懿不持杯而饮，粥皆流出沾胸。胜曰：“众情谓明公旧风发动，何意尊体乃尔！”懿使声气才属，说：“年老枕疾，死在旦夕。君当屈并州，并州近胡，好为之备！恐不复相见，以子师、昭兄弟为托。”胜曰：“当还忝本州，非并州。”懿乃错乱其辞曰：“君方到并州？”胜复曰：“当忝荆州。”懿曰：“年老意荒，不解君言。今还为本州，盛德壮烈，好建功勋！”胜退，告爽曰：“司马公尸居余气，形神已离，不足虑矣！”他日，又向爽等垂泣曰：“太傅病不可复济，令人怆然！”故爽等不复设备。

【译文】

冬天，河南尹李胜外放为荆州刺史，去向太傅司马懿辞行。司马懿让两个婢女服侍着，拿起衣服来拿不住，掉了；用手指指着嘴巴，表示口渴，婢女捧来稀饭，司马懿不能拿杯来喝，稀饭都流出来沾湿了胸前衣服。李胜说：“大家以为明公风痹的旧病重发，哪里会想到贵体这个样子！”司马懿这才使劲透过气来，说："年老患病，死期就在早晚之间。委屈你权当并州刺史，并州接近胡地，好好防备他们！这一别恐怕很难再见到面了，我把儿子司马师、司马昭兄弟托付给你，请多关照。"李胜说："我是回本州当刺史，不是并州。"司马懿故意言辞错乱地说："你不正是到并州吗？"李胜又说："当的是荆州刺史。"司马懿说："年老糊涂，没能听懂你说的话。如今你还为本州刺史，你有美德又义气壮勇，好好建立功业吧！"李胜告退，便向曹爽报告道："司马公苟延残喘，精神离散，徒存形体，犯不着顾虑了！"改天，李胜又对着曹爽等垂泪道："太傅病得那样，已经没有希望，想起来实在令人凄怆！"所以，曹爽等人不再防备司马懿。

【原文】

何晏闻平原管辂明于术数，请与相见。十二月，丙戌，辂往诣晏，晏与之论《易》。时邓飏在坐，谓辂曰："君自谓善《易》，而语初不及《易》中辞义，何也？"辂曰："夫善《易》者不言《易》也。"晏含笑赞之曰："可谓要言不烦也！"因谓辂曰："试为作一卦，知位当至三公不？"又问："连梦见青蝇数十，来集鼻上，驱之不去，何也？"辂曰："昔元、凯辅舜，周公佐周，皆以和惠谦恭，享有多福，此非卜筮所能明也。今君侯位尊势重，而怀德者鲜，畏威者众，殆非小心求福之道也。又，鼻者天中之山，'高而不危，所以长守贵'。今青蝇臭恶，而集之，位峻者颠，轻豪者亡，不可不深思也！愿君侯裒多益寡，非礼勿履，然后三公可至，青蝇可驱也。"飏曰："此老生之常谭。"辂曰："夫老生者见不生，常谭者见不谭。"辂还邑舍，具以语其舅；舅责辂言太切至。辂曰："与死人语，何所畏邪！"舅大怒，以辂为狂。

【译文】

何晏听说平原人管辂善于卜筮，便请管辂和他会面。十二月二十八日，管辂去见何晏，何晏和他讨论《易》。当时邓飏也在座，便对管辂说："你自认为很懂得《易》学，而言语并没有涉及《易》中的辞义，为什么呢？"管辂说："懂《易》学的人并不谈《易》中的言辞。"何晏含笑称赞他说："真是要言不烦！"

因而对管辂说："请你替我算一卦，不知我的地位可到三公吗？"紧接着又问："连日梦见几十只绿头苍蝇，飞来停在我的鼻梁上，赶也赶不掉，为什么呢？"管辂说："从前'八元'、'八恺'辅助虞舜，周公辅佐周室，都因为温和慈惠，谦虚恭顺，所以享有厚福，这不是卜筮所能表明的。如今君侯您位高权重，但是感怀你的仁德的人太少，惧怕你威势的人很多，这恐怕不是谨慎得福的路子。再说，鼻子是相书上说的'天中之山'，'高而不危，才能长守富贵'。现在青头苍蝇又臭又令人厌恶，却飞集在你的鼻梁上，（这表明）地位之高达到巅峰容易倾跌，轻佻奢侈容易败亡，不能不深思啊！希望君侯您削减多的（威）而弥补不足的（德），不符合礼义的事不做，然后三公的地位才可以达到，绿头苍蝇才可以驱赶。"邓飏说："这不过是老生常谈。"管辂说："老生的见到不生的，常谈的见到不能再谈的。"管辂回到平原邑馆舍，把刚才的情况全部告诉他的舅舅，舅舅责备管辂言语太过激切。管辂说："和死人说话，怕什么呢！"舅舅大怒，认为管辂轻狂。

【原文】

太傅懿阴与其子中护军师、散骑常侍昭谋诛曹爽。

【译文】

太傅司马懿暗中和他的儿子中护军司马师、散骑常侍司马昭谋划杀死曹爽。

曹魏禅让

【原文】

[晋武帝泰始元年]（公元265年）

十二月，壬戌，魏帝禅位于晋；甲子，出舍于金墉城。太傅司马孚拜辞，执帝手，流涕歔欷不自胜，曰："臣死之日，固大魏之纯臣也。"丙寅，王即皇帝位，大赦，改元。丁卯，奉魏帝为陈留王，即宫于邺。优崇之礼，皆仿魏初故事。魏氏诸王皆降为侯。追尊宣王为宣皇帝，景王为景皇帝，文王为文皇帝；尊王太后曰皇太后。封皇叔祖孚为安平王，叔父干为平原王、亮为扶风王、伷为东莞王、骏为汝阴王、肜为梁王、伦为琅邪王，弟攸为齐王、鉴为乐安王、机为燕王，又封群从司徒望等十七人皆为王。以石苞为大司马，郑冲为太傅，王祥为太保，何曾为太尉，贾充为车骑将军，王沈为骠骑将军；其余文武增位进爵有差。乙亥，以安平王孚为太宰，都督中外诸军事。未几，又以车骑将军陈骞为大将军，与司徒义阳王望、司空荀顗，凡八公，同时并置。帝惩魏氏孤立之敝，故大封宗室，授以职任。又诏诸王皆得自选国中长吏；卫将军齐王攸独不敢，皆令上请。

【译文】

晋武帝司马炎（236－290年），字安世。司马昭长子。司马昭过世后，继承晋王的爵位。同年12月，逼迫魏元帝禅让，即位为帝，国号晋。谥号武皇帝，庙号世祖。

晋武帝泰始元年（公元265年）

十二月十三日，魏皇帝（曹奂）把帝位禅让给晋王，十五日，出宫暂居于金墉城（在洛阳城西北角）。太傅司马孚叩拜辞别，握着魏帝的手，呜咽流涕，难以自制，说："我到死的那一天，仍然是大魏的忠贞纯臣！"十七日，晋王司马炎即皇帝位，大赦，改年号。十八日，封魏帝为陈留王，王宫设在邺城（今河北临漳县）。优待和尊崇的礼遇，全都仿照曹魏初建时的做法。曹魏的诸王都降为侯。追尊宣王司马懿为宣皇帝、景王司马师为景皇帝、文王司马昭为文皇帝；尊王太后为皇太后；封皇叔祖司马孚为安平王，叔父司马干为平原王、司马亮为扶风王、司马伷为东莞王、司马骏为汝阴王、司马肜为梁王、司马伦为琅邪王，弟弟司马攸为齐王、司马鉴为乐安王、司马机为燕王；又封堂叔伯兄弟司徒司马望等十七人全都为王；任命石苞为大司马、郑冲为太傅、王祥为太保、何曾为太尉、贾充为车骑将军、王沈为骠骑将军，其余的文武百官，升官晋爵，各有等差。二十六日，任命安平王司马孚为太宰，都督中外诸军事。不久，又任命车骑将军陈骞为大将军，与司徒义阳王司马望、司空荀顗，共为八公，同时并立。晋武帝接受曹魏孤立无援而致灭亡的教训，故而大封宗室，授以要职；又下诏，命诸王都可以自行选任封国的长吏等官员。卫将军齐王司马攸独独不敢擅自作主，全都向上请示朝廷。

西晋伐吴

【原文】

[晋武帝咸宁五年]（公元279年）

冬，十一月，大举伐吴，遣镇军将军琅邪王伷出涂中，安东将军王浑出江西，建威将军王戎出武昌，平南将军胡奋出夏口，镇南大将军杜预出江陵，龙骧将军王濬、巴东监军鲁国唐彬下巴、蜀，东西凡二十余万。命贾充为使持节、假黄钺、大都督，以冠军将军杨济副之。充固陈伐吴不利，且自言衰老，不堪元帅之任。诏曰："君若不行，吾便自出。"充不得已，乃受节钺，将中军南屯襄阳，为诸军节度。

【译文】

晋武帝咸宁五年（公元279年）

冬季，十一月，大举征伐东吴。派遣镇军将军琅邪王司马伷出击涂中（今江苏六合），安东将军王浑出击江西（今安徽和县），建威将军王戎出击武昌（今湖北鄂城），平南将军胡奋出击夏口（今湖北武汉市），镇南大将军杜预出击江陵（今湖北江陵），龙骧将军王濬、巴东监军鲁国（治今山东曲阜）人唐彬从巴、蜀（今四川）顺江而下，东西并进，共二十余万人。任命贾充为使持节、假黄钺、大都督，以冠军将军杨济为副。贾充坚持陈述征伐东吴不利，并自称年老体衰，不能承担元帅之任。诏书命令："您若不出行，我便亲自去！"贾充不得已，才接受符节、黄钺，率领中军，往南屯驻襄阳（今湖北襄樊），节制调度诸军。

王戎　（233 – 305年）字浚冲，琅琊临沂人。晋司徒、封安丰县侯。"竹林七贤"之一。

【原文】

[晋武帝太康元年]（公元280年）

杜预向江陵，王浑出横江，攻吴镇、戍，所向皆克。

二月，戊午，王濬、唐彬击破丹阳监盛纪。吴人于江碛要害之处，并以铁锁横截之；又作铁锥，长丈余，暗置江中，以逆拒舟舰。濬作大筏数十，方百余步，缚草为人，被甲持仗，令善水者以筏先行，遇铁锥，锥辄著筏而去。又作大炬，长十余丈，大数十围，灌以麻油，在船前，遇锁，然炬烧之，须臾，融液断绝，于是船无所碍。庚申，濬克西陵，杀吴都督留宪等。壬戌，克荆门、夷道二城，杀夷道监陆晏。杜预遣牙门周旨等帅奇兵八百泛舟夜渡江，袭乐乡，多张旗帜，起火巴山。吴都督孙歆惧，与江陵督伍延书曰："北来诸军，乃飞渡江也。"旨等伏兵乐乡城外，歆遣军出拒王濬，大败而还。旨等发伏兵随歆军而入，歆不觉，直至帐下，虏歆而还。乙丑，王濬击杀吴水军都督陆景。杜预进攻江陵，甲戌，克之，斩伍延。于是沅、湘以南，接于交、广，州郡皆望风送印绶。预仗节称诏而绥抚之。凡所斩获吴都督、监军十四，牙门、郡守百二十余人。胡奋克江安。

【译文】

[太康元年]（公元280年）

杜预军锋直指江陵，王浑出击横江（今安徽和县东南），进攻东吴的城镇、戍所，所向皆克。二月一日，王濬、唐彬击破丹阳（今湖北秭归）监盛纪的军队。东吴人在长江要害之处，用铁锁横断江面，又作铁锥，长达丈余，潜置江中，用以阻挡船舰通过。王濬命人作数十个大木筏，百余步见方；制作草人，身披铠甲、手执兵仗。令善游泳的人，乘木筏先行，碰到铁锥，铁锥就著于木筏，被带走。又作大火炬，长十余丈，有数十人围起来那么粗，灌满了麻油，置于船前，遇到铁锁，燃起火炬猛烧，一会儿，铁锁熔化成汁，自行断开。于是，船舰畅行无阻。三日，王濬攻克西陵（今湖北宜昌），杀死东吴的都督留宪等人。五日，攻克荆门（今湖北宜昌东）、夷道（今湖北宜都）二城，杀死夷道监陆晏。杜预派遣牙门周旨等，率领突击部队八百人，乘夜泛舟，渡过长江，突袭乐乡（今湖北松滋）。他们多树旗帜，纵火巴山

杜预（222－285年），字元凯，京兆杜陵（今陕西西安）人，西晋时期著名的政治家和学者、灭吴统一战争的统帅之一。

（在松滋境），以张扬声势。东吴的都督孙歆恐惧，写信给江陵督伍延说：“北方来的各路军队，乃是飞过长江的。”周旨等在乐乡城外埋伏下军队。孙歆派遣军队出城抵御王濬，大败而归。周旨等让伏兵随同孙歆的败军入城，孙歆没有发觉。伏兵直到军帐里，俘虏孙歆而还。八日，王濬击杀东吴的水军都督陆景。杜预进攻江陵，十七日，攻克江陵，斩伍延。于是，沅江、湘江以南，直到交州、广州边界，东吴的州、郡都望风归降，争送印信。杜预出示节符，宣称诏意，加以安抚。这次战役，共斩杀、俘获东吴的都督、监军十四人，牙门、郡守一百二十余人。胡奋攻克了江安（今湖北公安）。

【原文】

乙亥，诏：“王濬、唐彬既定巴丘，与胡奋、王戎共平夏口、武昌，顺流长骛，直造秣陵。杜预当镇静零、桂，怀辑衡阳。大兵既过，荆州南境，固当传檄而定。预等各分兵以益濬、彬，太尉充移屯项。”

【译文】

十八日，下诏书，说：“王濬、唐彬克定巴丘（今湖南岳阳）后，与胡奋、王戎共同平定夏口、武昌，然后顺江长驱，直指秣陵（今南京市江宁县，东吴国都，后改名建业）。杜预应当镇抚零陵（治今湖南零陵）、桂阳（治今湖南郴县），安抚衡阳（治今湖南湘潭）。大兵过后，荆州南部地区定可传送文告而平定，杜预等各自分兵增援王濬、唐彬，太尉贾充即移驻项县（今河南项城）。”

【原文】

王戎遣参军襄阳罗尚、南阳刘乔将兵与王濬合攻武昌，吴江夏太守刘朗、督武昌诸军虞昺皆降。昺，翻之子也。

【译文】

王戎派遣参军襄阳人罗尚、南阳（治今河南南阳）人刘乔，率兵与王濬共同进攻武昌。东吴的江夏太守刘朗和督武昌诸军虞昺皆投降。虞昺，是虞翻的儿子。

【原文】

杜预与众军会议，或曰：“百年之寇，未可尽克，

方春水生，难以久驻，宜俟来冬，更为大举。”预曰：“昔乐毅藉济西一战以并强齐。今兵威已振，譬如破竹，数节之后，皆迎刃而解，无复著手处也。”遂指授群帅方略，径造建业。

【译文】

杜预与诸军开会，有人说：“百年的贼寇，难以消灭尽净，当前正值春季水涨，难以长久驻兵，应等到冬季，再行大举兴兵。”杜预说：“从前乐毅凭借济西一战而吞并强大的齐国。现今兵威大振，如同劈竹，几节之后，都可迎刃而解，再没有需要着手下大力的地方。”遂指示诸路将帅进军方略，直指建业（今南京）。

【原文】

吴主闻王浑南下，使丞相张悌督丹阳太守沈莹、护军孙震、副军师诸葛靓帅众三万渡江逆战。至牛渚，沈莹曰：“晋治水军于蜀久矣，上流诸军，素无戒备，名将皆死，幼少当任，恐不能御也。晋之水军必至于此，宜畜众力以待其来，与之一战，若幸而胜之，江西自清。今渡江与晋大军战，不幸而败，则大事去矣！”悌曰：“吴之将亡，贤愚所知，非今日也。吾恐蜀兵至此，众心骇惧，不可复整。及今渡江，犹可决战。若其败丧，同死社稷，无所复恨。若其克捷，北敌奔走，兵势万倍，便当乘胜南上，逆之中道，不忧不破也。若如子计，恐士众散尽，坐待敌到，群臣俱降，无复一人死难者，不亦辱乎？”

【译文】

吴主孙皓得知王浑军南下，命丞相张悌率丹阳（治今安徽宣城县）太守沈莹、护军孙震、副军师诸葛靓，统领三万军队渡长江迎战。部队到达牛渚山（今安徽当涂西北采石矶），沈莹说：“晋朝廷在蜀地训练水军时日已久，而我们长江上游诸军，却一向没有戒备。名将都已死去，年轻人担当着重任，恐怕不能抵御，晋朝的水军必能达此地。应该积蓄诸军兵力，等待他们到来，决一死战。如能幸运地战胜敌人，大江以西的敌人，自可清除干净。现今渡江与晋军大战，如不幸战败，则无法挽回大局！”张悌说：“东吴即将灭亡，不论聪明人或愚笨的人，都很清楚。早已如此，并非今天才这样。我担心巴蜀的晋军到达这里，群心震恐，一哄而散，无法再整好队伍。现今渡江，尚可决一死战。如果战败丧亡，一同殉国，死无遗恨。如能克敌致胜，北方之敌，奔走逃命。我军士气万倍，便当乘胜而上，中道逆击，不愁不大破来敌。如果依从您的谋划，恐怕军民逃散一空，坐待敌军到来，君臣一同投降，而无一人为国死难，岂不是国家的耻辱？”

闻鸡起舞

【原文】

[晋愍帝建兴元年]（公元313年）

初，范阳祖逖，少有大志，与刘琨俱为司州主簿，同寝，中夜闻鸡鸣，蹴琨觉曰：“此非恶声也！”因起舞。及渡江，左丞相睿以为军谘祭酒。逖居京口，纠合骁健，言于睿曰：“晋室之乱，非上无道而下怨叛也，由宗室争权，自相鱼肉，遂使戎狄乘隙，毒流中土。今遗民既遭残贼，人思自奋，大王诚能命将出师，使如逖者统之以复中原，郡国豪杰，必有望风响应者矣！”睿素无北伐之志，以逖为奋威将军、豫州刺史，给千人廪，布三千匹，不给铠仗，使自召募。逖将其部曲百余家渡江，中流，击楫而誓曰：“祖逖不能清中原而复济者，有如大江！”遂屯淮阴，起冶铸兵，募得二千余人而后进。

祖逖　（266－321年）字士稚。范阳遒县（今河北涞水）人，东晋北伐大将。一生为恢复中原而致力北伐，最后忧愤而死。

【译文】

晋愍帝建兴元年（公元313年）

起初，范阳人祖逖，年轻时怀有远大的志向，和刘琨都担任司州的主簿，一同就寝，半夜听到鸡叫，用脚踢醒刘琨，说：“这不是不吉祥的声音！”于是起床舞剑练武。等到渡过长江，左丞相司马睿任命他为军谘祭酒。祖逖驻扎在京口，纠集骁勇强健的兵士，对司马睿说：“晋王室的衰落，不是君主无道而臣下怨恨背叛，而是由于宗室成员争夺权利，自相残杀，于是使戎狄趁着时机，为害遍及中原。现在残余人民已经遭到伤害，人人想奋起自救，大王如果真能命令将领出征，派遣像我这样的人统领，去恢复中原，各郡国的豪杰，一定有听到风声就会响应的！”司马睿一向没有北伐的志向，便委派祖逖担任奋威将军、豫州刺史，拨给一千人的粮饷、三千匹布，不供给铠甲兵器，命令他自己募集军队。祖逖率领他的一百多家私人武装渡过长江，行到河中央，敲着船桨发誓说：“祖逖如果不能肃清中原，而再向南渡江，就要像江水一样有去无回！”于是驻扎在淮阴，建起冶铁炉，打造兵器，招募到二千多人，随后进兵。

淝水之战

【原文】

[晋孝武帝太元七年]（公元382年）

冬，十月，秦王坚会群臣于太极殿，议曰：“自吾承业，垂三十载，四方略定，惟东南一隅，未沾王化。今略计吾士卒，可得九十七万，吾欲自将以讨之，何如？”秘书监朱彤曰：“陛下恭行天罚，必有征无战，晋主不衔璧军门，则走死江海。唯下返中国士民，使复其桑梓，然后回舆东巡，告成岱宗，此千载一时也。”坚喜曰：“是吾志也。”

【译文】

晋孝武帝太元七年（公元382年）

冬天，十月，前秦皇帝苻坚在太极殿会见群臣，和他们商议说：“自从我继承前秦帝王大业，至今将近三十年，四方大略已经平定，只有东南一角，还没有归顺我们，承受教化。现在粗略统计一下我方兵力，士卒可达九十七万人之多，我将亲自率领他们去征讨东南，大家看怎么样？”秘书监朱彤说：“陛下恭谨地执行天意进行讨伐，代天出征，一定不用交战便可以获胜。晋主如果不是自绑双手、口衔玉璧，到军门来投降，就是逃跑死在江海。那时，陛下就可以使南渡避难的人士返回北土，让他们回到各自的故乡。然后陛下便可回车向东巡行，祭祀泰山，禀告南征的成功，这真是千载难逢的好机会。”苻坚欣喜地说：“这是我的志向。”

【原文】

尚书左仆射权翼曰："昔纣为无道，三仁在朝，武王犹为之旋师。今晋虽微弱，未有大恶；谢安、桓冲皆江表伟人，君臣辑睦，内外同心。以臣观之，未可图也。"坚嘿然良久，曰："诸君各言其志。"

谢安　(320－385年)，字安石，陈郡阳夏(今河南太康)人。383年，指挥晋军在淝水之战中大败前秦苻坚。

【译文】

尚书左仆射权翼说："从前商纣暴虐无人道，微子、箕子、比干这三位仁人还在辅佐朝廷，周武王尚且为此回师不讨伐纣王。现在东晋虽然弱小，还没有什么大的罪恶；谢安、桓冲都是江南杰出的人才，国君与文武大臣和睦相处，朝廷内外同心协力，依我看来，还不能打它的主意。"苻坚沉默了好一会儿，才说："各位请谈谈自己的意见。"

【原文】

太子左卫率石越曰："今岁镇守斗，福德在吴，伐之，必有天殃。且彼据长江之险，民为之用，殆未可伐也。"坚曰："昔武王伐纣，逆岁违卜。天道幽远，未易可知。夫差、孙皓皆保据江湖，不免于亡。今以吾之众，投鞭于江，足断其流，又何险之足恃乎？"对曰："三国之君皆淫虐无道，故敌国取之，易于拾遗。今晋虽无德，未有大罪，愿陛下且按兵积谷，以待其衅。"于是群臣各言利害，久之不决。坚曰："此所谓筑舍道傍，无时可成。吾当内断于心耳！"

【译文】

太子左卫率石越说："从星象看来，现在太岁星和镇星正运行到南斗星附近守护东南，正是晋朝走运的时候，如果硬要讨伐东晋，一定会遭到天降灾祸。况且对方占有长江天险，百姓也乐于为他们所用，大概不便讨伐吧！"苻坚说："从前周武王讨伐商纣，冲犯岁星，不理睬占卜的预兆。天意深远，不容易了解。吴王夫差、吴帝孙皓统治江南，都免不了亡国的命运。现在凭我这百万大军，只要每人丢下一根马鞭，就足以截断长江的流水，对方还有什么天险可供依恃呢？”石越答道：“商、吴、东吴的三个国君都荒淫暴虐无人道，所以敌对国攻取他们的国家，就比拾起掉落在地上的东西还容易。现在东晋虽然谈不上有大德，但也没有大罪，希望陛下姑且按兵不动，积蓄粮草，以等待可乘的时机。”于是，群臣都各自发表了或利或弊的见解，很久都没有取得一致的意见。苻坚说：“这就是通常所说的，靠近道路建房屋，（看见过路的人就跟他们商量，过路人意见各不相同，）房屋永远建不成。我应当自己来决断啊！”

【原文】

群臣皆出，独留阳平公融，谓之曰：“自古定大事者，不过一二臣而已。今众言纷纷，徒乱人意，吾当与汝决之。”对曰：“今伐晋有三难：天道不顺，一也；晋国无衅，二也；我数战兵疲，民有畏敌之心，三也。群臣言晋不可伐者，皆忠臣也，愿陛下听之。”坚作色曰：“汝亦如此，吾复何望！吾强兵百万，资仗如山；吾虽未为令主，亦非暗劣。乘累捷之势，击垂亡之国，何患不克？岂可复留此残寇，使长为国家之忧哉！”融泣曰：“晋未可灭，昭然甚明。今劳师大举，恐无万全之功。且臣之所忧，不止于此。陛下宠育鲜卑、羌、羯，布满畿甸，此属皆我之深仇。太子独与弱卒数万留守京师，臣惧有不虞之变生于腹心肘掖，不可悔也。臣之顽愚，诚不足采；王景略一时英杰，陛下常比之诸葛武侯，独不记其临没之言乎？”坚不听。于是朝臣进谏者众，坚曰：“以吾击晋，校其强弱之势，犹疾风之扫秋叶，而朝廷内外皆言不可，诚吾所不解也！”

【译文】

群臣都出去了，苻坚单独把阳平公苻融留下，对他说：“自古以来，决定大事，不过一二位大臣而已。现在大家议论纷纷，意见不统一，这只有扰乱人心而已，我应当和你一起来决定这件事（不要受他们干扰）。”苻融回答说：“目前讨伐东晋，有三大困难：天意不顺，这是第一难；东晋没有罪过，这是第二难；我方连年作战，将士疲惫，百姓有惧怕敌人的心理，这是第三难。群臣中说东晋不可以讨伐的，都是些忠臣。希望陛下听从他们的意见。”苻坚听后变了脸色，很不高兴地说：“你也是这种看法，我还指望什么！我有强兵一百万，军资武器堆积如山，我虽然不是贤主，但也不是昏庸无能的国君。乘屡次打胜仗的气势，进击垂死挣扎的国家，还用担忧有什么攻克不了的吗？难道可以再留下这伙残敌，给国家带来无穷的忧患吗？”苻融流着眼泪说：“东晋一时消灭不了，这是明明白白的事。现在劳累部队大举进兵，恐怕不能万无一失。而且，我所忧虑的，不仅仅在此。陛下宠爱扶植鲜卑、羌、羯这些部族，使他们遍布京城附近，这些人都是我们的大敌。（一旦大军出征，）太子独自和那几万老弱兵丁留守京城，我惧怕会有料想不到的事变发生在京城腹心地带，到那时就后悔莫及了。当然，我不聪明，很蠢，的确不值得采纳我的意见；不过，王景略却是当代的英明豪杰，陛下常常将他比做武侯诸葛亮，难道不记得他临终的遗言吗？”苻坚不听从他的意见。在这种情况下，朝廷大臣进谏的人很多，苻坚说：“用我国的强兵进击晋国，比较敌我双方强弱的形势，好比疾风吹扫落叶一样容易，然而朝廷内外的官员都说不宜征伐，这实在是我所不能理解的！”

【原文】

太子宏曰：“今岁在吴分，又晋君无罪，若大举不捷，恐威名外挫，财力内竭，此群下所以疑也。”坚曰：“昔吾灭燕，亦犯岁而捷，天道固难知也，秦灭六国，六国之君岂皆暴虐乎！”

【译文】

太子苻宏说：“现在岁星在吴越分野，东晋国君又无罪，如果大举进兵不能获胜的话，恐怕在外就要挫伤威名，在内就要财力枯竭，这就是群臣对征伐一直持怀疑态度的原因！”苻坚说：“以前我们灭燕国，也是冲犯岁星而告捷，天理本来就是难于知晓的。秦并吞六国，六国的国君难道都是暴虐的吗？”

【原文】

冠军、京兆尹慕容垂言于坚曰：“弱并于强，小并于大，此理势自然，非难知也。以陛下神武应期，威加海外，虎旅百万，韩、白满朝，而蕞尔江南，独违王命，岂可复留之以遗子孙哉！《诗》云：‘谋夫孔多，是用不集。’陛下断自圣心足矣。何必广询朝众！晋武平吴，所仗者张、杜二三臣而已。若从朝众之言，岂有混壹之功乎！”坚大悦，曰：“与吾共定天下者，独卿而已。”赐帛五百匹。

【译文】

冠军将军、京兆尹慕容垂对苻坚说："弱的被强的吞并，小的被大的吞并，这是自然的道理，不难理解。凭借陛下的神明威武，上应期天意而生，威扬四海，勇猛的军队百万，韩信、白起那样的名将满朝都是，而小小的江南，惟独违背大王的命令，难道可以再将这一祸患遗留给子孙后代吗？《诗经》上说：'出主意的人太多，因此事情不能成功。'陛下圣明，自己决断就行了。何必广泛地询问朝臣呢？晋武帝灭吴，靠的不过是张华、杜预等两三位臣子的意见而已。如果听从朝臣们的意见，哪里有将来统一天下的功业呢？"苻坚非常高兴，说："将和我一起平定天下的，满朝文武中惟独只有您一个人而已。"说完，就赏赐慕容垂五百匹帛。

【原文】

坚锐意欲取江东，寝不能旦。阳平公融谏曰："'知足不辱，知止不殆。'自古穷兵极武，未有不亡者，且国家本戎狄也，正朔会不归人。江东虽微弱仅存，然中华正统，天意必不绝之。"坚曰："帝王历数，岂有常邪？惟德之所在耳！刘禅岂非汉之苗裔邪？终为魏所灭。汝所以不如吾者，正病此不达变通耳！"

【译文】

苻坚执意想攻取江南，兴奋得睡不到天亮就醒了。阳平公苻融进谏道："'知道满足，就不会遭受侮辱；知道适可而止，就不会有危险。'自古以来滥用武力发动战争的人，没有不自取灭亡的。况且我国本是氐族，中国正统的统治权总归不会落到外族人手里。江南表面上看起来虽然弱小，仅仅可以勉强维持局面，但是他们是华夏的正统，天意一定不会灭绝它。"苻坚说："帝王的气数，难道有定数吗？只是看仁德在谁那里而已！刘禅难道不是汉朝的后裔吗？最终被曹魏灭亡。你所以不如我的原因，毛病正在于不通晓权变的道理罢了！"

【原文】

坚素信重沙门道安，群臣使道安乘间进言。十一月，坚与道安同辇游于东苑，坚曰："朕将与公南游吴、越，泛长江，临沧海，不亦乐乎！"安曰："陛下应天御世，居中土而制四维，自足比隆尧舜，何必栉风沐雨，经略遐方乎！且东南卑湿，沴气易构，虞舜游而不归，大禹往而不复，何足以上劳大驾也！”坚曰：“天生烝民，而树之君，使司牧之，朕岂敢惮劳，使彼一方独不被泽乎！必如公言，是古之帝王皆无征伐也！”道安曰：“必不得已，陛下宜驻跸洛阳，遣使者奉尺书于前，诸将总六师于后，彼必稽首入臣，不必亲涉江、淮也。”坚不听。

【译文】

苻坚平常很信任敬重高僧道安，群臣让道安找个机会向苻坚进谏。十一月，苻坚和道安同乘一辆车到东苑游玩，苻坚说：“我如果和您一起往南去游览吴、越，在长江泛舟，到东海边观涛，不也很快活吗！”道安说：“陛下顺应天命统治天下，身居中原而控制四方，国家兴隆自然足以和尧舜相比；又何必栉风沐雨，去经营、占有远方呢！况且东南地方低湿，瘴气容易使人染病，传说虞舜巡行南方，死在苍梧；夏禹东巡，死于会稽（这样的地方），哪里值得劳动您的大驾呢！”苻坚说：“天生众民，同时为他们立了国君，让国君来治理他们。我岂敢怕劳苦，使东南那一方惟独没有承受恩泽呢？如果一定如您所说，那就是古代的帝王都没有征伐了！”道安说：“如果必不得已要征伐，陛下应当暂驻洛阳，先派遣使者到晋国下劝降书，随后再派各位将领统领大军进发，他们一定来磕头称臣，陛下不必亲自去江、淮地区。”苻坚仍然不听。

【原文】

坚所幸张夫人谏曰：“妾闻天地之生万物，圣王之治天下，皆因其自然而顺之，故功无不成。是以黄帝服牛乘马，因其性也；禹浚九川，障九泽，因其势也；后稷播殖百谷，因其时也；汤、武帅天下而攻桀、纣，因其心也。皆有因则成，无因则败。今朝野之人皆言晋不可伐，陛下独决意行之，妾不知陛下何所因也。《书》曰：‘天聪明自我民聪明。’天犹因民，而况人乎！妾又闻王者出师，必上观天道，下顺人心。今人心既不然矣，请验之天道。谚云：'鸡夜鸣者不利行师，犬群嗥者宫室将空，兵动马惊，军败不归。'自秋、冬以来，众鸡夜鸣，群犬哀嗥，厩马多惊，武库兵器自动有声，此皆非出师之祥也。"坚曰："军旅之事，非妇人所当预也！"

【译文】

苻坚宠爱的张夫人进谏说："我听说天地生万物，圣王治理天下，都因顺应自然规律，所以没有不成功的。因此古时黄帝用牛驾车，乘马驰骋，是顺着牛马承重驰远的本性；大禹疏通九州的河道，筑起九州湖泽的堤防，是顺着水流的趋势；后稷播种百谷，是顺着百谷生长的农时；商汤、周武王带领天下人攻杀夏桀、商纣，是顺着天下人的愿望。上述种种，都是因为有所遵循，所以才告成功；如果无所遵循，就要失败。如今朝内朝外的人都说东晋不能讨伐，但是陛下独断独决，一意孤行，我不知道陛下遵循什么。《尚书》上说：'上天听取意见、观察问题，是从民众中听取意见、观察问题的。'天尚且遵循民意，何况是人呢！我又听说帝王出征，一定要上观天象，下顺民心。现在民心已经表示反对了，那么就请用天象来验证。民谚说：'鸡半夜啼叫对出兵不利，狗成群乱吠宫室将空旷无人，兵器自己响动，军马自己惊扰，就要吃败仗，军队有出无回。'自秋、冬以来，群鸡半夜啼鸣，群犬无故哀叫，马棚里的马群多有惊扰，武库里的兵器自己动起来发出声响，如此种种都不是出兵的好兆头。"苻坚说："军事行动，不是妇道人家所应当干预的！"

【原文】

坚幼子中山公诜最有宠，亦谏曰："臣闻国之兴亡，系贤人之用舍。今阳平公，国之谋主，而陛下违之；晋有谢安、桓冲，而陛下伐之，臣窃惑之。"坚曰："天下大事，孺子安知！"

【译文】

苻坚的小儿子中山公苻诜最受宠爱，他也进谏说："我听说国家的兴亡，关键在于能不能任用贤人。当今，阳平公苻融是我国最主要的谋臣，但是陛下却不听他的意见；东晋有谢安、桓冲那样的大臣，而陛下却准备去讨伐它，对此，我私下感到疑惑不解！"苻坚说："国家大事，小孩子怎么会懂！"

【原文】

[晋孝武帝太元八年]（公元383年）

〔秋，七月,〕秦王坚下诏大举入寇，民每十丁遣一兵；其良家子年二十已下，有材勇者，皆拜羽林郎。又曰："其以司马昌明为尚书左仆射，谢安为吏部尚书，桓冲为侍中，势还不远，可先为起第。"良家子至者三万余骑，拜秦州主簿金城赵盛之为少年都统。是时，朝臣皆不欲坚行，独慕容垂、姚苌及良家子劝之。阳平公融言于坚曰："鲜卑、羌虏，我之仇雠，常思风尘之变以逞其志，所陈策画，何可从也？良家少年皆富饶子弟，不闲军旅，苟为谄谀之言以会陛下之意耳。今陛下信而用之，轻举大事，臣恐功既不成，仍有后患，悔无及也！"坚不听。

【译文】

晋孝武帝太元八年（公元383年）

（秋天，七月,）秦王苻坚下诏令大举进攻，百姓中每十丁成年男子要出一个兵；豪门贵族子弟年未满二十岁，而又勇敢有才能的，都授给羽林郎的官职。诏令上又说："可以委任东晋的司马昌明做尚书左仆射，谢安为吏部尚书，桓冲做侍中。看形势，灭晋凯旋的日子不会太远，因此还可以给上述几位先造起府第来。"豪门贵族子弟来报到的有三万多人，苻坚便任命秦州主簿金城人赵盛之做少年都统。这时，满朝文武大多数都不赞同苻坚带兵出征，只有慕容垂、姚苌和那些应征而来的豪门子弟鼓动他。阳平公苻融对苻坚说："慕容垂、姚苌那伙鲜卑、羌佬才是咱们的仇敌，他们常常期待着发生战乱以便反叛，他们建议的那些计策，怎么可以听从呢？再说，豪门子弟都是些纨绔公子，不懂军事，不过随便说些奉承话来迎合陛下的心理。如今听信他们的话重用他们，轻易地施行这样大规模的军事行动，我担心不仅不能成功，反而会留下后患，到那时就要后悔莫及了！"苻坚就是不听。

【原文】

八月、戊午，坚遣阳平公融督张蚝、慕容垂等步骑二十五万为前锋；以兖州刺史姚苌为龙骧将军，督益、梁州诸军事。坚谓苌曰：“昔朕以龙骧建业，未尝轻以授人，卿其勉之！”左将军窦冲曰：“王者无戏言，此不祥之征也！”坚默然。

【译文】

八月初二，苻坚派阳平公苻融率领张蚝、慕容垂等步兵骑兵二十五万人做前锋；委任兖州刺史姚苌为龙骧将军，指挥益州、梁州的军事行动。苻坚对姚苌说：“从前我做龙骧将军的时候建立了帝业，因此这个官职我不曾轻易授给他人，您好好地干吧！”左将军窦冲说：“帝王没有儿戏的话，陛下刚才那样说是不祥的兆头！”苻坚听罢默不作声。

【原文】

慕容楷、慕容绍言于慕容垂曰：“主上骄矜已甚，叔父建中兴之业，在此行也！”垂曰：“然。非汝，谁与成之！”

【译文】

慕容楷、慕容绍对慕容垂说：“皇上骄横自大已经到了相当严重的地步，叔父您重建燕国大业，就在此一举了！”慕容垂说：“对。如果没有你们二位，谁能协助我完成这一大业！”

【原文】

甲子，坚发长安，戎卒六十余万，骑二十七万，旗鼓相望，前后千里。九月，坚至项城，凉州之兵始达咸阳，蜀、汉之兵方顺流而下，幽、冀之兵至于彭城，东西万里，水陆齐进，运漕万艘。阳平公融等兵三十万，先至颍口。

【译文】

八月初八，苻坚从长安出发，步兵六十多万，骑兵二十七万，旗鼓前后相望，浩浩荡荡足有千把里长。九月，苻坚到达项城，征发的凉州兵才到达咸阳，巴蜀、汉水方面的军队正顺长江东下，幽州、冀州方面的军队也抵达彭城，从东到西战线长达万里，水路与陆路齐头并进，运粮草的船只也有成千上万艘。阳平公苻融等的先锋部队三十万人首先到达淮水边上的颍口。

【原文】

诏以尚书仆射谢石为征虏将军、征讨大都督，以徐、兖二州刺史谢玄为前锋都督，与辅国将军谢琰、西中郎将桓伊等众共八万拒之；使龙骧将军胡彬以水军五千援寿阳。琰，安之子也。

【译文】

晋孝武帝司马曜下诏任命尚书仆射谢石为征虏将军、征讨大都督，任命徐、兖二州刺史谢玄为前锋都督，协同辅国将军谢琰、西中郎将桓伊等共八万人抵御敌人；派遣龙骧将军胡彬带水军五千人支援寿县。谢琰，是谢安的儿子。

【原文】

是时，秦兵既盛，都下震恐。谢玄入，问计于谢安，安夷然，答曰："已别有旨。"既而寂然。玄不敢复言。乃令张玄重请。安遂命驾出游山墅，亲朋毕集，与玄围棋赌墅。安棋常劣于玄，是日，玄惧，便为敌手而又不胜。安遂游陟，至夜乃还。桓冲深以根本为忧，遣精锐三千入卫京师；谢安固却之，曰："朝廷处分已定，兵甲无阙，西藩宜留以为防。"冲对佐吏叹曰："谢安石有庙堂之量，不闲将略。今大敌垂至，方游谈不暇，遣诸不经事少年拒之，众又寡弱，天下事已可知，吾其左衽矣。"

【译文】

这时，秦军人多势大，东晋京城建康官民大为震惊惶恐。谢玄进京，向谢安询问抗敌的计策，谢安平静地回答说："皇上已经另有指示。"随后就不再说什么了。谢玄也就不敢再发问，他就让张玄再次去请示。而谢安却吩咐准备车马，到山间别墅去游玩，一时亲戚朋友云集，谢安拿别墅做赌注和谢玄下围

谢玄　东晋名将。字幼度，陈郡阳夏（今河南太康县）人。宰相谢安侄子。21岁时为大司马桓温的部将，有经国才略，善于治军。

棋。平时谢安的棋艺低于谢玄，这一天谢玄由于记挂前线的战争，心里有些恐惧，结果下了个平手而取胜不了。谢安便登山游览，直到夜晚才回城。桓冲深为京城的安危担忧，便派三千精兵入京保卫；谢安执意拒绝，说：“抗敌的事，朝廷全都安排定了，这里的守军并不缺少，西方重镇荆州应当留下精兵加以防卫。”桓冲对他的僚属们慨叹道：“谢安具有决策于朝廷的器量，却不熟悉用兵之道。如今大敌当前，他却游览清谈，日不暇给，派那些没有处事经验的年轻人去抵御敌人，军队又少又弱。国家的前途可想而知，看来，我们得准备穿外族人衣襟开在左边的衣服（当亡国奴）了！”

【原文】

冬，十月，秦阳平公融等攻寿阳；癸酉，克之，执平虏将军徐元喜等。融以其参军河南郭褒为淮南太守。慕容垂拔郧城。胡彬闻寿阳陷，退保硖石，融进攻之。秦卫将军梁成等帅众五万屯于洛涧，栅淮以遏东兵。谢石、谢玄等去洛涧二十五里而军，惮成，不敢进。胡彬粮尽，潜遣使告石等曰：“今贼盛，粮尽，恐不复见大军！”秦人获之，送于阳平公融。融驰使白秦王坚曰：“贼少易擒，但恐逃去，宜速赴之！”坚乃留大军于项城，引轻骑八千，兼道就融于寿阳。遣尚书朱序来说谢石等以“强弱异势，不如速降”。序私谓石等曰：“若秦百万之众尽至，诚难与为敌。今乘诸军未集，宜速击之；若败其前锋，则彼已夺气，可遂破也。”

【译文】

冬，十月，前秦阳平公苻融等进攻寿阳；当月十八日攻占了寿阳，逮住了东晋平虏将军徐元喜等，苻融任命他的参军河南郡人郭褒做淮南太守。慕容垂也攻克了郧城。胡彬听说寿阳沦陷，便后撤据守硖石，苻融继续追击他。前秦卫将军梁成等率领五万将士驻扎在洛涧，并在淮水上设置栅栏，来阻止从东来的东晋战船。谢石、谢玄等在离洛涧二十五里的地方扎下军营，由于害怕梁成而不敢继续前进。胡彬军营中的粮食吃光了，他暗中派使者向谢石等报告说：“当前敌人势力强大，而我营中的粮食却吃光了，这样下去，恐怕再也见不到你们了！”没想到使者却被前秦人捕获，并将他送到阳平公苻融的帐下。苻融派使者飞驰去向苻坚禀告：“敌人少，容易擒获，只怕他们逃走，应当快速派兵赴敌！”于是，苻坚就把大部队留在项城，自己带领轻装的骑兵八千人，一天赶两天的路，到寿阳与苻融会合。苻坚派尚书朱序来向谢石等人劝降，说是“两国强弱悬殊，不如赶快投降”。朱序私下却对谢石等人说：“如果前秦百万人马全部赶到前线，那时你们确实很难打得过。现在乘他们各路人马还没有会集，应当赶快向他们发起进攻；如果能击败敌方的前锋部队，那么就会挫伤他们的锐气，就可以破敌了。”

【原文】

石闻坚在寿阳，甚惧，欲不战以老秦师。谢琰劝石从序言。十一月，谢玄遣广陵相刘牢之帅精兵五千趣洛涧，未至十里，梁成阻涧为陈以待之。牢之直前渡水，击成，大破之，斩成及弋阳太守王咏，又分兵断其归津，秦步骑崩溃，争赴淮水，士卒死者万五千人，执秦扬州刺史王显等，尽收其器械军实。于是谢石等诸军水陆继进。秦王坚与阳平公融登寿阳城望之，见晋兵部阵严整，又望八公山上草木，皆以为晋兵，顾谓融曰：“此亦劲敌，何谓弱也！”怃然始有惧色。

【译文】

谢石听说苻坚已经到达寿阳，很害怕，想坚守不战，用拖延时间的办法，来使秦军疲惫、锐气削减。谢琰劝谢石听从朱序的计策。十一月，谢玄派广陵相刘牢之率领五千精兵急行军奔向洛涧，离洛涧只剩下十里地了，梁成却已经利用洛涧的有利地势修筑工事，摆开阵势等待他。刘牢之一往直前，渡过涧水，向梁成发动进攻，大破秦军，斩了梁成和弋阳太守王咏；随后，刘牢之又分兵截断敌军回路的渡口，秦军步兵骑兵完全崩溃，败兵纷纷争着渡过淮水逃命，士兵死了一万五千人；刘牢之又逮住了秦国的扬州刺史王显等人，全部缴获他们的兵器、粮草等军用物资。于是，谢石等东晋的各部队，水路、陆路不断推进。秦王苻坚和阳平公苻融登上寿阳城头眺望，只见晋兵部队阵势严肃整齐，又远望八公山，把那里的草木都误认为是晋国士兵，苻坚回头对苻融说："这也是强敌啊，怎么能说他们力量弱小呢！"苻坚怅然烦闷，这才开始露出惧怕的神色。

【原文】

秦兵逼肥水而陈，晋兵不得渡。谢玄遣使谓阳平公融曰："君悬军深入，而置陈逼水，此乃持久之计，非欲速战者也。若移陈少却，使晋兵得渡，以决胜负，不亦善乎？"秦诸将皆曰："我众彼寡，不如遏之，使不得上，可以万全。"坚曰："但引兵少却，使之半渡，我以铁骑蹙而杀之，蔑不胜矣。"融亦以为然。遂麾兵使却。秦兵遂退，不可复止。谢玄、谢琰、桓伊等引兵渡水击之。融驰骑略陈，欲以帅退者，马倒，为晋兵所杀，秦兵遂溃。玄等乘胜追击，至于青冈；秦兵大败，自相蹈藉而死者，蔽野塞川。其走者闻风声鹤唳，皆以为晋兵且至，昼夜不敢息，草行露宿，重以饥冻，死者什七八。初，秦兵少却，朱序在陈后呼曰："秦兵败矣！"众遂大奔。序因与张天锡、徐元喜皆来奔。获秦王坚所乘云母车及仪服、器械、军资、珍宝、畜产不可胜计。复取寿阳，执其淮南太守郭褒。

【译文】

秦军逼近淝水摆开阵势，晋兵不能渡水而过。谢玄派使者对阳平公苻融说："您孤军深入，却逼近淝水布阵，这不过是一种持久战的计策，不是速战速决的策略。如果贵军移阵稍退，让晋军渡过淝水来决一胜负，不也是很好吗？"前秦其他将领说："我们兵多，敌人兵少，不如阻止他们，使对方不能上岸，就可以万无一失。"苻坚说："不过引兵稍退，使敌人渡过淝水一半时，我军用勇猛的骑兵逼迫攻杀他们，这样一来，就不会不取胜了！"苻融也认为这样做是对的，便指挥军队让他们后撤。秦兵一后撤，就失去控制，退个不停。谢玄、谢琰、桓伊等趁机带兵渡过淝水追击秦军。苻融骑马在阵地上飞跑巡视，想督帅众军，阻止溃退的将士，不料他的坐骑摔倒，他也被晋兵杀了，秦军于是溃散。谢玄等人乘胜追击，一直追到青冈；秦军大败，将士争着逃跑，自相践踏而死，尸体遮蔽田野、堵塞河流。那些侥幸得以逃命的人听到风吹鹤叫，都误以为晋兵即将赶到，日夜不敢停息，又不敢走大路，只好在草野中行走，在露天下过夜，加上饥寒交迫，丧命的多达十分之七八。当初，秦军稍为后撤时，朱序在阵后大喊："秦军败了！"秦兵们就大跑起来。朱序趁机就和张天锡、徐元喜都来投奔东晋。晋军缴获了秦王苻坚乘坐的云母车和礼服、兵器、粮草军用物资、珍珠财宝、畜产牲口，多得不计其数。晋军重新收复了寿阳，并逮住秦国的淮南太守郭褒。

【原文】

坚中流矢，单骑走至淮北，饥甚，民有进壶飧、豚髀者，坚食之；赐帛十匹，绵十斤。辞曰："陛下厌苦安乐，自取危困。臣为陛下子，陛下为臣父，安有子饲其父而求报乎！"弗顾而去。坚谓张夫人曰："吾今复何面目治天下乎！"潸然流涕。

【译文】

苻坚中了流箭，单人匹马逃到淮北，肚子饿得很，有的百姓进献水泡饭、小猪腿，苻坚食用了；赏赐给这个百姓十匹帛，十斤绵。百姓推辞道："陛下本来厌恶艰苦而安于享乐，却自寻危险困窘。我是陛下的子民，陛下是我们的君父，哪里有儿子供养他的父亲而索取回报的呢？"头也不回就离去了。苻坚后来对张夫人说："如今，我还有什么面目来治理天下呢！"说完，泪水不停地往下淌。

【原文】

谢安得驿书，知秦兵已败，时方与客围棋，摄书置床上，了无喜色，围棋如故。客问之，徐答曰："小儿辈遂已破贼。"既罢，还内，过户限，不觉屐齿之折。

【译文】

谢安收到驿站传送来的军报，得知已经打败秦军，当时他正和客人下围棋，收起军报便放在小桌上，一点也没露出欣喜的神色，和刚才一样继续下他的围棋。对弈的客人问他，他才从容地回答说："孩子们已经把敌人打败了。"下完棋，回内室去，过门槛时，(由于太高兴，)竟没有觉察到木屐的齿被碰断了。

刘宋代晋

【原文】

[宋武帝永初元年]（公元420年）

宋王欲受禅而难于发言，乃集朝臣宴饮，从容言曰："桓玄篡位，鼎命已移。我首唱大义，兴复帝室，南征北伐，平定四海，功成业著，遂荷九锡。今年将衰暮，崇极如此，物忌盛满，非可久安。今欲奉还爵位，归老京师。"群臣惟盛称功德，莫谕其意。日晚，坐散，中书令傅亮还外，乃悟，而宫门已闭，亮叩扉请见，王即开门见之。亮入，但曰："臣暂宜还都。"王解其意，无复他言，直云："须几人自送？"亮曰："数十人可也。"即时奉辞。亮出，已夜，见长星竟天，拊髀叹曰："我常不信天文，今始验矣。"亮至建康，夏，四月，征王入辅。王留子义康为都督豫、司、雍、并四州诸军事、豫州刺史，镇寿阳。义康尚幼，以相国参军南阳刘湛为长史，决府、州事。湛自弱年即有宰物之情，常自比管、葛，博涉书史，不为文章，不喜谈议。王甚重之。

【译文】

宋武帝永初元年（公元420年）

宋武帝刘裕　字德舆，小名寄奴。南北朝时期宋朝的建立者，史称宋武帝。中国历史上杰出的政治家、卓越的军事家、统帅。

宋王（刘裕）想受禅当皇帝，而难于启齿，于是召集朝臣开宴饮酒，装做很随便的样子说道："桓玄篡位，晋朝实际上已灭亡。我首倡大义，使帝室兴复，南征北战，平定四海，建立功业，遂受九锡之赏。现即将进入衰老暮年，我的权位这样高，物极必反，最忌超过限度，难保长久平安。现在我想将爵位奉还朝廷，到京城养老算了。"群臣只是异口同声地盛赞宋王的功勋和德行，却都没有理解他的心意。天色已晚，罢坐散席。

中书令傅亮走到外面，才领悟到宋王的用意，反身回来时宫门已关闭。傅亮敲着门请见宋王。宋王开门接见了他。傅亮进来，只说了句："我应暂时到京城去。"宋王明白了他的意思，没有再说别的，直接问道："须多少人护送？"傅亮说："数十人就可以了。"随即告辞。傅亮出来时，已是深夜，见一长星，横穿夜空直至天边，手拍大腿感叹说："我常常不相信天文，今天开始得到验证了。"傅亮到建康活动了一番。夏季，四月，朝廷召征宋王入朝辅政。宋王留下儿子刘义康任都督豫、司、雍、并四州诸军事、豫州刺史，镇守寿阳（今安徽寿县）。刘义康尚年幼，委任相国参军、南阳（今河南南阳）人刘湛为长史，处理都督府和豫州郡的公事。刘湛从年轻时就有主宰万物的气魄，常常自比管仲、诸葛亮。他博览群书、精通历史，但不把精力放在写文章上，也不喜欢高谈阔论。宋王很器重他。

南北朝·陶骆驼俑

【原文】

六月，壬戌，王至建康。傅亮讽晋恭帝禅位于宋，具诏草呈帝，使书之。帝欣然操笔，谓左右曰："桓玄之时，晋氏已无天下，重为刘公所延，将二十载；今日之事，本所甘心。"遂书赤纸为诏。

【译文】

六月九日，宋王到达建康。傅亮讽喻晋恭帝（司马德文）将皇位禅让给宋王，并把诏书起草好了，呈给晋恭帝，让他照抄。恭帝欣然握笔在手，对左右的人说道："桓玄篡位的时候，晋家已失去天下了，刘公将它重新延续了近二十年。今天这件事，是我心甘情愿的。"于是抄在红纸上，成为正式的禅位诏书。

【原文】

甲子，帝逊于琅邪第，百官拜辞，秘书监徐广流涕哀恸。

【译文】

十一日，晋恭帝退位，回到琅邪王旧府第。百官拜别辞行，秘书监徐广痛哭流涕、十分悲恸。

【原文】

丁卯，王为坛于南郊，即皇帝位。礼毕，自石头备法驾入建康宫。徐广又悲感流涕，侍中谢晦谓之曰："徐公得无小过！"广曰："君为宋朝佐命，身是晋室遗老，悲欢之事，固不可同。"广，邈之弟也。

【译文】

十四日，宋王在南郊设坛，即皇帝位。礼仪完毕，从石头城以皇帝的銮驾仪卫进入建康宫。徐广又悲痛流涕。侍中谢晦对他说："徐公是不是过分了些？"徐广说："你是宋朝的佐命功臣，我是晋室的遗老，有悲有欢，当然不会相同。"徐广，是徐邈的弟弟。

【原文】

帝临太极殿，大赦，改元。其犯乡论清议，一皆荡涤，与之更始。

【译文】

宋武帝（刘裕）亲临太极殿，大赦天下，改年号。对那些得罪于名教、遭受乡论清议贬斥的人，一律平反，荡涤污名，让他们一切重新开始。

文帝迁都

【原文】

〔齐武帝永明十一年〕（公元493年）

魏主以平城地寒，六月雨雪，风沙常起，将迁都洛阳；恐群臣不从，乃议大举伐齐，欲以胁众。斋于明堂左个，使太常卿王谌筮之，遇《革》，帝曰："'汤、武革命，顺乎天而应乎人。'吉孰大焉！"群臣莫敢言。尚书任城王澄曰："陛下奕叶重光，帝有中土；今出师以征未服，而得汤、武革命之象，未为全吉也。"帝厉声曰："繇云：'大人虎变'，何言不吉！"澄曰："陛下龙兴已久，何得今乃虎变！”帝作色曰：“社稷我之社稷，任城欲沮众邪！”澄曰：“社稷虽为陛下之有，臣为社稷之臣，安可知危而不言！”帝久之乃解，曰：“各言其志，夫亦何伤！”

【译文】

齐武帝永明十一年（公元493年）

北魏孝文帝因为平城寒冷，六月还会下雪，常常刮起夹杂泥沙的大风，准备把国都迁到洛阳；但是又担心群臣百官不服从，于是故意和大家商议大举讨伐南齐，想借此来胁迫众人（同意迁都）。孝文帝在大寝南堂东侧室斋戒，让太常卿王谌占卦卜算伐齐这件事的吉凶，卜到一个《革》卦，孝文帝说：“‘商汤、周武王实行变革，上应天命下顺民心。’有什么比这一卦更吉利的呢！”群臣百官都不敢发表意见。只有尚书任城王元澄说：“皇上继承几代帝王的功德，称帝中原；现在派军队去征讨未归服的萧齐，占卜却得了‘汤、武革命’的卦象，未必完全吉利。”孝文帝严厉地说：“《革》卦的卦辞说：‘大人发虎威’，为什么不吉！”元澄说：“皇上登上帝位已经很久了，怎么现在才‘发虎威’！”孝文帝变了脸色说：“国家是我的国家，任城王，你想使众人失掉信心吧！”元澄说：“国家虽然是您皇上所有，但我是国家的大臣，怎么能明知危险而不讲话！”孝文帝沉吟了好长一段时间，怒气才慢慢消解，说道：“各位谈谈自己的见解，又有什么妨碍呢！”

【原文】

既还宫，召澄入见，逆谓之曰：“向者《革》卦，今当更与卿论之。明堂之忿，恐人人竞言，沮我大计，故以声色怖文武耳。想识朕意。”因屏人，谓澄曰：“今日之举，诚为不易。但国家兴自朔土，徙居平城；此乃用武之地，非可文治。今将移风易俗，其道诚难，朕欲因此迁宅中原，卿以为何如？”澄曰：“陛下欲卜宅中土以经略四海，此周、汉所以兴隆也。”帝曰：“北人习常恋故，必将惊扰，奈何？”澄曰：“非常之事，故非常人之所及。陛下断自圣心，彼亦何所能为！”帝曰：“任城，吾之子房也！”

【译文】

孝文帝回宫后，召元澄入宫会见，孝文帝迎上前去对他说："刚才占卜到《革》卦，现在我再和你讨论讨论它。我在大寝南堂发一通火，是怕大伙儿争相发表意见，败坏我的计策，所以故意用严声厉色来吓住文武百官，想必你能领会我的用意。"便屏退左右的人，对元澄说："现在迁都这一行动，实在是件不容易的事。但是，我们魏国是从东北方兴起，后来才迁徙定都平城，平城这地方是适合用武的地方，而不利于实行政治思想文化统治。当今要改变风气和习俗，做起来实在很难，我想借这次南征的名义迁都中原，你认为怎么样？"元澄说："皇上打算迁都中原来经营天下，这样做正是周、汉所以兴隆发达的原因。"孝文帝说："北边的人习惯并眷恋旧日的生活，对迁都一定会惊乱，你看怎么办？"元澄说："干非同寻常的大事，本来就不是凡人俗子的思想所能跟得上的。皇上圣明，自己下决断好了，他们这些人又能怎么样！"孝文帝说："任城王，真是我的张良！"

【原文】

魏主自发平城至洛阳，霖雨不止，丙子，诏诸军前发。丁丑，帝戎服，执鞭乘马而出。群臣稽颡于马前。帝曰："庙算已定，大军将进，诸公更欲何云？"尚书李冲等曰："今者之举，天下所不愿，唯陛下欲之；臣不知陛下独行，竟何之也！臣等有其意而无其辞，敢以死请！"帝大怒曰："吾方经营天下，期于混壹，而卿等儒生，屡疑大计；斧钺有常，卿勿复言！"策马将出。于是安定王休等并殷勤泣谏。帝乃谕群臣曰："今者兴发不小，动而无成，何以示后！朕世居幽朔，欲南迁中土；苟不南伐，当迁都于此，王公以为何如？欲迁者左，不欲者右。"安定王休等相帅如右。南安王桢进曰："'成大功者不谋于众。'今陛下苟辍南伐之谋，迁都洛邑，此臣等之愿，苍生之幸也。"群臣皆呼万岁。时旧人虽不愿内徙，而惮于南伐，无敢言者，遂定迁都之计。

【译文】

孝文帝从平城出发，到抵达洛阳这一段时间，连绵大雨下个不停。九月二十八日，下诏命令各军继续往前进发。二十九日，孝文帝身穿军服，手执马鞭骑上马，要出洛阳城，群臣百官在他马前屈膝下拜，磕头触地（将谏南伐）。孝文帝说："决策已经定了，大部队将要进发，各位还想说些什么呢？"尚书李冲等人说："现在南伐这一举动，天下人都不赞成，只有皇上您一个人想干；我们不知皇上一意孤行，究竟要前往何处！我们有劝谏的意思，而找不到劝谏的言辞，只好冒死来请命！"孝文帝大发脾气说："我刚要经营四方，期望统一天下，而你们这些书生，多次怀疑这一重大决策；（要知道）国家有正常的刑罚，你们不必再说！"讲完，便鞭马要出城去。这时，安定王元休等都情意恳切地流泪进谏。孝文帝这才告晓群臣百官说："这一回大规模兴师动众，却一事无成，用什么去向后人交代呢？我们拓跋氏世代居住在北方，我想往南迁都中原；如果听从各位的意见不去南伐了，那么就应当把国都迁到这里来，各位王公认为怎么样？赞成迁都的就站到左边来，不赞成的站到右边去。"安定王元休等人一个接一个站到右边。南安王元桢进言道："'成就大功业的人不能光听众人七嘴八舌的主意（而没有自己的决断）。'现在皇上如果停止实施南伐的计划，迁都洛阳，这正符合我们的愿望，是万民百姓的幸福。"群臣百官都高呼"万岁"。当时臣僚们心里虽然不愿意内迁，而更怕南伐萧齐，所以再也没人敢说什么；于是，迁都的大计就定了下来。

南北朝·云冈石窟本尊如来坐像

【原文】

李冲言于上曰："陛下将定鼎洛邑，宗庙宫室，非可马上行游以待之。愿陛下暂还代都，俟群臣经营毕功，然后备文物、鸣和鸾而临之。"帝曰："朕将巡省州郡，至邺小停，春首即还，未宜归北。"乃遣任城王澄还平城，谕留司百官以迁都之事，曰："今日真所谓革也。王其勉之！"

【译文】

李冲对孝文帝说："皇上将定都洛阳，新都宗庙宫殿等建筑，不是一朝一夕便可以建成的。希望皇上暂时回到旧都，等到群臣百僚把宗庙宫室建成，然后再预备各种仪仗，乘上响着铃铛的辇车光临新都。"孝文帝说："我将巡视附近的州、郡，然后到邺城稍停些日子，初春就回洛阳，不适宜回到北方。"当即决定派遣任城王元澄回平城，把迁都洛阳的事向留守的百官宣布，并说："今天所做的，真是所谓的'革'了。任城王，请努力吧！"

【原文】

冬，十月，戊寅朔，魏主如金墉城，征穆亮，使与尚书李冲、将作大匠董尔经营洛都。己卯，如河南城；乙酉，如豫州；癸巳，舍于石济。乙未，魏解严，设坛于滑台城东，告行庙以迁都之意。大赦。起滑台宫。任城王澄至平城，众始闻迁都，莫不惊骇。澄援引古今，徐以晓之，众乃开伏。澄还报于滑台。魏主喜曰："非任城，朕事不成。"

【译文】

十二生肖四神镜　北朝。出土于河南洛阳庞家沟。直径28.9厘米。现藏洛阳市博物馆。

冬天，十月初一，孝文帝到金墉城，从关右调回穆亮，派他和尚书李冲、将作大匠董尔经营新都洛阳的建设。十月初二，孝文帝到河南城；初八，到豫州；十六日，住宿在石济。十八日，北魏解除非常的戒备措施，在滑台城东设坛祭祀，向祖先神主禀告迁都的目的、意义。同时，大赦罪犯。建起了滑台宫。任城王元澄到了平城之后，京都的人士刚听到迁都的消息时，没有一个不吃惊惶恐的。元澄旁征博引历史上的事例，用道理慢慢来开导大家，众人这才开悟心服。元澄又到滑台向孝文帝回报。孝文帝欢喜地说："如果不是任城王，我的大事就办不成。"

【原文】

癸卯，魏主如邺城。

乙巳，魏主遣安定王休帅从官迎家于平城。

〔辛亥〕，魏主筑宫于邺西，十一月，癸亥，徙居之。

【译文】

十月二十六日，孝文帝到邺城。

十月二十八日，孝文帝派安定王元休带领众官到平城去接家眷。

十一月初四，孝文帝在邺城西建造宫室，十一月十六日，搬迁到那儿居住。

【原文】

[齐明帝建武元年]（公元494年）

〔春，正月，〕乙亥，魏主如洛阳西宫。中书侍郎韩显宗上书陈四事：其一以为："窃闻舆驾今夏不巡三齐，当幸中山。往冬舆驾停邺，当农隙之时，犹比屋供奉，不胜劳费。况今蚕麦方急，将何以堪命！且六军涉暑，恐生疠疫。臣愿早还北京，以省诸州供张之苦，成洛都营缮之役。"其二以为："洛阳宫殿故基，皆魏明帝所造，前世已讥其奢。今兹营缮，宜加裁损。又，顷来北都富室，竞以第舍相尚；宜因迁徙，为之制度。及端广衢路，通利沟渠。"其三以为："陛下之还洛阳，轻将从骑。王者于闱闼之内犹施警跸，况涉履山河而不加三思乎！"其四以为："陛下耳听法音，目玩坟典，口对百辟，心虞万机，景昃而食，夜分而寝；加以孝思之至，随时而深；文章之业，日成篇卷；虽睿明所用，未足为烦，然非所以啬神养性，保无疆之祚也。伏愿陛下垂拱司契而天下治矣。"帝颇纳之。显宗，麒麟之子也。

【译文】

[齐明帝建武元年]（公元494年）

（春天，正月，）二十八日，孝文帝到洛阳西宫。中书侍郎韩显宗上书陈述四件事。第一件，他认为："我私下听说皇上今年夏天不是出巡三齐，便是前往中山郡。去年冬天，皇上在邺城逗留，正当农闲，民众还家家奉养，说不尽有多少劳烦和花费。何况今夏蚕忙麦忙（皇上出巡，）民众将怎么受得了！而且大部队在炎夏中跟随护卫皇上，恐怕要发生传染病。我希望皇上早日回平城，来减省中原各州各县供应的繁苦，以便腾出费用早日建成新都洛阳。"第二件，他认为："洛阳宫殿旧址，都是魏明帝所建造的，前代已有人批评他造得过于奢侈。当今在它的基础上继续营建，应当加以裁减。再说，最近一个时期平城的豪富之家，争着把宅第建得更华美，成了风尚；应当趁这次迁都的机会，区分贵贱，制定修建住宅的法令，以便大家遵循。还应当修正、拓宽道路，疏通沟渠。"第三件，他认为："皇上从外地回到洛阳，只是随便地带些跟从的骑兵。帝王在宫廷内还得设置警戒，禁止行人，何况是跋山涉水，难道不该三思而行吗？”第四件，他认为：“皇上耳听雅乐，眼看《三坟》、《五典》，口对群臣百官，心忧各种政务，过午才进餐，半夜才入寝；加上文明太后去世之后，孝思不忘，日益加深；写作文章，下笔一天便可成篇成卷地完成；虽然凭借皇上的圣明，算不得什么繁杂，但是，这毕竟不是惜神养性，保帝位无疆的办法。希望皇上抓住主要的东西，清静无为，天下也就可以大治。”这些意见孝文帝采纳了一些。韩显宗是韩麒麟的儿子。

【原文】

二月，壬寅，魏主北巡；癸卯，济河；三月，壬申，至平城。使群臣更论迁都利害，各言其志。燕州刺史穆罴曰：“今四方未定，未宜迁都。且征伐无马，将何以克？”帝曰：“厩牧在代，何患无马！今代在恒山之北，九州之外，非帝王之都也！”尚书于果曰：“臣非以代地为胜伊、洛之美也。但自先帝以来，久居于此，百姓安之；一旦南迁，众情不乐。”平阳公丕曰：“迁都大事，当讯之卜筮。”帝曰：“昔周、召圣贤，乃能卜宅。今无其人，卜之何益！且‘卜以决疑，不疑何卜！’黄帝卜而龟焦，天老曰‘吉’，黄帝从之。然则至人之知未然，审于龟矣。王者以四海为家，或南或北，何常之有！朕之远祖，世居北荒。平文皇帝始都东木根山。昭成皇帝更营盛乐，道武皇帝迁于平城。朕幸属胜残之运，而何为独不得迁乎！”群臣不敢复言。

【译文】

二月二十七日，孝文帝往北巡视；二十八日，渡过黄河；三月二十七日，到达平城。孝文帝再次让群臣百官讨论迁都的得失，各人谈各人的看法。燕州刺史穆罴说：“现在天下还没有平定，不适合迁都。况且征讨天下，（中原）又不出产马，将凭什么来战胜敌手？”孝文帝说：“马房牧场还在代郡，还怕没有马吗！现在平城处在恒山的北面，《禹贡》所说的九州以外，这样的地方不是帝王的都城！”尚书于果说：“我并不认为平城比伊水、洛水一带更美。但是，自从先帝以来，很久都一直居住在这里，百姓也在这里安居乐业；忽然往南迁都，众人内心都不乐意。”平阳公元丕说：“迁都这样的大事，应当占个卦，问问吉凶。”孝文帝说：“从前周公、召公这些圣贤，才能用占卦来决定住宅。当今没有这样的圣贤，用占卦来决定迁都有什么好处！而且(《左传》)说‘占卦是用来决定有疑问的事，没有疑问还占什么卦！’黄帝占卦龟壳焦灼因而显不出征兆，天老却说‘吉利’，黄帝听从了他。那么，圣人对未发生的事的了解，要比龟壳显出的征兆更详审了。帝王以四海为家，有时住在南边，有时住在北边，谈什么常住的地方呢！我的远祖，世世代代居住在北方荒远的地方。平文皇帝才开始迁都东木根山。昭成皇帝才改换经营盛乐城，到了道武皇帝才迁到平城来。我幸逢化恶为善的时运，为什么独独不能迁都呢！”经孝文帝这样一说，群臣百官就不敢再发表反对迁都的议论了。

萧衍受禅

【原文】

[梁武帝天监元年]（公元502年）

大司马内有受禅之志，沈约微扣其端，大司马不应；它日，又进曰：“今与古异，不可以淳风期物。士大夫攀龙附凤者，皆望有尺寸之功。今童儿牧竖皆知齐祚已终，明公当承其运，天文谶记又复炳然。天心不可违，人情不可失。苟历数所在，虽欲谦光，亦不可得已。”大司马曰：“吾方思之。”约曰：“公初建牙樊、沔，此时应思；今王业已成，何所复思！若不早定大业，脱有一人立异，即损威德。且人非金石，时事难保，岂可以建安之封遗之子孙！若天子还都，公卿在位，则君臣分定，无复异心，君明于上，臣忠于下，岂复有人方更同公作贼！”大司马然之。约出，大司马召范云告之，云对略同约旨，大司马曰：“智者乃尔暗同，卿明早将休文更来！”云出，语约，约曰：“卿必待我！”云许诺，而约先期入。大司马命草具其事，约乃出怀中诏书并诸选置，大司马初无所改。俄而云自外来，至殿门，不得入，徘徊寿光阁外，但云：“咄咄！”约出，问曰：“何以见处？”约举手向左，云笑曰：“不乖所望。”有顷，大司马召云入，叹约才智纵横，且曰：“我起兵于今三年矣，功臣诸将实有其劳，然成帝业者，卿二人也。”

【译文】

梁武帝　(464 – 549 年)即萧衍。南朝梁的建立者，公元 502 至 549 年在位。字叔达，南兰陵（今江苏常州西北）人。曾任齐雍州刺史，镇守襄阳。后乘齐内乱，起兵夺取帝位。

梁武帝天监元年（公元502年）

大司马（萧衍）内心有受禅让做皇帝的心志，沈约暗中探听他的口风，大司马却守口如瓶。有一天，沈约又进言说：“现在与古代不同，不能期望有淳朴的古风。士大夫都想攀龙附凤，全都企望有机会得到哪怕是一尺一寸的功劳。现今连儿童和放牛娃都知道齐朝国运已尽，明公您将继承它的国运。而且天象和谶文也都非常清晰地反映出来了。上天的意志不可违抗，人心群情不可丧失。果真天命所归，要想得到一个谦让的美名，是办不到的了。”大司马说：“我正在考虑这个问题。”沈约说：“您当初在樊、沔设置军府的时候，就应该考虑。现今帝王基业已经奠定，还有什么顾忌要加以考虑呢！如果您不早日确定大业，假如另有一人异军突起，就会损丧您的威德。而且，人非金石难得长久，时事更难保一成不变，岂可学习曹操以建安时代的封爵传给子孙？若是天子回到都城，公卿各就其位，则君臣的名分已定，不再有不同的心思。在上的君主圣明，在下的大臣忠诚。哪里还会有人再跟着您去做非分的事呢！”大司马认为有理。沈约出去后，大司马召来范云告诉了他。范云回答的主旨和沈约大体相同。大司马说：“智者考虑问题真是不约而同。您明天早晨约着休文（沈约字）再来！”范云出来，告诉沈约，沈约说：“您一定等着我！”范云答应了。但沈约却早于约定的时间先到大司马那里。大司马命起草文书，沈约就从怀中拿出写好了的诏书及重要官职人选名单。大司马无一改动。一会儿，范云从外面进来，到殿门口，不让进，只得在寿光阁外徘徊，念叨着：“咄咄怪事！”沈约出来，范云忙问：“怎样安置我？”沈约举手向左，表示让他当尚书左仆射，范云笑了说：“没有辜负我的厚望。”一会儿，大司马召范云进去，赞叹沈约才华横溢，智慧过人，并说：“我起兵至今三年了，功臣和众将确实劳苦功高。然而，成就帝王大业的，只是你们二位啊！”

【原文】

甲寅，诏进大司马位相国，总百揆，扬州牧，封十郡为梁公，备九锡之礼，置梁百司，去录尚书之号，骠骑大将军如故。二月，辛酉，梁公始受命。

【译文】

正月二十五日，诏书命大司马进位相国、总百揆、扬州牧，封为梁公。以十个郡为梁公国，备有“九锡”的礼遇，设置梁公国的百官，免去录尚书的称号，依然保留骠骑大将军的职位。二月二日，梁公方才接受任命。

【原文】

丙戌，诏梁公增封十郡，进爵为王。癸巳，受命，赦国内及府州所统殊死以下。

【译文】

二十七日，诏书命给梁公增封十个郡，进封爵位为王。三月五日，接受诏命，大赦封国之内和府州所统辖的地区“殊死”以下的罪犯。

【原文】

齐和帝至姑孰，丙辰，下诏禅位于梁。

夏，四月，辛酉，宣德太后令曰：“西诏至，帝宪章前代，敬禅神器于梁，明可临轩，遣使恭授玺绂，未亡人归于别宫。”壬戌，发策，遣兼太保、尚书令亮等奉皇帝玺绶诣梁宫。丙寅，梁王即皇帝位于南郊，大赦，改元。是日，追赠兄懿为丞相，封长沙王，谥曰宣武，葬礼依晋安平献王故事。

【译文】

齐和帝萧宝融到达姑孰（今属江苏），二十八日，下达诏书，将帝位禅让给梁王萧衍。

夏季，四月三日，宣德太后下令说：“西面诏书已到，皇帝效法前代，恭敬地将神圣的皇位禅让给梁王。明早将来殿前的平台上，派遣使者恭敬地授予皇帝印玺。我作为‘未亡人’将退居别的宫室。”四日，发出策书，派遣兼太保、尚书令王亮等恭奉皇帝的印玺到梁王宫中。八日，梁王在南郊即皇帝位，大赦天下，改年号。当天，追赠哥哥萧懿为丞相，封长沙王，谥为宣武，依照晋朝安平献王（司马孚）的葬礼进行了安葬。

侯景之乱

【原文】

[梁武帝太清二年]（公元548年）

戊戌，景反于寿阳，以诛中领军朱异、少府卿徐驎、太子右卫率陆验、制局监周石珍为名。异等皆以奸佞骄贪，蔽主弄权，为时人所疾，故景托以兴兵。

【译文】

梁武帝太清二年（公元548年）

八月初十，侯景在寿阳起兵反叛梁朝，以诛杀中领军朱异、少府卿徐驎、太子右卫率陆验、制局监周石珍为借口。朱异等人都因为奸诈谄佞，骄横贪欲，欺瞒皇帝，玩弄权术而深为民众痛恨，因此侯景正好借诛杀他们的名义举兵。

【原文】

景初至建康，谓朝夕可拔，号令严整，士卒不敢侵暴。及屡攻不克，人心离沮。景恐援兵四集，一旦溃去；又食石头、常平诸仓既尽。军中乏食；乃纵士卒掠夺民米及金帛子女。是后米一升直七八万钱，人相食，饿死者什五六。

【译文】

侯景刚到建康时，以为很快就可以攻下城池，因此军纪严明，士兵不敢任意骚扰百姓。不料屡攻不下，军心便开始涣散起来，侯景害怕朝廷各处的援兵赶到时，不免失败；又因为建康城外石头、常平等粮仓的粮食已经耗尽，军中开始缺粮，便放任士兵大肆抢掠百姓的粮食、财物与妇女。此后当地米价暴涨，一升高达七八万钱，饥饿的军民彼此相食。十人之中饿死者达五六人。

【原文】

景募人奴，降者悉免为良。得朱异奴，以为仪同三司，异家赀产悉与之。奴乘良马，衣锦袍，于城下仰诟异曰："汝五十年仕宦，方得中领军；我始事侯王，已为仪同矣！"于是三日之中，群奴出就景者以千数，景皆厚抚以配军，人人感恩，为之致死。

【译文】

侯景招募那些奴隶，一律解脱他们奴隶的身份，使之成为普通平民。侯景并且有意将中领军朱异的家奴任命为仪同三司，把朱异的家产尽数给他。这人骑着高大的骏马，穿着华贵的锦衣，在建康城墙下抬头骂朱异说："你当了五十年的官，才得到中领军的职务，我刚跟着侯王，已经荣升仪同三司了！"于是三天之内，出城投奔侯景的奴仆多达千人。侯景对他们重加赏赐，分派到军中，这些人个个都感恩戴德，为侯景拼死作战。

【原文】

[梁武帝太清三年]（公元549年）

高祖之末，建康士民服食、器用，争尚豪华，粮无半年之储，常资四方委输。自景作乱，道路断绝，数月之间，人至相食，犹不免饿死，存者百无一二。贵戚、豪族皆自出采稆。填委沟壑，不可胜纪。

【译文】

梁武帝太清三年（公元549年）

高祖在位的后期，建康城中士民的吃穿用度竞相比富，而存粮不够半年之用，常常需要各地调入维持。侯景叛乱以后，交通断绝，几个月下来，饥荒严重到了人吃人的地步，仍然免不了饿死大量民众，活下来的人不到百分之一二。那些高官大户人家只好自己出城去找野草籽充饥，饿死者陈尸各处，数不胜数。

【原文】

[梁元帝承圣元年]（公元552年）

景与腹心数十人单舸走，推堕二子于水，将入海，瑱遣副将焦僧度追之。景纳羊侃之女为小妻，以其兄鹍为库直都督，待之甚厚；鹍随景东走，与景所亲王元礼、谢葳蕤密图之。葳蕤，答仁之弟也，景下海，欲向蒙山，己卯，景昼寝；鹍语海师："此中何处有蒙山，汝但听我处分。"遂直向京口。至胡豆洲，景觉，大惊；问岸上人，云："郭元建犹在广陵。"景大喜，将依之。鹍拔刀，叱海师向京口，因谓景曰："吾等为王效力多矣，今至于此，终无所成，欲就乞头以取富贵。"景未及答，白刃交下。景欲投水，鹍以刀斫之。景走入船中，以佩刀抉船底，鹍以矟刺杀之。尚书右仆射索超世在别船，葳蕤以景命召而执之。南徐州刺史徐嗣徽斩超世，以盐内景腹中，送其尸于建康。僧辩传首江陵，截其手，使谢葳蕤送于齐；暴景尸于市，士民争取食之，并骨皆尽；溧阳公主亦预食焉。初，景之五子在北齐，世宗剥其长子面而烹之，幼者皆下蚕室。齐显祖即位，梦猕猴坐其御床，乃尽烹之。

【译文】

梁元帝承圣元年（公元552年）

侯景与几十个心腹合乘一只小船逃跑，为了逃命，不惜把两个亲生儿子推下船去淹死了。小船很快就要进入海城，侯瑱派副将焦僧度前往追击。侯景曾经把羊侃的女儿纳为妾，又任命了她的哥哥羊鹍为库直都督，待他们极为优厚。当时羊鹍跟着侯景东逃在船上，与侯景很信任的王元礼、谢葳蕤等人密谋反叛侯景。谢葳蕤是谢答仁的兄弟。侯景与众人漂流海上，准备逃往蒙山，四月十八日，大白天里侯景还在舱里蒙头大睡，羊鹍对舵手说："这汪洋大海里哪来什么蒙山，你只管听我吩咐就是了。"于是指挥改变航向直指京口而去。

当船只行驶到胡豆洲时，侯景发觉航向不对，大吃一惊。向岸人打听情况，岸上人说："郭元建还在广陵。"侯景闻讯心花怒放，连忙命船前去投靠。羊鹍拔出利刀，威逼舵手将船开往京口方向，又对侯景说："我们几位为大王你出了不少力，不料落到这等地步，什么也没捞到。现在打算借你的脑袋换点钱来花花。"侯景还没来得及张口，刀子便纷纷砍了下来。侯景想跳水而逃，羊鹍用刀拦腰扫来。侯景又跳进船舱，用佩刀去撬船底，羊鹍用长矛伸进去把他给捅死了。侯景任命的尚书右仆射索超世在另一条船上。谢葳蕤假传侯景的命令把他叫来抓了。南徐州刺史徐嗣徽亲手杀了索超世。他们把盐填在侯景的肚子里，将侯景的尸体腌了送到了建康。王僧辩将侯景的头卸下，送到江陵。又砍下他的手，派谢葳蕤送到了北齐。当把侯景的尸首扔在建康城内闹市中时，人们纷纷前去争着割他的肉来吃，最后连骨头都被抢光了。侯景曾经十分宠爱的溧阳公主也加入了食肉的行列。此前，侯景有五个儿子在北齐，世宗下令把侯景的大儿子面皮剥下来，下锅活活煮了。另外四个小儿子，统统被行了宫刑。显祖即位后，梦见有些猕猴坐在自己的龙椅上，心中猜疑，于是下令也将他们全都下锅煮了！

北周灭齐

【原文】

[陈宣帝太建九年]（公元577年）

壬辰，周师至邺城下；癸巳，围之，烧城西门。齐人出战，周师奋击，大破之。

【译文】

陈宣帝太建九年（公元577年）

正月十八日，北周的军队到达北齐国都邺城城下，十九日，包围邺城，火烧城西门。北齐人出战。北周的军队英勇奋战，大破北齐的军队。

【原文】

于是齐之行台、州、镇，惟东雍州行台傅伏、营州刺史高宝宁不下，其余皆入于周。凡得州五十，郡一百六十二，县三百八十，户三百三万二千五百。高宝宁者，齐之疏属，有勇略，久镇和龙，甚得夷、夏之心。周主于河阳、幽、青、南兖、豫、徐、北朔、定置总管府，相、并二州各置宫及六府官。

【译文】

二月，北齐的行台、州、镇，除了东雍州行台傅伏、营州刺史高宝宁负隅顽抗以外，其余全都归入北周。北周共得到五十个州、一百六十二个郡、三百八十个县、三百零三万二千五百户居民。高宝宁是北齐宗室的远支，勇敢有谋略，长久镇守和龙，很得中原人和边疆少数民族的民心。北周国主在河阳、幽州、青州、南兖州、豫州、徐州、北朔、定州设置总管府，相州、并州各设置行宫以及六府官员。

受禅建隋

【原文】

[陈宣帝太建十三年]（公元581年）

开府仪同大将军庾季才，劝隋王宜以今月甲子应天受命。太傅李穆、开府仪同大将军卢贲亦劝之。于是周主下诏，逊居别宫。甲子，命兼太傅杞公椿奉册，大宗伯赵煚奉皇帝玺绂，禅位于隋。隋主冠远游冠；受册、玺，改服纱帽、黄袍；入御临光殿，服衮冕，如元会之仪。大赦，改元开皇。命有司奉册祀于南郊。遣少冢宰元孝矩代太子勇镇洛阳。孝矩名矩，以字行，天赐之孙也；女为太子妃。

【译文】

陈宣帝太建十三年（公元581年）

开府仪同大将军庾季才，劝说隋王杨坚应该在本月（二月）十三日，顺应天意，接受天命。太傅李穆、开府仪同大将军卢贲也这样劝他。于是北周国主静帝宇文阐下达诏书，退位居住到别的宫殿。十三日，命兼任太傅杞公宇文椿奉诏册、大宗伯赵煚奉皇帝玉玺印绶，将皇帝的大权位禅让给隋王。隋国国主头戴远游冠，接受诏册、印玺，换上纱帽、黄袍，进入临光殿，再换上绣龙的朝会礼服一衮、冠冕，如同正旦大朝会的礼仪。大赦天下，改年号为开皇。命有关官员恭奉册书在城南郊祭祀，报告上天，受天命为帝。派遣少冢宰元孝矩代替太子杨勇镇守洛阳。元孝矩名矩，以字为名。他是元天赐的孙子；女儿为太子妃。

隋文帝 （541 – 604年），即杨坚，弘农华阴（今陕西华阴）人。隋朝开国皇帝，庙号高祖，谥号文皇帝。

【原文】

少内史崔仲方劝隋主除周六官，依汉、魏之旧，从之。置三师、三公及尚书、门下、内史、秘书、内侍五省，御史、都水二台，太常等十一寺，左右卫等十二府，以分司统职。又置上柱国至都督十一等勋官，以酬功劳；特进至朝散大夫七等散官，以加文武官之有德声者；改侍中为纳言。以相国司马高颎为尚书左仆射，兼纳言，相国司录京兆虞庆则为内史监，兼吏部尚书，相国内郎李德林为内史令。

【译文】

少内史崔仲方劝隋国国主废除北周的六官制度，依照汉、魏旧制，得到批准。设置三师、三公，以及尚书、门下、内史、秘书、内侍五省，御史、都水二台，太常等十一寺，左右卫等十二府，以分管统理职司。又设置上柱国到都督十一等勋官，以奖酬有勋劳的人。设置特进到朝散大夫七个等级的散官，作为文武百官中德高望重的人的加官。将侍中改为纳言。任命相国司马高颎为尚书左仆射，兼任纳言，任命相国司录京兆人虞庆则为内史监，兼任吏部尚书，任命相国内郎李德林为内史令。

【原文】

乙丑，追尊皇考为武元皇帝，庙号太祖；皇妣吕氏为元明皇后。丙寅，修庙社。立王后独孤为皇后，王太子勇为皇太子。丁卯，以太尉赵煚为尚书右仆射。己巳，封周静帝为介公。周氏诸王皆降爵为公。

【译文】

十四日，追尊皇帝先父杨忠为武元皇帝，庙号太祖；皇帝先母吕氏为元明皇后。十五日，修祭宗庙和社稷，封王后独孤氏为皇后，王太子杨勇为皇太子。十六日，任命太尉赵煚为尚书右仆射。十八日，封周静帝为介公。北周诸王都降爵位为公爵。

一统归隋

【原文】

[陈长城公祯明元年]（公元587年）

隋主问取陈之策于高颎，对曰："江北地寒，田收差晚；江南水田早熟。量彼收获之际，微征士马，声言掩袭，彼必屯兵守御，足得废其农时。彼既聚兵，我便解甲。再三若此，彼以为常；后更集兵，彼必不信。犹豫之顷，我乃济师；登陆而战，兵气益倍。又，江南土薄，舍多茅竹，所有储积皆非地窖。密遣行人因风纵火，待彼修立，复更烧之，不出数年，自可财力俱尽。"隋主用其策，陈人始困。

【译文】

陈长城公祯明元年（公元587年）

隋主向高颎问取陈的计策，高颎答："江北天气寒冷，田间收获稍晚；江南水稻早熟。估计对方收获的时候，略为征调一些兵马，声称进行掩袭，对方一定屯兵防守，一定耽误农时。对方集结了士兵，我们便休兵。再而三地这个样子，对方以为平常；然后再集结士兵，对方必不相信会去掩袭。当对方犹豫的时刻，我们就渡江过军；登上对岸而战，士气加倍。还有一点，江南土薄，房舍多是茅竹盖的，所以储积的物品都不在地窖里。如果暗里派人去乘风放火烧掉房屋和储积的物品，等到对方修起房子，又烧掉它，这样不出几年的工夫，对方的财力自然都完了。"隋主采用高颎的计策，陈人从此窘困。

【原文】

于是杨素、贺若弼及光州刺史高劢、虢州刺史崔仲方等争献平江南之策。仲方上书曰："今惟须武昌以下，蕲、和、滁、方、吴、海等州，更帖精兵，密营度计；益、信、襄、荆、基、郢等州，速造舟楫，多张形势，为水战之具。蜀、汉二江是其上流，水路冲要，必争之所。

贼虽于流头、荆门、延洲、公安、巴陵、隐矶、夏首、蕲口、湓城置船，然终聚汉口、峡口，以水战大决。若贼必以上流有军，令精兵赴援者，下流诸将即须择便横渡；如拥众自卫，上江诸军鼓行以前。彼虽恃九江、五湖之险，非德无以为固；徒有三吴、百越之兵，非恩不能自立矣。”隋主以仲方为基州刺史。

【译文】

于是杨素、贺若弼和光州刺史高劢、虢州刺史崔仲方等争献平定江南的计策。仲方上书说：“现在只要在武昌以下的蕲、和、滁、方、吴、海等州，再增加精兵，秘密地谋划；益、信、襄、荆、基、郢等州，赶快修造船只，扩大形势，做水战的器具。蜀江和汉水是长江的上流，水路的要冲，是兵家必争的地方。敌人虽然在流头、荆门、延洲、公安、巴陵、隐矶、夏首、蕲口、湓城安排船只，但终究是聚集在汉口、峡口，准备水战决定胜败。如果敌人一定以为上流有我军，令精兵赴援的话，那么我们下流的各位将领就要选择时机横渡长江；如果敌人聚众自卫，那么我们上流各军擂鼓前进。对方虽凭恃九江、五湖的险阻，没有给百姓恩德就谈不上什么牢固；仅有三吴、百越的士兵，没有恩德就不能自立。”隋主任命崔仲方为基州刺史。

贺若弼　(544－607年)，字辅伯，河南洛阳(今河南洛阳)人，隋朝著名将领。

【原文】

杨素在永安，造大舰，名曰“五牙”。上起楼五层，高百余尺；左右前后置六拍竿，并高五十尺，容战士八百人；次曰“黄龙”，置兵百人。自余平乘、舴艋各有等差。

【译文】

杨素在永安郡，造大舰，名叫“五牙”，上面起了五层楼，高一百多尺；左右前后设有六个拍竿，都是高五十尺，容纳战士八百人；稍小的舰名叫“黄龙”，安排一百名士兵。其余的平乘、舴艋等船大小不等。

【原文】

晋州刺史皇甫续将之官，稽首言陈有三可灭。帝问其状。曰："大吞小，一也。以有道伐无道，二也。纳叛臣萧岩，于我有词，三也。陛下若命将出师，臣愿展丝发之效！"隋主劳而遣之。

【译文】

晋州刺史皇甫续将要到任，向隋主叩头说隋有三点理由可以灭陈。隋帝问他具体的看法，皇甫续说："大吞小，是第一点。以有道伐无道，是第二点。对方接纳我们的叛臣萧岩，使我们有话可说，是第三点。陛下如果命将出兵，我愿意尽微薄的力量。"隋主加以抚慰而让他赴任。

【原文】

[陈长城公祯明二年]（公元588年）

（三月）戊寅，隋主下诏曰："陈叔宝据手掌之地，恣溪壑之欲，劫夺闾阎，资产俱竭，驱逼内外，劳役弗已；穷奢极侈，俾昼作夜；斩直言之客，灭无罪之家；欺天造恶，祭鬼求恩；盛粉黛而执干戈，曳罗绮而呼警跸；自古昏乱，罕或能比。君子潜逃，小人得志。天灾地孽，物怪人妖。衣冠钳口，道路以目。重以背德违言，摇荡疆场；昼伏夜游，鼠窃狗盗。天之所覆，无非朕臣，每关听览，有怀伤恻。可出师授律，应机诛殄；在斯一举，永清吴越。"又送玺书暴帝二十恶；仍散写诏书三十万纸，遍谕江外。

【译文】

陈长城公祯明二年（公元588年）

（三月）初九日，隋帝下诏说："陈叔宝据有手掌大一块地方，肆意扩大贪欲，劫夺百姓，资产都被抢光，驱逐在内外，劳役没完没了；穷奢极侈，晨昏颠倒；杀了直言的人士，灭掉无罪的人家；欺天造孽，祭鬼求恩；美人们玩弄兵器，盛装为帝开道；自古以来的昏乱之君，难得有能比得上他的。君子偷偷逃走，小人扬扬得意。天降灾，地生孽，物为怪，人成妖。正人君子闭口不言，道路相逢只能以目而视。加上违背道德，波及疆场；日夜倒置，鼠窃狗盗。所有天下百姓，没有一个不是我的臣民，每当听到或看到他们的苦难，就伤心思念。可以出兵处治，顺应天命，诛灭逆贼；平定吴越地区，在此一举。”又送盖了印玺的文书揭露陈帝二十条罪恶；还散写诏书三十万张，向江南广泛宣传。

【原文】

（十月）甲子，隋以出师，有事于太庙，命晋王广、秦王俊、清河公杨素皆为行军元帅。广出六合，俊出襄阳，素出永安，荆州刺史刘仁恩出江陵，蕲州刺史王世积出蕲春，庐州总管韩擒虎出庐江，吴州总管贺若弼出广陵，青州总管弘农燕荣出东海，凡总管九十，兵五十一万八千，皆受晋王节度。东接沧海，西拒巴、蜀，旌旗舟楫，横亘数千里。以左仆射高颎为晋王元帅长史，右仆射王韶为司马，军中事皆取决焉；区处支度，无所凝滞。

【译文】

（十月）二十八日，隋因为出兵，在太庙举行仪式，命令晋王杨广、秦王杨俊、清河公杨素都当行军元帅。杨广出兵于六合，杨俊出兵于襄阳，杨素出兵于永安，荆州刺史刘仁恩出兵于江陵，蕲州刺史王世积出兵于蕲春，庐州总管韩擒虎出兵庐江，吴州总管贺若弼出兵于广陵，青州总管弘农人燕荣出兵于东海，共有总管九十个，兵五十一万八千人，都受晋王杨广指挥。东连大海，西到巴、蜀，旌旗船只，横贯几千里。以左仆射高颎为晋王元帅长史，右仆射王韶为司马，军中大事都取决于他俩；处置安排，没有阻碍。

韩擒虎（538－592年），原名擒豹，字子通，河南东垣（今河南新安县）人，隋朝名将。

【原文】

十一月，丁卯，隋主亲饯将士；乙亥，至定城，陈师誓众。

【译文】

十一月初二日，隋主亲自以酒食为将士送行；初十日，到了定城，摆开队伍，向众宣誓。

【原文】

（十二月）隋军临江，高颎谓行台吏部郎中薛道衡曰："今兹大举，江东必可克乎？"道衡曰："克之。尝闻郭璞有言：'江东分王三百年，复与中国合。'今此数将周，一也。主上恭俭勤劳，叔宝荒淫骄侈，二也。国之安危在所委任，彼以江总为相，惟事诗酒，拔小人施文庆，委以政事，萧摩诃、任蛮奴为大将，皆一夫之用耳，三也。我有道而大，彼无德而小，量其甲士不过十万，西自巫峡，东至沧海，分之则势悬而力弱，聚之则守此而失彼，四也。席卷之势，事在不疑。"颎欣然曰："得君言成败之理，令人豁然。本以才学相期，不意筹略乃尔。"

【译文】

（十二月）隋军到了江边，高颎对行台吏部郎中薛道衡说："现在这次大举出兵，江东一定可以攻下吗？"薛道衡说："攻得下来。曾听到郭璞说过这么一句话：'江东分裂称王三百年，又要和中原统一。'现在三百年这个数快要满了，这是第一个原因。主上恭俭勤劳，陈叔宝荒淫骄侈，这是第二个原因。国家的安危在于用人，对方以江总为相，江总这个人只喜好做诗饮酒，选拔小人施文庆，交给他政事，萧摩诃、任蛮奴为大将，都只是用的匹夫罢了，这是第三个原因。我们有道而且是大国，对方无道而且是小国，估计对方甲士不过十万，从西边的巫峡，到东边的大海，分开布置就势力分散薄弱，集中一起就顾此失彼，这是第四个原因。我们有席卷之势，这事不必置疑。"高颎愉快地说："得您谈成败的道理，使人顿时领悟。本来寄希望于您的才学，想不到您有这样的谋略。"

【原文】

及隋军临江，间谍骤至，宪等殷勤奏请，至于再三。文庆曰："元会将逼，南郊之日，太子多从；今若出兵，事便废阙。”帝曰：“今且出兵，若北边无事，因以水军从郊，何为不可！”又曰：“如此则声闻邻境，便谓国弱。”后又以货动江总，总内为之游说，帝重违其意，而迫群官之请，乃令付外详议。总又抑宪等，由是议久不决。

【译文】

等到隋军到达长江的时候，情报人员突然来到，袁宪等再三恳切地向陈帝请求增强长江防备。施文庆说：“元旦朝会即将到来，南郊这天，太子等多随从前往；现在如果出兵，这事就办不成了。”陈帝说：“现在就出兵，如果北边没事，乘机以水军随从南郊，为什么不可！”施文庆又说：“如果这样，邻国听到这消息，就以为我国势弱了。”后来施文庆又用财货贿赂江总，江总收下后替他游说，陈帝违背原来的想法，而被群臣的请求所迫，就令交给外廷详议。江总又压制袁宪等，因此议论长久而不得决定。

【原文】

[隋文帝开皇九年]（公元589年）

（正月）陈主遑遽，将避匿，宪正色曰：“北兵之入，必无所犯。大事如此，陛下去欲安之！臣愿陛下正衣冠，御正殿，依梁武帝见侯景故事。”陈主不从，下榻驰去，曰：“锋刃之下，未可交当，吾自有计！”从宫人十余出后堂景阳殿，将自投于井，宪苦谏不从；后阁舍人夏侯公韵以身蔽井，陈主与争，久之，乃得入。既而军人窥井，呼之，不应，欲下石，乃闻叫声；以绳引之，惊其太重，及出，乃与张贵妃、孔贵嫔同束而上。沈后居处如常。太子深年十五，闭阁而坐，舍人孔伯鱼侍侧。军士叩阁而入，深安坐，劳之曰：“戎旅在涂，不至劳也！”军士咸致敬焉。时陈人宗室王侯在建康者百余人，陈主恐其为变，皆召入，令屯朝堂，使豫章王叔英总督之，又阴为之备，及台城失守，相帅出降。

【译文】

隋文帝开皇九年（公元589年）

（正月）陈主惊惧慌张，将要躲避，袁宪神色严肃地说："隋军这次前来，一定无所侵犯。大事已经这样，陛下想到哪里去？我希望陛下端正衣冠，坐在正殿，依照梁武帝见侯景的故事去做。"陈主不听从，下床跑掉，说："刀剑之下，不能吃得住，我自有办法！"跟从十多个宫人出了后堂景阳殿，将要自己跳下井去，不听袁宪苦苦规劝；后阁舍人夏侯公韵用身体挡住井口，陈主同他争抢，好一会儿，才得入井。一会儿隋军来窥井，叫喊他，不答应，想要扔下石头，才听到叫声；拿绳子牵引他，惊异他太重，等到出井，他是和张贵妃、孔贵嫔同一根绳子上来的。沈皇后居处同往常一样。太子陈深十五岁，闭门而坐，舍人孔伯鱼在旁侍候。军士敲门进去，陈深安稳地坐着，抚慰隋军说："在路上行军，不疲劳吗？"军士都向他致敬。当时陈人宗室王侯在建康的有一百多人，陈主怕他们叛变，都召进去，命令聚集在朝堂，让豫章王陈叔英监管他们，又暗里加以防备，等到台城失守，互相带着出去投降。

陈后主　（553－604年）
即陈叔宝，字元秀，南北朝时期陈朝末代皇帝（583－589年），在位时大建宫室，生活奢侈，日与妃嫔、文臣游宴，制作艳词。

【原文】

于是陈国皆平，得州三十，郡一百，县四百。诏建康城邑宫室，并平荡耕垦，更于石头置蒋州。

【译文】

于是陈国都已平定，得到三十州，一百个郡，四百个县。诏命建康城邑宫室，都毁平种田，更于石头设置蒋州。

杨广弑父

【原文】

[隋文帝仁寿四年]（公元604年）

帝将避暑于仁寿宫，术士章仇太翼固谏，不听。太翼曰："是行恐銮舆不返！"帝大怒，系之长安狱，期还而斩之。甲子，幸仁寿宫。乙丑，诏赏赐支度，事无巨细，并付皇太子。夏，四月，乙卯，帝不豫。六月庚申，赦天下。秋，七月，甲辰，上疾甚，卧与百僚辞诀，并握手歔欷，命太子赦章仇太翼。丁未，崩于大宝殿。

【译文】

隋文帝仁寿四年（公元604年）

隋文帝要到仁寿宫去避暑，术士章仇太翼竭力劝谏。章仇太翼说："这次出去，皇帝恐怕是回不来了！"文帝大怒，把他关在长安监狱中，等回来时再斩他。甲子（正月二十七日），文帝驾临仁寿宫。乙丑（二十八日），下诏书说，凡是赏赐、财政开支，事无大小，都交皇太子去处理。夏季四月乙卯（十四日），文帝的身体不大舒服。六月庚申（初六），大赦天下。秋季七月甲辰（初十），皇上病得很厉害，躺在床上与百官诀别，握着臣子们的手叹息不已，命令太子赦免章仇太翼。丁未（十三日），隋文帝在大宝殿驾崩。

【原文】

高祖性严重，令行禁止。每旦听朝，日昃忘倦。虽啬于财，至于赏赐有功，即无所爱；将士战没，必加优赏，仍遣使者劳问其家。爱养百姓，劝课农桑，轻徭薄赋。其自奉养，务为俭素，乘舆御物，故弊者，随令补用。自非享宴，所食不过一肉。后宫皆服浣濯之衣。天下化之。开皇、仁寿间，丈夫率衣绢布，不服绫绮，装带不过铜铁骨角，无金玉之饰。故衣食滋殖，仓库盈溢。受禅之初，民户不满四百万，末年，逾八百九十万，独冀州已一百万户。然猜忌苛察，信受馋言，功臣故旧，无始终保全者，乃至子弟，皆如仇敌，此其所短也。

【译文】

隋文帝性格谨严持重，治理国家能够做到令行禁止。每天清早听理朝政，到日落西山时仍然不知疲倦。虽然吝啬财物，但赏赐功臣则毫不吝啬。将士阵亡，一定要从优抚恤，而且多次派人慰问他们的家属。爱护百姓，劝课农桑，努力减少徭役赋税。而他自己的生活需用，则是务求节俭朴素，所乘坐的车辆以及使用的物品，如有破旧，随时修补以后，再加使用。除了宴会，平常吃饭不过一个肉菜。后宫都穿用洗过的衣服。天下的人，都受到隋文帝的感化。在开皇、仁寿年间，男子大都穿绢布，不穿绫绮，衣带装饰不过是铜铁骨角所制，没有金玉装饰。因此，财富不断增加，仓库满盈。在隋文帝刚刚受禅的时候，全国百姓户口不到四百万户，到隋文帝末年，超过了八百九十万户，仅冀州一地，就有一百万户。不过他爱好猜忌苛察，喜欢听信谗言。他的功臣故旧，没有能自始至终平安无事的，甚至亲属子弟，也都像仇人一样，这是隋文帝的短处。

【原文】

初，文献皇后既崩，宣华夫人陈氏、容华夫人蔡氏皆有宠。陈氏，陈高宗之女；蔡氏，丹杨人也。上寝疾于仁寿宫，尚书左仆射杨素、兵部尚书柳述、黄门侍郎元岩皆入阁侍疾。召皇太子入居大宝殿。太子虑上有不讳，须预防拟，手自为书，封出问素。素条录事状以报太子。宫人误送上所，上览而大恚。陈夫人平旦出更衣，为太子所逼。夫人拒之，得免，归于上所。上怪其神色有异，问其故，夫人泫然曰："太子无礼！"上恚，抵床曰："畜生何足付大事！独孤误我！"乃呼柳述、元岩曰："召我儿！"述等将呼太子，上曰："勇也。"述、岩出阁为敕书。杨素闻之，以白太子，矫诏执述、岩，系大理狱。追东宫兵士帖上台宿卫，门禁出入，并取宇文述、郭衍节度。令右庶子张衡入寝殿侍疾，尽遣后宫出就别室。俄而上崩，故中外颇有异论。陈夫人与后宫闻变，相顾战栗失色。

晡后，太子遣使者赍小金合，帖纸于际，亲署封字，以赐夫人，夫人见之，惶惧，以为鸩毒，不敢发。使者促之，乃发，合中有同心结数枚，宫人咸悦，相谓曰：“得免死矣！”陈氏恚而却坐，不肯致谢，诸宫人共逼之，乃拜使者。其夜，太子烝焉。

【译文】

当初，文献皇后独孤氏去世，宣华夫人陈氏、容华夫人蔡氏都受到隋文帝的宠爱。陈氏是陈高宗宣帝的女儿，蔡氏是丹杨人。文帝卧病在仁寿宫，尚书左仆射杨素、兵部尚书柳述、黄门侍郎元岩都到内寝侍病，隋文帝召皇太子杨广进宫来，居住在太宝殿。太子担心如果文帝去世，必须事先做一些防备，亲自写了一封信，把信封好，去向杨素咨询。杨素一条一款地把事情写下来回禀太子。宫人送信时，误送到了文帝那里，文帝看了后大发脾气。陈夫人早晨出去更衣，太子想凌辱她，她竭力拼斗，才得以脱身。回到皇帝那里，皇上看到她神色与以往不一样，感到非常奇怪，询问她原故。陈夫人流着泪说：“太子对我非礼！”文帝大怒，捶床说：“这个畜生，怎么能把国家大事交给他！独孤误了我！”于是便把柳述、元岩召来，说：“快把我的儿子召来！”柳述等人急忙呼叫太子杨广。文帝说：“是杨勇！”柳述、元岩走出内室，去草拟诏书。杨素听说后，报告给了太子，便假托诏命把柳述、元岩抓了起来，关在大理寺狱中。立即派东宫的裨将兵士来守卫仁寿宫。宫门守卫和准予进出等事，全部由宇文述、郭衍来负责。命令右庶子张衡到文帝的寝宫中去侍病，把后宫中的人全部赶到外面另外的房间中去。不久，隋文帝就去世了。因此朝廷内外都有种种不同的说法。陈夫人和宫人们听到文帝去世的消息后，面面相觑，颤栗失色。黄昏后，太子杨广派人送来一个小金盒，盒子边上贴了封纸，上面有太子的亲笔字，把这个金盒赐给陈夫人。陈夫人看见后，惶恐万分，以为是毒药，不敢开封。来人催促陈夫人，她才打开。原来盒子中有几枚同心结。宫人们都高兴。互相说：“可以免死了！”陈氏气得退后坐了下来，不肯致谢。宫人们一起逼迫她，她才拜了使者。当天晚上，太子杨广奸淫了陈夫人。

【原文】

乙卯，发丧，太子即皇帝位。会伊州刺史杨约来朝，太子遣约入长安，易留守者，矫称高祖之诏，赐故太子勇死，缢杀之，然后陈兵集众，发高祖凶问，炀帝闻之，曰：“令兄之弟，果堪大任。”追封勇为房陵王，不为置嗣。八月，丁卯，梓宫至自仁寿宫；丙子，殡于大兴前殿。柳述、元岩并除名，述徙龙川，岩徙南海。帝令兰陵公主与述离绝，欲改嫁之；公主以死自誓，不复朝谒，上表请与述同徙。帝大怒，公主忧愤而卒。临终，上表请葬于柳氏，帝愈怒，竟不哭，葬送甚薄。

【译文】

乙卯（七月二十一日），为文帝发丧。太子杨广即皇帝位。正好伊州刺史杨约来朝觐。太子便派遣杨约到长安去，把留在长安的人调换掉，诈称隋文帝的诏令，将原太子杨勇赐死，用绳子把他勒死，然后把士兵们召集在一起，才公布了文帝的凶信，隋炀帝听说杨约处理好这些事情后，对杨素说：“您的弟弟果然可以委以大事。”炀帝追封杨勇为房陵王，不为他立继承人。八月丁卯（初三），文帝的梓宫从仁寿宫运到长安。丙子（十二日），在大兴前殿出殡。柳述、元岩一起被免职，柳述被流放到龙川，元岩被流放到南海。隋炀帝命令兰陵公主与柳述离婚，要她改嫁。公主发誓，宁可死去也不愿离婚，不再朝见皇帝，并且上表请求与柳述一起流放。炀帝大怒，公主忧愤而死。临终时，上表请求葬在柳家的墓地中，隋炀帝更加生气了，竟然没有哭泣，公主的葬礼和陪葬物品非常菲薄。

隋炀帝　名杨广，隋文帝次子，武川人，杀死文帝及兄长杨勇后继位。在位14年，为部下宇文化及等发动兵变缢杀，终年50岁。

瓦岗义军

【原文】

[隋炀帝大业十二年]（公元616年）

李密之亡也，往依郝孝德，孝德不礼之；又入王薄，薄亦不之奇也。密困乏，至削树皮而食之，匿于淮阳村舍，变姓名，聚徒教授。郡、县疑而捕之，密亡去，抵其妹夫雍丘令丘君明。君明不敢舍，转寄密于游侠王秀才家，秀才以女妻之。君明从侄怀义告其事，帝令怀义自赍敕书与梁郡通守杨汪相知收捕，汪遣兵围秀才宅，适值密出外，由是获免，君明、秀才皆死。

【译文】

隋炀帝大业十二年（公元616年）

李密逃亡，去投靠郝孝德，郝孝德对他不重视；又投王薄入伙，王薄对他也不赏识。李密困乏，弄得剥了树皮充饥，躲在淮阳的村落里，隐姓埋名，招收学生教书度日。郡、县对他产生怀疑前来逮捕，他又逃亡，投奔他的妹夫雍丘令丘君明。丘君明不敢让他留宿，把他转送到结交江湖好汉的王秀才家，王秀才把女儿嫁给了他。丘君明的堂侄丘怀义告发了这件事，隋帝就命令丘怀义带上诏敕去通知梁郡通守杨汪收捕李密。杨汪派兵围住王秀才家，正好李密外出，才得以幸免，丘君明、王秀才都被处死。

【原文】

韦城翟让为东都法曹，坐事当斩。狱吏黄君汉奇其骁勇，夜中潜谓让曰："翟法司，天时人事，抑亦可知，岂能守死狱中乎！"让惊喜，曰："让，圈牢之豕，死生惟黄曹主所命。"君汉即破械出之。让再拜曰："让蒙再生之恩则幸矣，奈黄曹主何！"因泣下。君汉怒曰："本以公为大丈夫，可救生民之命，故不顾其死以奉脱，奈何反效儿女子涕泣相谢乎！君但努力自免，勿忧吾也！"

让遂亡命于瓦岗为群盗。同郡单雄信骁健，善用马槊，聚少年往从之。离狐徐世勣家于卫南，年十七，有勇略，说让曰："东郡于公与勣皆为乡里，人多相识，不宜侵掠。荥阳、梁郡，汴水所经，剽行舟，掠商旅，足以自资。"让然之，引众入二郡界，掠公私船，资用丰给，附者益众，聚徒至万余人。

【译文】

韦城人翟让在东都任法曹出了问题要被处斩。狱吏黄君汉钦佩翟让骁勇，夜里私自对他说："翟法司，目前的天时人事，大家心里都很清楚，怎么能在监狱里等死！"翟让惊喜，说："让，是被圈起来的猪，是死是活都得由黄曹主来作主。"黄君汉立即打开刑具放他出去。翟让再拜道："让蒙受再生之恩自然十分幸运，黄曹主怎么办呢！"说着泪掉下来。黄君汉发怒道："本以为公是大丈夫，可以解救老百姓的困苦，所以不惜性命来让你逃脱，怎么倒学着小儿女哭着鼻子来谢恩呢！ 您只须努力脱逃，不必为我操心！"翟让就此逃亡到瓦岗当了绿林好汉。和他同郡的单雄信很骁勇，擅长在马上使槊，招集了一群青少年入伙。离狐人徐世勣住在卫南，年方十七，有勇有谋，对翟让劝说道："东郡于公是我的乡里，熟识的人多，不便侵掠，荥阳郡和梁郡是汴水之所流经，在那里劫取来往的船只，抢掠商人旅客，财物足以够用。"翟让同意，率领部众进入二郡，掠取公私船只，供给丰足，投靠入伙的越来越多，结集了一万多人马。

【原文】

时又有外黄王当仁、济阳王伯当、韦城周文举、雍丘李公逸等皆拥众为盗。李密自雍丘亡命，往来诸帅间，说以取天下之策。始皆不信。久之，稍以为然，相谓曰："斯人公卿子弟，志气若是。今人人皆云杨氏将灭，李氏将兴。吾闻王者不死，斯人再三获济，岂非其人乎！"由是渐敬密。

【译文】

当时又有外黄人王当仁、济阳人王伯当、韦城人周文举、雍丘人李公逸等聚众为盗。李密从雍丘出逃后，和这些首领往来，向他们游说取天下的策略。起初大家都不相信，时间一久，认为讲得有点道理，相互议论道："这个人是公卿家的子弟，有这样的志气。如今人人都说杨氏将灭，李氏将兴，听说王者是不会死的，这个人再而三地死里逃生，说不定真是个王者吧！"于是对李密慢慢地敬重起来。

【原文】

密察诸帅惟翟让最强，乃因王伯当以见让，为让画策，往说诸小盗皆下之。让悦，稍亲近密，与之计事，密因说让曰："刘、项皆起布衣为帝王。今主昏于上，民怨于下，锐兵尽于辽东，和亲绝于突厥，方乃巡游扬、越，委弃东都，此亦刘、项奋起之会也！以足下雄才大略，士马精锐，席卷二京，诛灭暴虐，隋氏不足亡也！"让谢曰："吾侪群盗，旦夕偷生草间，君之言者，非吾所及也！"

【译文】

李密观察到各路首领中惟有翟让最强大，就通过王伯当去见翟让，替翟让出谋划策，去游说各路小盗叫他们都投顺了翟让。翟让很高兴，对李密亲近起来，和他商量谋划，李密就劝说翟让道："刘邦、项羽都是从布衣起家而成为帝王，如今上头皇帝昏庸，下边百姓怨愤，精兵全都消耗在辽东，和亲又被突厥回绝，而皇帝还去扬、越巡游，把东都丢开不管，这也正是刘、项奋起的时机啊！凭足下的雄才大略，又拥有精兵健马，席卷二京，诛灭暴虐，推翻隋朝应是轻而易举的事情！"翟让辞谢道："我们只是一伙强盗，旦夕偷生于草莽之间，您所说的，不是我所能做到的啊！"

【原文】

有贾雄者，晓阴阳占候，为让军师，言无不用。密深结于雄，使之托术数以说让；雄许诺，怀之未发。会让召雄，告以密所言，问其可否，对曰："吉不可言。"又曰："公自立恐未必成，若立斯人，事无不济。”让曰：“如卿言，蒲山公当自立，何来从我？”对曰：“事有相因。所以来者，将军姓翟，翟者，泽也，蒲非泽不生，故须将军也。”让然之，与密情好日笃。

【译文】

有个叫贾雄的，懂得阴阳占候，充当翟让的军师，说的话翟让从没有不听的。李密下功夫结交贾雄，叫他假托术数来说动翟让，贾雄答应了，记在心上还没有机会开口。就在这时翟让召见他，告诉他李密所说的一切，问他这么办是否好，他回答道：“实在是妙不可言。”又说：“公自立为王恐怕未必能成功，如果立这一位，就绝没有不成事的。”翟让说：“照卿所说，蒲山公当自立为王，为什么来投靠我呢？”回答道：“得互相依靠。蒲山公之所以来，是因为将军姓翟，翟者，水泽也。蒲没有水泽便不能生长，因此得依靠将军。”翟让相信了他的话，与李密的交情一天天深起来。

【原文】

密因说让曰：“今四海糜沸，不得耕耘，公士众虽多，食无仓廪，惟资野掠，常苦不给。若旷日持久，加以大敌临之，必涣然离散。未若先取荥阳，休兵馆谷，待士马肥充，然后与人争利。”让从之，于是破金隄关，攻荥阳诸县，多下之。

【译文】

李密就劝翟让说：“如今海内动乱，无从耕种，公手下兵众虽多，没有粮仓，只靠外出抢掠，经常苦于不够供应。如果旷日持久，再有大敌来临，必然一哄而散。不如先拿下荥阳，让部队在那里休整饱食，等到士饱马肥，然后再和人家争锋。”翟让听从了，于是破了金隄关，进攻荥阳郡所属各县，多数拿了下来。

【原文】

荥阳太守郇王庆，弘之子也，不能讨，帝徙张须陀为荥阳通守以讨之。庚戌，须陀引兵击让。让向数为须陀所败，闻其来，大惧，将避之。密曰：“须陀勇而无谋，兵又骤胜，既骄且狠，可一战擒也。公但列阵以待，密保为公破之。”让不得已，勒兵将战，密分兵千余人伏于大海寺北林间。须陀素轻让，方陈而前，让与战，不利，须陀乘之，逐北十余里，密发伏掩之，须陀兵败。密与让及徐世勣、王伯当合军围之，须陀溃围出，左右不能尽出，须陀跃马复入救之，来往数四，遂战死。所部兵昼夜号哭，数日不止，河南郡、县为之丧气。

【译文】

荥阳太守郇王杨庆，是杨弘的儿子，没有能力对付翟让，隋帝把张须陀调任荥阳通守来征讨。庚戌（十月二十七日），张须陀领兵进攻翟让。翟让多次被张须陀打败，听说他来到，十分恐惧，准备避开他。李密说：“张须陀有勇无谋，带的兵又打过多次胜仗，既骄又狠，可以一战而擒。公只须摆好阵势等待他，我保证给您把他打败。”翟让不得已，便部署军队准备迎战，李密分兵一千多人埋伏在大海寺北边的树林里。张须陀一向轻视翟让，结成方阵向前推进，翟让和他交战，不得手，张须陀掩杀过去，追赶了十多里，李密伏兵齐起，张须陀被杀败。李密和翟让以及徐世勣、王伯当各路兵马都围上来，张须陀冲出包围，但部属不能全部跟上，张须陀跃马重进包围圈救他们冲出去，这样来回了四次，最终战死。他所带领的兵卒昼夜号哭，几天不止，河南的郡县都为之丧气。

李渊起兵

【原文】

[隋恭帝义宁元年]（公元617年）

初，唐公李渊娶于神武肃公窦毅，生四男，建成、世民、玄霸、元吉。一女，适太子千牛备身临汾柴绍。

柴绍 （？－638年），字嗣昌，晋州临汾（今山西临汾）人，唐朝大将，凌烟阁二十四功臣之一。

【译文】

隋恭帝义宁元年（公元617年）

起初，唐公李渊娶了神武肃公窦毅的女儿，生了四个儿子：建成、世民、玄霸、元吉。一个女儿，嫁给太子千牛备身临汾人柴绍。

【原文】

文静坐与李密连昏，系太原狱，世民就省之。文静曰："天下大乱，非高、光之才，不能定也。"世民曰："安知其无，但人不识耳。我来相省，非儿女子之情，欲与君议大事也。计将安出？"文静曰："今主上南巡江、淮，李密围逼东都，群盗殆以万数。当此之际，有真主驱驾而用之，取天下如反掌耳。太原百姓皆避盗入城，文静为令数年，知其豪杰，一旦收集，可得十万人。尊公所将之兵复且数万，一言出口，谁敢不从！以此乘虚入关，号令天下，不过半年，帝业成矣。"世民笑曰："君言正合吾意。"乃阴部署宾客，渊不之知也。世民恐渊不从，犹豫久之，不敢言。

【译文】

刘文静家因为与李密家通婚，被关押在太原监狱中，李世民前去探望他。刘文静说："现在天下大乱，除非有汉高祖、光武帝那样的人，否则是不能收拾局面的。”李世民说：“怎么能说没有那样的人呢，只是平常人不能识别罢了。我来看望你，并不是因为出于一般人之间的那种情谊，而是想同你讨论天下大事。你说，我们应当怎么办呢？”刘文静说：“如今皇上巡游江、淮一带，李密围逼东都，天下盗贼成群，恐怕要以万作单位来计算。在这种情况下，如果有真命天子出来驱使驾驭他们，夺取天下就像翻转手掌那样容易。太原百姓为躲避盗贼纷纷进入城市，刘文静当了好几年县令，知道其中的豪杰人物，一旦把他们聚集起来，可以得到十万人。令尊大人所统领的军队又有几万，他只要说一句话，谁敢不服从？凭借这支军队乘虚进入关中，号令天下，用不了半年，帝王大业就可以成功。”李世民笑着说：“您的话正合我意。”于是暗中部署宾客，李渊却不知道这件事情。李世民担心李渊不同意，犹豫了很久，都不敢对父亲讲。

【原文】

会突厥寇马邑，渊遣高君雅将兵，与马邑太守王仁恭并力拒之。仁恭、君雅战不利，渊恐并获罪，甚忧之。世民乘间屏人说渊曰：“今主上无道，百姓困穷，晋阳城外皆为战场。大人若守小节，下有寇盗，上有严刑，危亡无日。不若顺民心，兴义兵，转祸为福，此天授之时也。”渊大惊曰：“汝安得为此言，吾今执汝以告县官！”因取纸笔，欲为表。世民徐曰：“世民观天时人事如此，故敢发言；必欲执告，不敢辞死！”渊曰：“吾岂忍告汝，汝慎勿出口！”明日，世民复说渊曰：“今盗贼日繁，遍于天下，大人受诏讨贼，贼可尽乎！要之，终不免罪。且世人皆传李氏当应图谶，故李金才无罪，一朝族灭。大人设能尽贼，则功高不赏，身益危矣！惟昨日之言，可以救祸，此万全之策也，愿大人勿疑。”渊乃叹曰：“吾一夕思汝言，亦大有理。今日破家亡躯亦由汝，化家为国亦由汝矣！”

【译文】

正逢突厥进犯马邑，李渊派遣高君雅带兵，与马邑太守王仁恭一道抵御突厥。王仁恭、高君雅与突厥交战不利，李渊担心自己要同他们一起受到处罚，非常忧虑。李世民乘机屏去左右，对李渊说：“如今主上无道，百姓穷困，晋阳城外完全变成了战场。父亲大人如果只拘守小节，但是，下有盗贼，上有朝廷的严刑，危亡之日没有几天了。不如顺从民心，兴起义兵，转祸为福，这正是上天授予我们的大好时机。”李渊大吃一惊说：“你怎么说出这样的话来，我现在就把你抓起来报告给朝廷！”于是拿起纸笔，要写状表。李世民不慌不忙地说：“我观察天时人事以后，才敢说出这一番话。父亲大人一定要把我抓起来告发给朝廷，我不敢辞死！”李渊说：“我怎么忍心告发你呢，你一定要谨慎，不要对外人讲！”第二天，李世民又劝说李渊：“现在盗贼一天比一天多，遍布全国，父亲大人受诏讨贼，但盗贼讨得干净吗？总之，最终免不了获罪。况且，社会上都传言李氏正好应验图谶，因此，李金才并没有犯罪，却一下子便遭到灭族之灾。父亲大人即使能够把盗贼剿灭干净，那么，功劳再大也不会受赏，反而会更加危险！只有我昨天的那番话，才可以避开祸患，这是万全之策，希望大人不要再疑惑了！”李渊叹息说：“我一晚上都在想你说的话，的确很有道理。现在家破人亡也好，化家为国也好，都随你去了！”

唐高祖李渊　唐代开国皇帝，字叔德。先世本为赵郡（今河北赵县）李氏。618年五月，李渊称帝，改国号唐，定都长安。庙号高祖。

【原文】

帝以渊与王仁恭不能御寇，遣使者执诣江都。渊大惧，世民与寂等复说渊曰：“今主昏国乱，尽忠无益。偏裨失律，而罪及明公。事已迫矣，宜早定计。且晋阳士马精强，宫监蓄积巨万，以兹举事，何患无成！代王幼冲，关中豪杰并起，未知所附，公若鼓行而西，抚而有之，如探囊中之物耳。奈何受单使之囚，坐取夷灭乎！”渊然之，密部勒。将发，会帝继遣使者驰驿赦渊及仁恭，使复旧任，渊谋亦缓。

【译文】

隋炀帝认为李渊和王仁恭不能抵御突厥的进攻，派遣使节要把他们抓起来送往江都。李渊非常恐惧，李世民和裴寂又去劝说李渊：“如今皇帝昏庸，国家混乱，为朝廷尽忠没有益处。副将失利，却牵连到您。事情已经相当紧迫了，应当早定大计。况且晋阳的军队兵强马壮，宫监里面积蓄的资财也很充足，凭借这些实力起事，还怕不能成功吗？代王年幼，关中豪杰纷纷起义，只是不知道应当去投奔谁。您如果能大张旗鼓地向西进军，招抚并且统领他们，就像囊中取物那么容易。为什么让一个孤身的使节来抓你，坐以待毙呢？”李渊同意了他们的话，秘密进行部署安排。正准备举事时，隋炀帝又派了一个使节，通过驿站驰马赦免了李渊和王仁恭，给他们官复原职，李渊等人的计谋便暂缓执行了。

【原文】

刘文静谓裴寂曰：“先发制人，后发制于人。何不早劝唐公举兵，而推迁不已！且公为宫监，而以宫人侍客，公死可尔，何误唐公也！”寂甚惧，屡趣渊起兵。渊乃使文静诈为敕书，发太原、西河、雁门、马邑，民年二十以上五十以下悉为兵，期岁暮集涿郡，击高丽。由是人情汹汹，思乱者益众。

【译文】

刘文静对裴寂说：“先发制人，后发制于人。你为什么不劝唐公早日举兵，而一再拖延呢？再说，你担任宫监，却用宫人待奉宾客，你死了也就算了，为什么还要贻误唐公呢？”裴寂非常恐慌，多次催促李渊起兵。李渊便叫刘文静伪造诏书，征发太原、西河、雁门、马邑等地二十岁以上五十岁以下的百姓，全部当兵，规定在年底当聚集涿郡，去征讨高丽。于是人心惶惶，想造反的人更多了。

【原文】

晋阳乡长刘世龙密告渊云：“威、君雅欲因晋祠祈雨，为不利。”五月，癸亥夜，渊使世民伏兵于晋阳宫城之外。甲子旦，渊与威、君雅共坐视事，使刘文静引开阳府司马胙城刘政会入立庭中，称有密状。渊目威等取状视之，政会不与，曰：“所告乃引留守事，惟唐公得视之。”渊阳惊曰：“岂有是邪！”视其状，乃云：“威、君雅潜引突厥入寇。”君雅攘袂大诟曰：“此乃反者欲杀我耳。”时世民已布兵塞衢路，文静因与刘弘基、长孙顺德等共执威、君雅系狱。丙

寅，突厥数万众寇晋阳，轻骑入外郭北门，出其东门。渊命裴寂等勒兵为备，而悉开诸城门，突厥不能测，莫敢进。众以为威、君雅实召之也，渊于是斩威、君雅以徇。渊部将王康达将千余人出战，皆死，城中汹惧。渊夜遣军潜出城，旦则张旗鸣鼓自他道来，如援军者。突厥终疑之，留城外二日，大掠而去。

【译文】

晋阳乡长刘世龙向李渊密告说："王威、高君雅打算在晋祠举行祈雨仪式的时候，图谋不轨。"五月，癸亥（十四日）夜间，李渊派李世民率军埋伏在晋阳宫城外面。甲子（十五日）早晨，李渊与王威、高君雅坐在一起处理公事，李渊支使刘文静领着开阳府司马胙城人刘政会进来，站在庭中，声称有秘密事情报告。李渊用眼睛示意王威等人去取密报来看，刘政会不给，说："所告发的正是副留守的事情，只有唐公可以看。"李渊假装吃惊的样子，说："难道有这样的事情吗？"看了密报后说："王威、高君雅暗中勾引突厥入侵。"高君雅捋起衣袖，大骂说："这是想造反的人要杀我。"这时李世民已经部署军队阻塞了要道，刘文静于是便同刘弘基、长孙顺德等人一起把王威、高君雅抓了起来，关进监狱。丙寅（十七日），突厥数万军队进犯晋阳，轻骑兵已经进入到了外城的北门，又从东门出去了。李渊命令裴寂等人领兵防备，而把所有的城门全部打开，突厥不知道虚实，不敢入城。大家都认为王威、高君雅真的引突厥人来进犯，李渊于是将王威、高君雅斩首示众。李渊部将王康达领兵一千多人出城作战，全部战死，城中一片惊恐。李渊派军队晚上悄悄出城，早晨则张旗鸣鼓地从另外的路上回来，装扮成援军的样子。突厥怀疑援军已到，在城外逗留了两天，大肆掠夺以后便离去。

【原文】

刘文静劝李渊与突厥相结，资其士马，以益兵势，渊从之，自为手启，卑辞厚礼，遗始毕可汗云："欲大举义兵，远迎主上，复与突厥和亲，如开皇之时。若能与我俱南，愿勿侵暴百姓。若但和亲，坐受宝货，亦惟可汗所择。"始毕得启，谓其大臣曰："隋主为人，我所知也，若迎以来，必害唐公而击我无疑矣。苟唐公自为天子，我当不避盛暑，以兵马助之。"即命以此意为复书。使者七日而返，将佐皆喜，请从突厥之言，渊不可。裴寂、刘文静皆曰：“今义兵虽集而戎马殊乏，胡兵非所须，而马不可失。若复稽回，恐其有悔。”渊曰：“诸君宜更思其次。”寂等乃请尊天子为太上皇，立代王为帝，以安隋室。移檄郡县，改易旗帜，杂用绛白，以示突厥。渊曰：“此可谓‘掩耳盗钟’，然逼于时事，不得不尔。”乃许之，遣使以此议告突厥。

【译文】

刘文静劝李渊与突厥结交，让突厥资助李渊兵马，以便增加他的实力。李渊同意了，亲自写了一封书信，言辞卑屈，财礼丰厚，送到始毕可汗手中。信中说：“我准备大举义兵，远迎主上，好重新与突厥和亲，像开皇年间一样。可汗如果能同我一道进军南方，希望您不要侵凌百姓。如果只想和亲，坐受财宝，那也随可汗选择。”始毕可汗收到信后，对他的大臣说：“隋帝的为人，我是知道的，如果把他请回来，一定会加害唐公并且派兵打我。假如唐公能自己当天子，我将会不顾盛暑，派兵马帮助他。”立即命令按这个意思写回信。李渊的使节只用了七天便回来了，将领们都非常高兴，请李渊同意突厥的意见。李渊不同意。裴寂、刘文静都说：“现在义兵虽然已经聚集起来，但战马奇缺。我们并不需要胡兵，但马匹却不可少。如果迟迟不写回信，恐怕突厥会反悔。”李渊说：“你们应当再想想其他办法。”裴寂等人请李渊尊奉天子为太上皇，立代王杨侑为皇帝，以安定隋王室。发布檄文到各个郡县，改换旗帜，用绛色夹杂白色，向突厥表示与隋朝不同。李渊说：“这叫作‘掩耳盗钟’，但这是逼于形势，不得不这样。”便同意了，派遣使节把这个决定告诉突厥。

【原文】

西河郡不从渊命，甲申，渊使建成、世民将兵击西河。命太原令太原温大有与之偕行，曰：“吾儿年少，以卿参谋军事。事之成败，当以此行卜之。”时军士新集，咸未阅习。建成、世民与之同甘苦，遇敌则以身先之。近道菜果，非买不食，军士有窃之者，辄求其主偿之，亦不诘窃者，军士及民皆感悦。至西河城下，民有欲入城者，皆听其入。郡丞高德儒闭城拒守。己丑，攻拔之。执德儒至军门，世民数之曰："汝指野鸟为鸾，以欺人主，取高官，吾兴义兵，正为诛佞人耳！"遂斩之。自余不戮一人，秋毫无犯，各尉抚使复业，远近闻之大悦。建成等引兵还晋阳，往返凡九日。渊喜曰："以此行兵，虽横行天下可也。"遂定入关之计。

【译文】

西河郡不服从李渊的命令。甲申（初五），李渊派李建成、李世民领兵进攻西河郡。命令太原令太原人温大有与他们一同前往。李渊对温大有说："我的儿子年轻，因此请您参谋军事。事情的成败，这次出兵就可以看出来了。"当时军队是新招募的，都没有经过检阅训练。李建成、李世民与他们同甘共苦。遭遇敌人则身先士卒，路旁的蔬菜水果，不购买便不吃。军人有偷拿的，总要找到主人赔偿，同时也不责怪偷食的军人，因此，军士和百姓都非常感动喜悦。到了西河城下，百姓有想进城的，便听任他们进去。郡丞高德儒关闭城门拒守。己丑（初十），攻下西河城。捉住高德儒押到军门，李世民历数他的罪状说："你指野鸟为鸾凤来欺骗皇上，取得高官，我兴义兵正是为了诛除你这一类的谄佞小人！"便把他斩首。其余不杀一人，秋毫无犯，慰抚官吏百姓，让他们各复旧业，远近的人听说后，都非常高兴。李建成等人引兵回到晋阳，往返只用了九天。李渊高兴地说："这样用兵，就是横行天下也可以了。"于是便定下了入关的计划。

【原文】

渊开仓以赈贫民，应募者日益多。渊命为三军，分左右，通谓之义士。裴寂等上渊号为大将军。癸巳，建大将军府。以寂为长史，刘文静为司马，唐俭及前长安尉温大雅为记室，大雅仍与弟大有共掌机密，武士彟为铠曹，刘政会及武城崔善为、太原张道源为户曹，晋阳长上邽姜谟为司功参军，太谷长殷开山为府掾，长孙顺德、刘弘基、窦琮及鹰扬郎将高平王长谐、天水姜宝谊、阳屯为左、右统军。自余文武，随才授任。又以世子建成为陇西公、左领军大都督，左三统军隶焉。世民为敦煌公、右领军大都督，右三统军隶焉。各置官属。以柴绍为右领军府长史。谘议谯人刘赡领西河通守。

【译文】

李渊开仓赈济贫民，应募从军的人更多了。李渊命令建立三军。分为左右两部分，通称为义士。裴寂等人尊称李渊为大将军。癸巳（十四日），设置大将军府。任命裴寂为长史，刘文静为司马，唐俭和原长安尉温大雅为记室，温大雅仍然与弟弟温大有一起掌管机密，任命武士彟为铠曹，刘政会和武城人崔善为、太原人张道源为户曹，晋阳长上邽人姜谟为司功参军，太谷长殷开山为府掾，长孙顺德、刘弘基、窦琮以及鹰扬郎将高平人王长谐、天水人姜宝谊、阳屯为左、右统军。其余的文武官员，根据才能授予官职。李渊又封世子李建成为陇西公、左领军大都督，左三统军归他管辖。封李世民为敦煌公、右领军大都督，右三统军归他管辖。二人各置官属。任命柴绍为右领军府长史。谘议谯县人刘赡担任西河通守。

玄武之变

【原文】

[唐高祖武德九年]（公元626年）

六月，……秦王世民既与太子建成、齐王元吉有隙，以洛阳形胜之地，恐一朝有变，欲出保之。乃以行台工部尚书温大雅镇洛阳，遣秦府车骑将军荥阳张亮将左右王保等千余人之洛阳，阴结纳山东豪杰以俟变，多出金帛，恣其所用。元吉告亮谋不轨，下吏考验，亮终无言，乃释之，使还洛阳。

【译文】

唐高祖武德九年（公元626年）

六月，……秦王李世民已和太子建成、齐王元吉有嫌隙，考虑到洛阳在地理位置上的特殊重要，惟恐一旦政局变化，准备去据守自保。就派行台工部尚书温大雅坐镇洛阳，再派秦府车骑将军荥阳人张亮带领左右王保等一千多人去洛阳，暗中结纳山东豪杰以应付变故，拿出了大量金帛，任凭他们使用。元吉指控张亮图谋不轨，抓回来审讯，张亮始终没有招供，只好放了，让他回洛阳。

【原文】

建成、元吉与后宫日夜谮诉世民于上，上信之，将罪世民。陈叔达谏曰："秦王有大功于天下，不可黜也！且性刚烈，若加挫抑，恐不胜忧愤，或有不测之疾。陛下悔之何及！"上乃止。元吉密请杀秦王，上曰："彼有定天下之功，罪状未著，何以为辞？"元吉曰："秦王初平东都，顾望不还，散钱帛以树私恩，又违敕命，非反而何！但应速杀，何患无辞！"上不应。

【译文】

建成、元吉和后宫嫔妃日夜不停地对皇上讲李世民的坏话，皇上相信了，准备处理李世民。陈叔达进谏道："秦王有大功于天下，可不能黜废啊！而且他的秉性刚烈，如果对他挫折压抑，恐怕忧愤难忍，会有不测之疾，陛下将悔之莫及！"皇上这才作罢。元吉秘密奏请杀掉秦王，皇上说："他有平定天下的大功，罪状又不落实，用什么理由来杀他？"元吉说："秦王刚平定东都，就逗留观望不想回长安，散发钱帛以树私恩，又违抗敕命，这不是谋反又是什么！若要赶快杀掉，不怕没有理由！"皇上没有回答。

【原文】

秦府僚属皆忧惧不知所出。行台考功郎中房玄龄谓比部郎中长孙无忌曰："今嫌隙已成，一旦祸机窃发，岂惟府朝涂地，乃实社稷之忧；莫若劝王行周公之事以安国家。存亡之机，间不容发，正在今日！"无忌曰："吾怀此久矣，不敢发口；今吾子所言，正合吾心，谨当白之。"乃入言世民。世民召玄龄谋之，玄龄曰："大王功盖天地，当承大业；今日忧危，乃天赞也，愿大王勿疑。"乃与府属杜如晦共劝世民诛建成、元吉。

【译文】

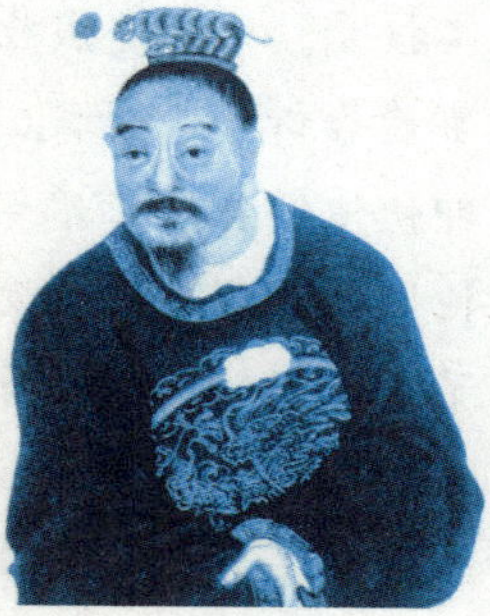
长孙无忌 （？－659年）
中国唐代宰相。字辅机。河南洛阳人。

秦府的人都忧惧不知怎么办。行台考功郎中房玄龄对比部郎中长孙无忌说："如今嫌隙已成，一旦灾祸突然来临，岂止秦府彻底毁灭，实是国家大患；不如劝秦王照周公诛管、蔡叔的办法来安定国家。存亡之机，间不容发，正在今日！"长孙无忌说："我早有这样的想法，不敢讲出来，如今您所说的，正合我意，应当认真禀告秦王。"就进秦府对李世民讲了。李世民把房玄龄叫来商量，房玄龄说："大王功盖天地，理当继承大业；如今大家对局势担忧，正是上天在支持大王，愿大王不要迟疑不决。"就和秦府里的杜如晦一起劝说李世民诛讨建成、元吉。

【原文】

建成、元吉以秦府多骁将，欲诱之使为己用，密以金银器一车赠左二副护军尉迟敬德，并以书招之，……敬德辞。……建成怒，遂与之绝。敬德以告世民，世民曰："公心如山岳，虽积金至斗，知公不移。相遗但受，何所嫌也！且得以知其阴计，岂非良策！不然，祸将及公。"既而元吉使壮士夜刺敬德，敬德知之，洞开重门，安卧不动，刺客屡至其庭，终不敢入。元吉乃谮敬德于上。下诏狱讯治，将杀之，世民固请，得免。又谮左一马军总管程知节，出为康州刺史。知节谓世民曰："大王股肱羽翼尽矣，身何能久！知节以死不去，愿早决计。"又以金帛诱右二护军段志玄，志玄不从。建成谓元吉曰："秦府智略之士，可惮者独房玄龄、杜如晦耳。"皆谮之于上而逐之。世民腹心惟长孙无忌尚在府中，与其舅雍州治中高士廉、右候车骑将军三水侯君集，及尉迟敬德等，日夜劝世民诛建成、元吉。

【译文】

建成、元吉鉴于秦府骁将很多，想引诱过来给自己出力，把一车金银器具偷偷地送给秦府左二副护军尉迟敬德，并写了书信招纳他，……尉迟敬德推辞不接受。……建成生气了，就和他断绝了往来。尉迟敬德把事情告诉了李世民，李世民说："公的心意像山岳那样坚定，即使他们把金子堆到北斗星那样高，我知道公也不会变心。他们送的东西只管收下，怕犯什么嫌疑呢！而且因此可以了解他们的阴谋诡计，岂不很好！否则，祸害将会落到公身上。"不久元吉派壮士在黑夜里行刺尉迟敬德，尉迟敬德知道了，把门一重重都大开着，躺着不动，刺客好几次来到他的院子里，终于不敢再进去。元吉就在皇上那里诬告尉迟敬德，皇上把他下诏狱审讯，要杀掉他，李世民极力说情，才被赦免。又诬告秦府左一马军总管程知节，要他外任康州刺史。程知节对李世民说："大王的股肱羽翼都完了，本身怎能长久！知节死也不去康州，希望大王及早决策。"又用金帛收买秦府右二护军段志玄，段志玄也不干。建成对元吉说："秦府谋士里，可怕的只有房玄龄、杜如晦。"他们到皇上那里说坏话，把他俩都赶出秦府。李世民的心腹只剩下长孙无忌还在府里，他和娘舅雍州治中高士廉、右候车骑将军三水人侯君集，还有尉迟敬德等人，日夜劝李世民诛讨建成、元吉。

段志玄　（？－642年）唐初齐州人（现山东临淄），唐代开国功臣。贞观十六年病故。

【原文】

会突厥郁射设将万骑屯河南，入塞，围乌城，建成荐元吉代世民督诸军北征，上从之，命元吉督右武卫大将军李艺、天纪将军张瑾等救乌城。元吉请尉迟敬德、程知节、段志玄及秦府右三统军秦叔宝等与之偕行，简阅秦王帐下精锐之士以益元吉军。……世民命卜之，幕僚张公谨自外来，取龟投地，曰："卜以决疑；今事在不疑，尚何卜乎！卜而不吉，庸得已乎！"于是定计。

【译文】

正在这时候，突厥头目郁射设率领了上万骑兵驻屯到黄河南岸，进入边塞，围困了乌城。建成就推荐元吉代替李世民督率各路兵马北征。皇上听从了，命令元吉督率右武卫大将军李艺、天纪将军张瑾等去救乌城。元吉要求让尉迟敬德、程知节、段志玄和秦府右三统军秦叔宝等人跟他同去，还挑选秦王帐下的精锐来补充元吉的部队。……李世民用龟卜来判断吉凶，幕僚张公瑾从外面进来，把龟甲往地上一扔，说："卜是用来判断有疑问的事情，现在已没有什么疑问，还卜什么！卜了不吉，难道就能够罢休吗！”于是定下了计划。

【原文】

世民令无忌密召房玄龄等，曰：“敕旨不听复事王，今若私谒，必坐死，不敢奉教！”世民怒，谓敬德曰：“玄龄、如晦岂叛我邪！”取所佩刀授敬德曰：“公往观之，若无来心，可断其首以来。”敬德往，与无忌共谕之曰：“王已决计，公宜速入共谋之。吾属四人，不可群行道中。”乃令玄龄、如晦著道士服，与无忌俱入，敬德自他道亦至。

【译文】

李世民叫长孙无忌秘密地把房玄龄召来，房玄龄等说：“敕旨不准我们再侍奉大王，今天如果私下进谒，必犯死罪，不敢奉大王之教！”李世民火了，对尉迟敬德说：“玄龄、如晦难道都背叛我吗？”取下佩刀给敬德说：“公去看他们，如果真不想前来，可以把他们的脑袋砍下带回来。”尉迟敬德前往，和长孙无忌一起对他们说：“王已经定下大计，公等该赶快进府一起谋划。我们这四个人，不能成群结队地在街上走。”就叫房玄龄、杜如晦穿上道士的衣服，和长孙无忌一起进入秦府，尉迟敬德从另一条道路也赶到。

【原文】

己未，太白复经天。傅奕密奏：“太白见秦分，秦王当有天下。”上以其状授世民。于是世民密奏建成、元吉淫乱后宫，且曰：“臣于兄弟无丝毫负，今欲杀臣，似为世充、建德报仇。臣今枉死，永违君亲，魂归地下，实耻见诸贼！”上省之愕然，报曰：“明当鞫问，汝宜早参。”

【译文】

己未（六月初三日），太白星再次经天，傅奕秘密上奏道：“太白星见于秦的分野，秦王当有天下。”皇上把他的奏章给李世民看。于是李世民上表密奏建成、元吉淫乱后宫，还说：“臣对兄弟丝毫没有亏负，现在想要杀臣，像是在给王世充、窦建德报仇。臣如今含冤死去，永远离别君亲，魂归地下，也实在耻见那些贼人！”皇上看了有点吃惊，回答道：“明天要审问，你该一早来朝参。”

【原文】

庚申，世民帅长孙无忌等入，伏兵于玄武门。张婕妤窃知世民表意，驰语建成。建成召元吉谋之。元吉曰：“宜勒宫府兵，托疾不朝，以观形势。”建成曰：“兵备已严，当与弟入参，自问消息。”乃俱入，趣玄武门。上时已召裴寂、萧瑀、陈叔达等，欲按其事。

【译文】

庚申（初四日），李世民率领长孙无忌等入宫，派兵将埋伏在玄武门内。张婕妤探听到李世民上表的内容，派人快马通知建成。建成召元吉来商量，元吉说：“应该部署好东宫和齐府的军队，托病不入朝，察看形势再说。”建成说：“军队已作了戒备，我当和弟一起进大内朝参，亲自探问一下消息。”于是一起入朝，进入玄武门。皇上这时已经召集裴寂、萧瑀、陈叔达等大臣，准备审问李世民和建成、元吉的事情。

【原文】

建成、元吉至临湖殿，觉变，即跋马东归宫府。世民从而呼之，元吉张弓射世民，再三不彀，世民射建成，杀之。尉迟敬德将七十骑继至，左右射元吉坠马。世民马逸入林下，为木枝所絓，坠不能起。元吉遽至，夺弓将扼之，敬德跃马叱之。元吉步欲趣武德殿，敬德追射杀之。翊卫车骑将军冯翊冯立闻建成死，叹曰：“岂有生受其恩而死逃其难乎！”乃与副护军薛万彻、屈咥直府左车骑万年谢叔方帅东宫、齐府精兵二千驰趣玄武门。张公谨多力，独闭关以拒之，不得入。云麾将军敬君弘掌宿卫兵，屯玄武门，挺身出战，所亲止之曰：“事未可知，且徐观变，俟兵集，成列而战，未晚也！”君弘不从，与中郎将吕世衡大呼而进，皆死之。君弘，显儁之曾孙也。守门兵与万彻等力战良久，万彻鼓噪欲攻秦府，将士大惧；尉迟敬德持建成、元吉首示之，宫府兵遂溃。万彻与数十骑亡入终南山。冯立既杀敬君弘，谓其徒曰："亦足以少报太子矣！"遂解兵，逃于野。

【译文】

张公瑾　字弘慎，魏州繁水人。唐代开国功臣。

建成、元吉走到临湖殿，发现事情不对，立即拨转马头，往东想回宫、府。李世民跟上叫他们，元吉拉弓要射世民，拉了几次都拉不满弓，李世民开弓把建成射死。尉迟敬德带上七十骑接着赶到，左右把元吉射落马下。李世民的马跑进树林里，被树枝绊住，跌下马来爬不起身。元吉很快赶上，夺过李世民手里的弓要弄死他，尉迟敬德跃马上前对元吉大喝一声。元吉想步行逃进武德殿，尉迟敬德追上去把他射死。东宫的翊卫车骑将军冯翊人冯立听到建成被杀，叹口气说："岂有生受其恩而死逃其难的道理！"就和副护军薛万彻、屈咥直府左车骑万年人谢叔方率领东宫、齐府精兵二千骑飞奔玄武门。张公瑾力气大，一个人闭上玄武门顶住，使他们进不来。云麾将军敬君弘统带宿卫禁军，驻屯玄武门，这时挺身而出和东宫、齐府兵对敌，亲近的人劝阻他说："事情还不清楚，姑且缓一下看事情有什么变化，待禁军都来到，摆好阵势再打，也不迟啊！"敬君弘不听，和中郎将吕世衡大声呼喊着冲杀过去都战死了。敬君弘是敬显儁的曾孙。守卫玄武门的军士和薛万彻等奋力相持了好久，薛万彻擂鼓呐喊要攻打秦府，秦府将士大为恐惧；尉迟敬德把建成、元吉的头给东宫、齐府兵看，东宫、齐府兵就此溃散。薛万彻带了几十骑逃进终南山。冯立杀了敬君弘，对他的部下说："多少可以报答太子了！"就丢下兵器，逃到郊外。

【原文】

上方泛舟海池，世民使尉迟敬德入宿卫。敬德擐甲持矛，直至上所。上大惊，问曰："今日乱者谁邪？卿来此何为？"对曰："秦王以太子、齐王作乱，举兵诛之，恐惊动陛下，遣臣宿卫。"上谓裴寂等曰："不图今日乃见此事，当如之何？"萧瑀、陈叔达曰："建成、元吉本不预义谋，又无功于天下，疾秦王功高望重，共为奸谋，今秦王已讨而诛之。秦王功盖宇宙，率土归心，陛下若处以元良，委之国事，无复事矣！”上曰：“善！此吾之夙心也。”时宿卫及秦府兵与二宫左右战犹未已，敬德请降手敕，令诸军并受秦王处分，上从之。天策府司马宇文士及自东上阁门出宣敕，众然后定。上又使黄门侍郎裴矩至东宫晓谕诸将卒，皆罢散。

【译文】

皇上这时正在大内的海池里弄船，李世民派尉迟敬德去保卫。尉迟敬德披甲持矛，一直来到皇上身边。皇上见了大吃一惊，问道：“今天作乱的是谁？卿到这里来干什么？”尉迟敬德回答道：“秦王因为太子、齐王作乱，已经举兵把他们诛杀，怕惊动陛下，派臣来宿卫。”皇上对裴寂等人说：“想不到今天竟见到这样的事情，该怎么办？”萧瑀、陈叔达说：“建成、元吉本来就没有参预太原起兵，又无功于天下，妒忌秦王功高望重，勾结起来搞奸谋，秦王已对他们声讨诛杀。秦王功盖宇宙，天下归心，陛下如把他立为太子，把国家大事都交给他，就平安无事了！”皇上说：“好吧！这正是我素来的心愿。”当时禁军、秦府兵和东宫、齐府左右还继续打着，尉迟敬德请颁布手敕，命令各军都归秦王指挥，皇上依从了。天策府司马宇文士及从东阁门出宫宣布手敕，兵众这才安定下来，皇上又派黄门侍郎裴矩到东宫去开导将士们，他们都罢兵逃散。

【原文】

是日，下诏赦天下，凶逆之罪，止于建成、元吉，自余党与，一无所问。……国家庶事，皆取秦王处分。……癸亥，立世民为皇太子。

【译文】

这天，下诏大赦天下，凶逆有罪的，只是建成、元吉，此外的党羽，都一概不问。……国家政务，全都由秦王处理。……癸亥（八日），立李世民为皇太子。

【原文】

八月……癸亥，诏传位于太子。……甲子，太宗即皇帝位于东宫显德殿。

【译文】

八日……癸亥（七日），皇上下诏传位于皇太子。……甲子（八日），太宗李世民即皇帝位于东宫的显德殿。

太宗治国

【原文】

〔唐高祖武德九年〕（公元626年）

甲子，太宗即皇帝位于东宫显德殿。

【译文】

唐高祖武德九年（公元626年）

初九，唐太宗在东宫显德殿即位当了皇帝。

【原文】

〔九月〕己酉，上面定勋臣长孙无忌等爵邑，命陈叔达于殿下唱名示之，且曰："朕叙卿等勋赏或未当，宜各自言。"于是诸将争功，纷纭不已。淮安王神通曰："臣举兵关西，首应义旗，今房玄龄、杜如晦等专弄刀笔功居臣上，臣窃不服。"上曰："义旗初起，叔父虽首唱举兵，盖亦自营脱祸。及窦建德吞噬山东，叔父全军覆没；刘黑闼再合余烬，叔父望风奔北。玄龄等运筹帷幄，坐安社稷，论功行赏，固宜居叔父之先。叔父，国之至亲，朕诚无所爱，但不可以私恩滥与勋臣同赏耳！"诸将乃相谓曰："陛下至公，虽淮安王尚无所私，吾侪何敢不安其分。"遂皆悦服。房玄龄尝言："秦府旧人未迁官者，皆嗟怨曰：'吾属奉事左右，几何年矣，今除官，返出前宫、齐府人之后。'"上曰："王者至公无私，故能服天下之心。朕与卿辈日所衣食，皆取诸民者也。故设官分职，以为民也，当择贤才而用之，岂以新旧为先后哉！必也新而贤，旧而不肖，安可舍新而取旧乎！今不论其贤不肖，而言直嗟怨，岂为政之体乎！"

【译文】

唐太宗 （599 – 649 年），即李世民。在位 23 年间国泰民安，社会安定，后人称为“贞观之治”。为中国历史上伟大的军事家，卓越的政治家，著名的理论家，书法家和诗人。

九月二十四日，唐太宗当面确定长孙无忌等人的爵位、封邑，令陈叔达在殿下大声向众臣宣布，并且说：“我按各位的功绩大小授予你们官职并奖励，或许有不恰当的地方，请各位发表意见。”于是，各位将帅纷纷争功，乱哄哄地闹个不停。淮安王李神通说：“我在关西举兵，首先响应起义。而今房玄龄、杜如晦等人专靠耍笔杆子，功名却在我的上面，我心里不服。”太宗说：“开始起义时，叔父虽然首先响应并且起兵，大概也是为了避祸。后来窦建德吞并山东时，叔父全军覆没；刘黑闼再次纠合余党反攻，叔父被打得望风逃窜。房玄龄等人在军中出谋划策，因此使国家安定无事，论功行赏，固然应该在叔父的前面。叔父是国家最亲近的亲人，对您，我的确没有什么可吝啬的，只是不能凭着私情胡乱给予您与有功之臣同样的奖赏罢了。”诸位将帅这才互相说：“皇上最公道了，即使是对淮安王，尚且没有什么私心，我们怎敢不安分呢！”于是各人都心悦诚服。房玄龄曾说：“原秦王府的官员中，没有升官的都抱怨说：‘我们在皇上的身边侍候多少年了，现在被任命的官职，反而只在前太子宫和齐王府里的人后面。’”太宗说：“国君大公无私，所以能让天下人心服。我和你们每天吃的穿的，都是从人民那里索取来的。所以，设立官职的目的，是为了人民，这就应该选择有才能的人来任用，怎能根据新人或旧人排定官次的先后呢！要是新人的确有才能，旧人不像样子，怎么可能抛开新人而任用旧人呢！现在不去讲究所任用的人有没有才能，而光说他们满意不满意，难道这是掌管国家的基本原则吗！”

【原文】

〔冬，十月〕初，上皇欲强宗室以镇天下，故皇再从、三从弟及兄弟之子，虽童孺皆为王，王者数十人。上从容问群臣：“遍封宗子，于天下利乎？”封德彝对曰：“前世惟皇子及兄弟乃为王，自余非有大功，无为王者。上皇敦睦九族，大封宗室，自两汉以来未有如今之多者。爵命既崇，多给力役，恐非示天下以至公也！”上曰：“然。朕为天子，所以养百姓也，岂可劳百姓以养已之宗族乎！”十一月，庚寅，降宗室郡王皆为县公，惟有功者数人不降。

【译文】

（冬，十月）当初，高祖皇帝想使自己的宗室强大，用来镇抚天下，所以，凡是与自己同高祖父或曾祖父的兄弟以及自己兄弟的儿子，即使是小孩子也都封为王，封王的达数十人之多。唐太宗从容地询问各大臣，说："普遍地封给同宗的子弟爵位，对天下有利吗？"封德彝回答说："前世只有皇帝的儿子及兄弟才封为王，其余的人，不是有大功劳的都不能封为王。高祖皇帝想促使九族和睦，大封宗室，自两汉以来没有像今天封这么多王的。爵位一高，就赐给他们很多的门卫、奴仆等，这样做恐怕不能向天下人表示自己是大公无私的啊！"太宗说："对，我做天子，是要抚养老百姓，怎么可以劳役老百姓来奉养自己的宗族呢！"十一月初五，唐太宗把宗室封郡王的都降为县公，只有有功的几个人没有降。

房谋杜断

【原文】

[唐太宗贞观三年]（公元629年）

〔二月〕戊寅，以房玄龄为左仆射，杜如晦为右仆射，以尚书右丞魏徵守秘书监，参预朝政。

【译文】

唐太宗贞观三年（公元629年）

（二月）初六，唐太宗任命房玄龄当左仆射，杜如晦当右仆射，用尚书右丞魏徵暂时署理秘书监，参预朝中政事。

【原文】

丁巳，上谓房玄龄、杜如晦曰："公为仆射，当广求贤人，随才授任，此宰相之职也。比闻听受辞讼，日不暇给，安能助朕求贤乎！"因敕"尚书细务属左右丞，惟大事应奏者，乃关仆射"。

【译文】

三月十六日，唐太宗对房玄龄、杜如晦说："你们当仆射，理当广泛地征求贤人，并根据各人的才能任命，这是宰相的职责啊！近来听说你们接受诉讼，每天都没有空闲的时间，这怎么能帮助我征求贤人呢？”因此，就下命令：“做尚书的要把细小的事务交给左右丞去办理，只有大事应该启奏的，才交到仆射那里。”

【原文】

玄龄明达政事，辅以文学，夙夜尽心，惟恐一物失所；用法宽平，闻人有善，若己有之，不以求备取人，不以己长格物。与杜如晦引拔士类，常如不及。至于台阁规模，皆二人所定。上每与玄龄谋事，必曰：“非如晦不能决。”及如晦至，卒用玄龄之策。盖玄龄善谋，如晦能断故也。二人深相得，同心徇国，故唐世称贤相者推房、杜焉。玄龄虽蒙宠待，或以事被谴，辄累日诣朝堂，稽颡请罪，恐惧若无所容。

【译文】

房玄龄　（579－648年）唐代初年名相。名乔，字玄龄。齐州临淄（今山东淄博）人。唐太宗李世民即位，玄龄为中书令。贞观十一年封梁国公。二十二年病逝。

房玄龄对国家的政务非常精明达练，还用文学来辅助教化，日夜尽心为朝廷效力，惟恐有一件事情发生差错；他运用法度比较宽宏平缓，听说哪个人有优点或长处，就像自己也具备（这些长处那样高兴），不会对人求全责备，也从不用自己的长处去苛求别人。他与杜如晦一起引荐提拔读书人，态度谦和，常常表现出好像自己不如他们的样子。至于中央政权各种机构的设置、各种制度的建立，都是两个人商量确定的。唐太宗每次与房玄龄商议国家大事，一定会说：“没有杜如晦来参与，就不能决定。”等到杜如晦来了，太宗最终定会采用房玄龄的策略。这是因为房玄龄善于谋划，而杜如晦决事果断的缘故吧。两个人相互配合得很好，同心为国献智尽忠，所以唐代可称贤良宰相的人应该首推房玄龄和杜如晦二人。房玄龄虽蒙皇帝宠信优待，但有时也会因为某些事情而遭到谴责，他便一连几天都到朝廷里磕头请罪，惶恐得像是无地自容似的。

魏徵进谏

【原文】

[唐太宗贞观六年]（公元632年）

三月，长乐公主将出降，上以公主，皇后所生，特爱之，敕有司资送倍于永嘉长公主。魏徵谏曰："昔汉明帝欲封皇子，曰：'我子岂得与先帝子比！'皆令半楚、淮阳。今资送公主倍于长主，得无异于明帝之意乎！"上然其言，入告皇后。后叹曰："妾亟闻陛下称重魏徵，不知其故，今观其引礼义以抑人主之情，乃知真社稷之臣也！妾与陛下结发为夫妇，曲承恩礼，每言必先候颜色，不敢轻犯威严；况以人臣之疏远，乃能抗言如是，陛下不可不从。"因请遣中使赍钱四百缗、绢四百匹以赐徵，且语之曰："闻公正直，乃今见之，故以相赏。公宜常秉此心，勿转移也。"上尝罢朝，怒曰："会须杀此田舍翁。"后问为谁，上曰："魏徵每廷辱我。"后退，具朝服立于庭，上惊问其故。后曰："妾闻主明臣直，今魏徵直，由陛下之明故也，妾敢不贺！"上乃悦。

【译文】

唐太宗贞观六年（公元632年）

三月，长乐公主将要下嫁。唐太宗认为她是公主，是皇后所生的，特别喜爱她，就下诏令给有关的官员，命令他们赠送贺礼要相当于永嘉长公主出嫁时的两倍。魏徵进谏说："过去汉明帝要封自己几个儿子为王时，说：'我的儿子怎么可以跟先帝的儿子相比呢！'就只给他们楚、淮阳一半的封地。现在，皇上您要求别人送给您女儿长乐公主的贺礼，相当于您姐姐长公主的两倍。这不是跟明帝的意思相反吗？"太宗认为他说得对，回后宫告诉皇后。皇后赞叹说："我屡次听陛下称赞、推重魏徵，不知道其中的缘故，现在看他援引古人的礼义来抑制国君做不当的事，我这才知道他真正是国家的忠臣了！我与陛下结发为夫妻，还经常违反自己的本意，顺从陛下的意旨，每讲

魏徵　（580 – 643年）字玄成，巨鹿下曲阳（今河北晋州市）人。唐初政治家，以陈谏太宗而出名。

一句话都要先看看您的脸色，不敢轻易地冒犯您的威严；何况，魏徵凭着臣与君这样较疏远的关系，却能够这样违抗陛下的意旨而直言！陛下不可不听从他的话啊。”于是皇后就请求唐太宗派遣中使送钱四百串、绢四百匹赏赐给魏徵，并且告诉他说：“听说您很正直，现在我才看到了，所以把这些东西赏给你。您应该永远坚持这种公正，不要动摇。”唐太宗曾有一次下朝回来，怒气冲冲地说：“应该杀掉这个乡下佬！”皇后问要杀谁，太宗说：“魏徵总是在朝廷上当着众官侮辱我。”皇后退下，穿上整整齐齐的朝服站在宫庭前，唐太宗吃惊地问这是什么缘故，皇后说：“臣妾听说君主英明，臣就正直。如今魏徵这么正直，正是由于陛下英明的缘故啊，我怎么敢不祝贺呢！”太宗听了这才高兴起来。

武后称帝

【原文】

[唐则天顺圣皇后天授元年]（公元690年）

九月，丙子，侍御史汲人傅游艺帅关中百姓九百余人诣阙上表，请改国号曰周，赐皇帝姓武氏。太后不许；擢游艺为给事中。于是百官及帝室宗戚，远近百姓，四夷酋长、沙门、道士合六万余人，俱上表如游艺所请，皇帝亦上表，自请赐姓武氏。戊寅，群臣上言：“有凤皇自明堂飞入上阳宫，还集左台梧桐之上，久之，飞东南去；及赤雀数万集朝堂。”

武则天　（624 – 705年），名曌，并州文水（今山西文水东）人，唐高宗李治的皇后，高宗去世后，武则天相继废掉两个儿子中宗和睿宗，自己做了皇帝，改国号为“周”，史称“武周”。

【译文】

唐则天顺圣皇后天授元年（公元690年）

九月三日，侍御史汲县（今属河南）人傅游艺率领关中（今属陕西）百姓九百多人，前往皇宫送上表章，请求将国家的称号改作周，赐给皇帝（武则天之子，唐睿宗李旦）姓武氏。太后（武则天）没有许可，但擢升傅游艺为给事中。于是，百官以及皇室的宗族亲戚、远近百姓、周边少数民族的酋长、和尚、道士共六万多人，都上奏表章，和傅游艺所请求的相同。皇帝也上表章，自己请求赐给武氏姓。五日，群臣上奏说："有群凤凰从明堂飞入上阳宫，又飞回来聚集在左肃政台院内的梧桐树上。过了很久，飞向东南方向去了。又有红色雀鸟数万只飞来集合在朝堂之上。"

【原文】

庚辰，太后可皇帝及群臣之请。壬午，御则天楼。赦天下，以唐为周，改元。乙酉，上尊号曰圣神皇帝，以皇帝为皇嗣，赐姓武氏；以皇太子为皇孙。

【译文】

七日，太后批准了皇帝和群臣的请求。九日，亲临则天楼，大赦天下，改唐朝为周朝，改年号。十二日，奉上尊号为圣神皇帝，任命皇帝为皇嗣，赐姓武氏，以皇太子为皇孙。

开元贤相

【原文】

[唐玄宗开元四年]（公元716年）

丙申，以尚书左丞源乾曜为黄门侍郎、同平章事。

姚崇无居第，寓居罔极寺，以病痁谒告，上遣使问饮食起居状，日数十辈。源乾曜奏事或称旨，上辄曰："此必姚崇之谋也。"或不称旨，辄曰："何不与姚崇议之？"乾曜常谢实然。每有大事，上常令乾曜就寺问崇。癸卯，乾曜请迁崇于四方馆，仍听家人入侍疾；上许之。崇以四方馆有簿书，非病者所宜处，固辞。上曰："设四方馆，为官吏也；使卿居之，为社稷也。恨不可使卿居禁中耳，此何足辞！"

【译文】

唐玄宗开元四年（公元716年）

（十一月）二十四日，任命尚书左丞源乾曜为黄门侍郎、同平章事。姚崇没有自己的宅第，寄居在罔极寺，因为疟疾向皇帝请假，玄宗派遣使者去询问他饮食起居的情况，每天达几十次之多。源乾曜上奏有时很合玄宗心意，玄宗就会说："这一定是姚崇的主意。"有时不合玄宗心意，玄宗则会讲："怎么不同姚崇商量商量？"源乾曜也多次告罪承认玄宗讲的都是事实。每逢遇到有大事，玄宗常常会叫源乾曜到罔极寺去询问姚崇的意见。（十二月）初一，源乾曜请求玄宗让姚崇搬到四方馆住，并准许他家人入馆照料侍候他，玄宗同意他的意见。姚崇认为四方馆中存有官府的文书，不是他这种病人适合去居住的，坚决推辞。玄宗说："设置四方馆，就是为了服务于官吏们。让你住在那儿，是为了国家社稷。我真恨不得能让你住到皇宫中来，这还有什么值得推辞的呢？"

【原文】

崇子光禄少卿彝、宗正少卿异，广通宾客，颇受馈遗，为时所讥。主书赵诲为崇所亲信，受胡人赂，事觉，上亲鞫问，下狱当死，崇复营救，上由是不悦。会曲赦京城，敕特标诲名，杖之一百，流岭南。崇由是忧惧，数请避相位，荐广州都督宋璟自代。

【译文】

姚崇的儿子光禄少卿姚彝、宗正少卿姚异，广交宾客，接受了大量的馈赠礼品，受到当时人们的指责。主书赵诲受姚崇亲近任用，接受了胡人的贿赂，事情被发觉后，玄宗亲自审问，赵诲被收捕入狱判死罪。姚崇又出面营救，玄宗因此不高兴。刚好遇上因特殊事情赦免京城的罪犯，玄宗又在赦令中专门标出了赵诲的名字，下令对他施杖刑一百，流放岭南。姚崇因此心中担忧害怕，多次请求辞去宰相的职位，推荐广州都督宋璟代替自己做宰相。

【原文】

十二月，上将幸东都，以璟为刑部尚书、西京留守，令驰驿诣阙，遣内侍、将军杨思勖迎之。璟风度凝远，人莫测其际，在途竟不与思勖交言。思勖素贵幸，归，诉于上，上嗟叹良久，益重璟。

【译文】

十二月，玄宗将前往东都洛阳，任命宋璟为刑部尚书、西京留守，命令宋璟乘快车赶往朝廷，又派遣内侍、将军杨思勖前去迎接。宋璟风度凝重深沉，让人难以揣摩他的心思，在路上竟然不同杨思勖搭话。杨思勖一向身份高贵，很受玄宗宠幸，回京城后，告诉了玄宗，玄宗感叹了很久，更加看重宋璟。

【原文】

丙辰，上幸骊山温汤。乙丑，还宫。

闰月，己亥，姚崇罢为开府仪同三司，源乾曜罢为京兆尹、西京留守，以刑部尚书宋璟守吏部尚书兼黄门监，紫微侍郎苏颋同平章事。

【译文】

十四日，唐玄宗来到骊山温泉。二十三日，唐玄宗回到宫中。

闰十二月二十八日，姚崇免去原来官职，被任命为开府仪同三司，源乾曜也免去原官职被任命为京兆尹、西京留守，任命刑部尚书宋璟守吏部尚书兼黄门监，紫微侍郎苏颋同平章事。

【原文】

璟为相，务在择人，随材授任，使百官各称其职；刑赏无私，敢犯颜直谏。上甚敬惮之，虽不合意，亦曲从之。

【译文】

宋璟做宰相，致力于选择人才，根据才能大小授予官位，让百官都人人称职。刑罚和赏赐均铁面无私，敢于冒犯龙颜直言进谏。连玄宗也对他十分敬畏，就算不合自己心意，也要曲意听从他。

【原文】

突厥默啜自则天世为中国患，朝廷旰食，倾天下之力不能克。郝灵荃得其首，自谓不世之功。璟以天子好武功，恐好事者竞生心徼倖，痛抑其赏，逾年始授郎将，灵荃恸哭而死。

【译文】

突厥默啜自从武则天朝以来就成为唐王朝的边患，朝廷废寝忘食，竭尽全部力量也不能制服。郝灵荃得到突厥默啜的首级，自以为立下了了不起的大功。宋璟则认为天子好武功，担心好事之人竞相心存侥幸刻意邀功求赏，于是极力限制给郝灵荃的赏赐，过了一年才授予他郎将官职。郝灵荃为此痛哭而死。

【原文】

璟与苏颋相得甚厚，颋遇事多让于璟，璟每论事则颋为之助。璟尝谓人曰："吾与苏氏父子皆同居相府，仆射宽厚，诚为国器，然献可替否，吏事精敏，则黄门过其父矣。"

【译文】

宋璟和苏颋相处得很不错，颋遇到事情总是对宋璟谦让，宋璟每说到什么事苏颋又尽力帮助。宋璟曾经对人说："我同苏家父子都一同担任过宰相，苏仆射待人宽厚，的确是国家不可多得的人才。但在对朝政大事提出建议和在处理政事的精敏方面，苏璟则超过了他的父亲。"

【原文】

姚、宋相继为相，崇善应变成务，璟善守法持正；二人志操不同，然协心辅佐，使赋役宽平，刑罚清省，百姓富庶。唐世贤相，前称房、杜，后称姚、宋，它人莫得比焉。二人每进见，上辄为之起，去则临轩送之。及李林甫为相，虽宠任过于姚、宋，然礼遇殊卑薄矣。紫微舍人高仲舒博通典籍，齐浣练习时务，姚、宋每坐二人以质所疑，既而叹曰："欲知古，问高君，欲知今，问齐君，可以无缺政矣。"

【译文】

宋璟　(663－738年)，南和县阎里乡宋台人。唐开元十七年（公元729年）拜尚书右丞相。经武、中宗、睿宗、殇帝、玄宗五帝，在任52年。

姚崇、宋璟相继做宰相，姚崇善于随机应变地完成任务宋璟则善于遵守法规坚持正道。两个人志向节操不同，但却同心辅佐玄宗，使当时税赋减少、徭役减轻、刑罚放宽，百姓生活富裕安宁。唐代的贤明宰相，前有太宗时代的房玄龄和杜如晦，后有玄宗时的姚崇和宋璟，其他的则没有能同他们相提并论的。他们两人每次进见，玄宗都要起身迎接，离开时玄宗又要到殿前相送。到以后李林甫做了宰相，虽然所受的宠幸重用超过了姚崇和宋璟，但所受的礼遇比起姚、宋二人就太微薄了。紫微舍人高仲舒博览群书，精通典籍，齐浣则通晓时事政务，姚崇和宋璟常常到他们两人那儿去询问疑难问题，之后便会感叹："想要了解古代的事情，去问高君；想要知道当今的事情，问齐君。这样，处理政事就不会有什么差错了！"

口蜜腹剑

【原文】

[唐玄宗天宝元年]（公元742年）

李林甫为相，凡才望功业出己右，及为上所厚、势位将逼己者，必百计去之。尤忌文学之士，或阳与之善，啖以甘言而阴陷之。世谓李林甫"口有蜜，腹有剑"。

【译文】

唐玄宗天宝元年（公元742年）

李林甫做了宰相以后，对凡是才能名望和所建功业高于自己的人，以及被唐玄宗宠信而权位将要逼近自己的，千方百计要除去他们。他特别忌恨因有文学才干而做官的人，有时假装与他们友好，口中说着好话，背地里却陷害他们。世人称李林甫是"口有蜜，腹有剑"。

【原文】

上尝陈乐于勤政楼下，垂帘观之。兵部侍郎卢绚谓上已起，垂鞭按辔，横过楼下；绚风标清粹，上目送之；

深叹其蕴藉；林甫常厚以金帛赂上左右，上举动必知之；乃召绚子弟谓曰："尊君素望清崇，今交、广藉才，圣上欲以尊君为之，可乎？若惮远行，则当左迁；不然，则以宾、詹分务东洛，亦优贤之命也，何如？"绚惧，以宾、詹为请。林甫恐乖众望，乃除华州刺史。到官未几，诬其有疾，州事不理，除詹事、员外同正。

唐玄宗

【译文】

唐玄宗曾经在勤政楼垂帘欣赏歌舞。兵部侍郎卢绚以为玄宗已起，便提鞭按辔，从楼下穿过。卢绚风度清雅，玄宗目送他离去，深深感叹他含蓄不露的气质。李林甫常用丰厚的金银财宝贿赂唐玄宗周围的人，玄宗的一举一动他全都知道。于是招来卢绚的儿子对他说："你父亲素来名望很高，现在交州、广州需要有才能的人，皇上想让你父亲去，可以吗？如果害怕远行，就要降职。不然，以太子宾客、詹事的身份到东都洛阳做官，也算是优待贤者的任命，怎么样？"卢绚知道后害怕了，便主动奏请做太子宾客、詹事。李林甫又怕违背大家的意愿，就任命卢绚为华州刺史。卢绚赴任以后不久，又诬陷他有病，不理州中事务，任命他为詹事、员外同正。

【原文】

上又尝问林甫以"严挺之今安在？是人亦可用"。挺之时为绛州刺史。林甫退，召挺之弟损之，谕以："上待尊兄意甚厚，盍为见上之策，奏称风疾，求还京师就医。"挺之从之。林甫以其奏白上云："挺之衰老得风疾，宜且授以散秩，使便医药。"上叹吒久之；夏，四月，壬寅，以为詹事，又以汴州刺史、河南采访使齐浣为少詹事，皆员外同正，于东京养疾，浣亦朝廷宿望，故并忌之。

【译文】

唐玄宗有一次曾问李林甫："严挺之现在在哪里？这人还可以重用。"严挺之当时在做绛州刺史。李林甫退下后，招来严挺之的弟弟严损之，告诉他："皇上对你哥哥十分看重，为何不借此作进见的打算，上奏说得了风疾，请求回京师就医。"严挺之听从了他的话。李林甫又根据严挺之的奏书对唐玄宗说："严挺之年纪衰老，又中了风，应该授以散官，让他便于就医。"唐玄宗听后为之叹息了很久。夏天，四月二十八日，任命严挺之为詹事，又任命汴州刺史、河南采访使齐浣为少詹事，与严挺之都为员外同正，在东京养病。齐浣在朝中素有名望，所以李林甫也忌恨他。

杨氏兄妹

【原文】

[唐玄宗天宝七载]（公元748年）

十一月，癸未，以贵妃姊适崔氏者为韩国夫人，适裴氏者为虢国夫人，适柳氏者为秦国夫人。三人皆有才色，上呼之为姨，出入宫掖，并承恩泽，势倾天下。每命妇入见，玉真公主等皆让不敢就位。三姊与铦、锜五家，凡有请托，府县承迎，峻于制敕。四方赂遗，辐凑其门，惟恐居后，朝夕如市。十宅诸王及百孙院婚嫁，皆先以钱千缗赂韩、虢使请，无不如志。上所赐与及四方献遗，五家如一。竞开第舍，极其壮丽，一堂之费，动逾千万；既成，见他人有胜己者，辄毁而改为。虢国尤为豪荡，一旦，帅工徒突入韦嗣立宅，即撤去旧屋，自为新第，但授韦氏以隙地十亩而已。中堂既成，召工圬墁，约钱二百万；复求赏技，虢国以绛罗五百段赏之，嗤而不顾，曰："请取蝼蚁、蜥蜴，记其数置堂中，苟失一物，不敢受直。"

【译文】

唐玄宗天宝七载（公元748年）

十一月十七日，唐玄宗封杨贵妃嫁给崔氏的姐姐为韩国夫人，嫁给裴氏的姐姐为虢国夫人，嫁给柳氏的姐姐为秦国夫人。这三人都生得颇为漂亮，玄宗

华清出浴图

称他们为姨，可以出入宫禁，三人都受到玄宗的恩宠，权势极大。每当这三位有封号的妇人入宫晋见玄宗，就是玉真公主等也都相让不敢就位。三姐妹与杨铦、杨锜五家，凡是有什么要求，府县官吏立刻就办，执行起来比皇帝下的敕书还快。各方赠送贿赂的东西，全聚集在他们家中，人们巴结他们犹恐不及，成日里家中门庭若市。十王宅中的诸王以及百孙院中的皇孙们的婚嫁大事，都要用钱一千缗贿赂韩国夫人和虢国夫人，让她们代为向玄宗请求，结果无不如意。玄宗所赏赐的和各地献上的东西，这五家都一样。他们竞相建造豪宅大屋，极为壮观华丽，一间厅堂的耗费，动辄上千万。建成之后，若看到别人有超过自己的，便毁掉重建。虢国夫人特别奢侈，一天早上，她带领工匠闯进韦嗣立家里，立马撤去韦家的旧房子，自己在这里建造新屋，只给了韦家十亩空地。中堂建成了，招工匠涂饰墙壁，便花了二百万缗钱。工匠们又要求赏赐技艺钱，虢国夫人拿了五百段红色绫罗赏赐他们，工匠们却嗤之以鼻，瞧也不瞧，说："请拿些蝼蚁、蜥蜴来，记好它们的只数，放在堂中，如果跑掉一只，我们都不敢接受工钱。"

范阳起兵

【原文】

〔唐玄宗天宝十三载〕（公元754年）

春，正月，己亥，安禄山入朝。是时杨国忠言禄山必反，且曰："陛下试召之，必不来。"上使召之，禄山闻命即至。庚子，见上于华清宫，泣曰："臣本胡人，陛下宠擢至此，为国忠所疾，臣死无日矣！"上怜之，赏赐巨万。由是益亲信禄山，国忠之言不能入矣。太子亦知禄山必反，言于上，上不听。

【译文】

唐玄宗天宝十三载（公元754年）

春季正月初三，（范阳、平卢、河东三镇节度使）安禄山奉玄宗手诏入朝谒见。当时，杨国忠说安禄山一定会反叛朝廷，并且说："陛下试试看，召他入朝，他一定不会来。"唐玄宗写手诏派人征召安禄山入朝。安禄山接到皇帝的手诏后，立即从范阳赶来谒见。正月初四，安禄山在华清宫进见唐玄宗，哭着说："我本是胡人，承蒙陛下宠爱，提拔到这样的地位，被杨国忠所嫉妒，我可能没几天就要被害死了！"唐玄宗怜惜他，赏赐给他好几万钱，从此唐玄宗更加信任安禄山，杨国忠的话听不进去了。太子也知道安禄山一定会谋反，对唐玄宗说，唐玄宗也不听。

唐玄宗　即李隆基，又称唐明皇，睿宗李旦第三子。与太平公主合谋发动政变，杀韦后，拥其父睿宗即位，被立为太子。延和元年（712年），受禅即位，改元开元。

【原文】

上欲加安禄山同平章事，已令张垍草制。杨国忠谏曰："禄山虽有军功，目不知书，岂可为宰相！制书若下，恐四夷轻唐。"上乃止。乙巳，加禄山左仆射，赐一子三品、一子四品官。

【译文】

唐玄宗想加封安禄山为同平章事，已经让张垍草拟了任命的文件。杨国忠知道后进谏说："安禄山虽然建立过军功，但目不识丁，怎么可以当宰相呢！如果陛下的文件一下发，恐怕四方的异族会轻视我大唐帝国啊！"唐玄宗听了杨国忠的进谏，这件事才作罢。正月初九，加封安禄山为左仆射，并赐给他一个儿子为三品官，一个儿子为四品官。

【原文】

（二月，）己丑，安禄山奏："臣所部将士讨奚、契丹、九姓、同罗等，勋效甚多，乞不拘常格，超资加赏，仍好写告身付臣军授之。"于是除将军者五百余人，中郎将者二千余人。禄山欲反，故先以此收众心也。

【译文】

（二月）十三日，安禄山又呈上奏章说："我部所属的将士在讨伐奚、契丹、九姓、同罗等战役中，都建立了很大的功勋，乞求陛下不拘常规，破格给予奖赏，还请写好委任状，交付给我军授予他们。"于是朝廷授予安禄山部下五百多人为将军，二千多人为中郎将。安禄山想要反叛，所以先用这一套封官嘉奖的手段来笼络人心。

【原文】

三月，丁酉朔，禄山辞归范阳。上解御衣以赐之，禄山受之惊喜。恐杨国忠奏留之，疾驱出关。乘船沿河而下，令船夫执绳板立于岸侧，十五里一更，昼夜兼行，日数百里，过郡县不下船。自是有言禄山反者，上皆缚送之，由是人皆知其将反，无敢言者。

【译文】

三月初一，安禄山辞别唐玄宗，要回范阳。唐玄宗脱下身上穿的御衣赐给他，安禄山又惊又喜地接受了。他担心杨国忠启奏皇上，把他扣留下来，所以赶紧驱马奔出潼关。乘船沿着黄河而下，命令船夫拿着纤绳和挽船板站在河岸的两侧，十五里就更换一批纤夫，乘船日夜兼行，一天走几百里，经过郡县也不下船。从此以后，朝中凡是有讲安禄山要谋反的人，唐玄宗都要把他捆绑起来，送给有关部门处置。因此，人人都知道安禄山将要谋反，但没有一个人敢说。

【原文】

[唐玄宗天宝十四载]（公元755年）

安禄山归至范阳，朝廷每遣使者至，皆称疾不出迎，盛陈武备，然后见之。裴士淹至范阳，二十余日乃得见，无复人臣礼。杨国忠日夜求禄山反状，使京兆尹围其第，捕禄山客李超等，送御史台狱，潜杀之。禄山子庆宗尚宗女荣义郡主，供奉在京师，密报禄山，禄山愈惧。六月，上以其子成婚，手诏禄山观礼，禄山辞疾不至。秋，七月，禄山表献马三千匹，每匹执控夫二人，遣蕃将二十二人部送。河南尹达奚珣疑有变，奏请"谕禄山以进车马宜俟至冬，官自给夫，无烦本军"。于是上稍寤，始有疑禄山之意。会辅璆琳受赂事亦泄，上托以它事扑杀之。上遣中使冯神威赍手诏谕禄山，如珣策；且曰："朕新为卿作一汤，十月于华清宫待卿。"神威至范阳宣旨，禄山踞床微起，亦不拜，曰："圣人安隐。"又曰："马不献亦可，十月灼然诣京师。"即令左右引神威置馆舍，不复见；数日，遣还，亦无表。神威还，见上，泣曰："臣几不得见大家！"

【译文】

唐玄宗天宝十四载（公元755年）

安禄山回到范阳，朝廷每次派遣使者到那里，他都称病不出来迎接。要出来会见时，总是要大张旗鼓地陈列军械、布置卫队，然后才会见。朝廷使者裴士淹到范阳，等了二十几天才得以见到安禄山，而且安禄山一点没有做臣子的礼节。杨国忠日夜搜寻安禄山谋反的证据，就派京兆尹包围他在京城的住宅，捉住安禄山的门客李超等人，押送到御史台的监狱，偷偷地把他们杀了。安禄山的儿子安庆宗娶了唐宗室的女儿荣义郡主为妻，在京都皇帝身边供职，得知这些情况，就秘密地报告安禄山，安禄山更加恐惧（阴谋败露）。（天宝十四年）六月，唐玄宗以儿子结婚为名，亲手写诏书召安禄山回京都观礼，安禄山推辞有病，没到京师。秋季七月，安禄山上表献三千匹马，每匹要派两个牵马的人，另外派二十二个蕃将押送，（想趁机袭击京师）。河南尹达奚珣怀疑将有事变，所以奏请朝廷要"明白告诉安禄山，进献车马应该等到冬季，官府自行派遣牵夫，无须烦劳本军士兵"。于是，唐玄宗稍有醒悟，开始有了怀疑安禄山的意思。正好辅璆琳受安禄山贿赂的事也败露了，唐玄宗就借托其他的事故，把辅璆琳打死了。唐玄宗按照达奚珣的计策，派遣中使冯神威送手诏通知安禄山；并让他转告说："我最近特地替你造了一座新的温泉浴池，十月在华清宫等待你。"冯神威到范阳宣布圣旨，安禄山坐在榻上稍微起身，也不拜谢，只淡淡地说："皇上安稳。"又说："马不献也可以，十月一定到京师。"立即命令左右官员带领冯神威到馆舍住宿，再也不见他。几天之后，就遣送他回去，也没有给皇上上表谢恩。冯神威回京后，见了唐玄宗，哭着说："我几乎不能见到皇上了！"

【原文】

安禄山专制三道，阴蓄异志，殆将十年，以上待之厚，欲俟上晏驾然后作乱。会杨国忠与禄山不相悦，屡言禄山且反，上不听；国忠数以事激之，欲其速反以取信于上。禄山由是决意遽反，独与孔自官、太仆丞严庄、掌书记、屯田员外郎高尚、将军阿史那承庆密谋，自余将佐皆莫之知，但怪其自八月以来，屡飨士卒，秣马厉兵而已。会有奏事官自京师还，禄山诈为敕书，悉召诸将示之曰："有密旨，令禄山将兵入朝讨杨国忠，诸君宜即从军。"众愕然相顾，莫敢异言。十一月，甲子，禄山发所部兵及同罗、奚、契丹、室韦凡十五万众，号二十万，反于范阳。命范阳节度副使贾循守范阳，平卢节度副使吕知诲守平卢，别将高秀岩守大同；诸将皆引兵夜发。

【译文】

唐·孔武有力的武官

安禄山独霸范阳、平卢、河东三镇，暗地里蓄谋反叛，差不多将近十年了。因为唐玄宗对待他恩情很厚，所以他想等唐玄宗去世后再起兵作乱。当杨国忠与安禄山闹矛盾时，杨国忠经常说安禄山将要谋反，唐玄宗不听。杨国忠又多次挑起事端来刺激安禄山，想促使他赶快反叛，以便取得唐玄宗的信任。安禄山因此决定马上反叛。他单独和孔自官、太仆丞严庄、掌书记、屯田员外郎高尚、将军阿史那承庆密谋，其余的将吏都不知道，他们只是奇怪从八月以来，安禄山多次犒赏士兵，做好作战准备而已。正好这时有一个安禄山派到京师长安去的奏事官回来了，安禄山就趁机假造了皇帝的诏书，把部下的将军们都召集来，将假诏书给他们看，并且瞎说："有皇帝秘密的命令，叫我带兵入朝，讨伐杨国忠，你们大家都应该随军进发。"大家看了都很惊讶，只是你看看我，我看看你，没有人敢说不同的意见。十一月初九，安禄山调发自己部下的军队和同罗、奚、契丹、室韦等部族军队，总计十五万人，号称二十万，在范阳发动叛乱。他命令范阳节度副使贾循守范阳，平卢节度副使吕知诲守平卢，别将高秀岩守大同；各将领都带兵连夜进发。

张巡守城

【原文】

〔唐肃宗至德元载〕（公元756年）

初，雍丘令令狐潮以县降贼，贼以为将，使东击淮阳救兵于襄邑，破之，俘百余人，拘于雍丘，将杀之，往见李庭望；淮阳兵遂杀守者，潮弃妻子走，故贾贲得以其间入雍丘。庚子，潮引贼精兵攻雍丘；贲出战，败死。张巡力战却贼，因兼领贲众，自称吴王先锋使。

【译文】

唐肃宗至德元载（公元756年）

原先，雍丘县令令狐潮献出县城投降了安禄山叛军。安禄山任命他为将军，派他率领军队在襄邑阻击淮阳来的唐朝援军，令狐潮打败了他们，并俘虏了一百多人，拘禁在雍丘，准备杀掉他们，因为出城去拜见陈留节度使李庭望，未及行刑；被俘的淮阳士兵就趁机杀了看守的人，（关闭了城门，）令狐潮丢弃了妻子儿女狼狈逃走，所以贾贲（和张巡）能够趁这个机会进入雍丘。（二月）十六日，令狐潮率领叛军中的精锐部队攻打雍丘；贾贲出城迎战，战败阵亡。张巡尽力抵抗，打退了叛军，于是，同时统领贾贲的军队，自称是河南都知兵马吴王李祇的先锋使。

【原文】

三月，乙卯，潮复与贼将李怀仙、杨朝宗、谢元同等四万余众奄至城下；众惧，莫有固志。巡曰："贼兵精锐，有轻我心。今出其不意击之，彼必惊溃。贼势小折，然后城可守也。"乃使千人乘城；自帅千人，分数队，开门突出。巡身先士卒，直冲贼陈，人马辟易，贼遂退。明日，复进攻城，设百炮环城，楼堞皆尽；巡于城上立木栅以拒之。贼蚁附而登，巡束蒿灌脂，焚而投之，贼不得上。时伺贼隙，出兵击之，或夜缒斫营，积六十余日，大小三百余战，带甲而食，裹疮复战，贼遂败走。巡乘胜追之，获胡兵二千人而还，军声大振。

【译文】

三月初二，令狐潮又与安禄山军队的将领李怀仙、杨朝宗、谢元同等四万多士兵突然打到雍丘城下；张巡的部下都很恐惧，没有坚守城池的意志。张巡说："贼兵精锐，有轻视我们的心理。现在，我们出其不意攻击敌人，他们一定会惊惶溃败的。贼军的气焰稍受挫折之后，我们的城池就可守住了。"于是，张巡就派千把个士兵登上城墙；又亲自率领千把人，分成几队，开城门冲出去。张巡身先士卒，直冲贼军阵地，敌军人马惊恐败退。第二天，敌人又来进攻，摆设上百门火炮包围城池，雍丘的城楼和堞墙被炸毁。张巡命令士兵在城墙上竖立木栅来抵御敌人的进攻。叛军像蚂蚁一样附在城墙上往上攀登。张巡的军队把干枯的秸秆捆成一束一束，浇上油脂，然后点燃丢下去，使贼军不能爬上城楼。有时又趁叛军稍有松懈，出兵袭击。有时就在夜间用绳子把战士吊下城外，去偷袭敌人的军营。坚守六十多天，经过大小三百多次战斗，将士们穿着盔甲吃饭，包扎好伤口又坚持战斗，贼军终于失败逃走。张巡率领军队乘胜追击，捕获敌人约两千人，胜利归来，军威大振。

张巡　唐蒲州河东（今山西永济）人，生于唐中宗景龙二年（708年），卒于唐肃宗至德二载（757年）。

【原文】

〔五月，〕令狐潮复引兵攻雍丘。潮与张巡有旧，于城下相劳苦如平生，潮因说巡曰："天下事去矣，足下坚守危城，欲谁为乎？"巡曰："足下平生以忠义自许，今日之举，忠义何在！"潮惭而退。

【译文】

（五月，）令狐潮再次率领叛军攻打雍丘。令狐潮与张巡原来是老相识，先在城下像平时一样相互问候。令狐潮趁机劝说张巡："唐朝的天下大体上已经丧失了，你坚守垂危的孤城，是为了谁呢？"张巡回答说："你平生自称忠义，现在你投降叛军，还来攻打我们，忠义在哪里呢！"令狐潮惭愧地退下去。

【原文】

令狐潮围张巡于雍丘，相守四十余日，朝廷声问不通。潮闻玄宗已幸蜀，复以书招巡。有大将六人，官皆开府、特进，白巡以兵势不敌，且上存亡不可知，不如降贼。巡阳许诺。明日，堂上设天子画像，帅将士朝之，人人皆泣。巡引六将于前，责以大义，斩之。士心益劝。

【译文】

令狐潮包围张巡据守的雍丘，双方对峙四十多天，张巡与朝廷失去联系，音信不通。令狐潮听说玄宗皇帝已经仓皇逃往四川，又写信招降张巡。张巡部下中有六个大将，都是开府、特进一类的官员，他们对张巡诉说兵力敌不过叛军，况且皇帝的生死也不知道，不如投降安禄山。张巡假意答应。第二天，张巡在大厅上悬挂皇帝的画像，带领将士朝拜，人人都挥泪哭泣。张巡拉着那六个说要投降的大将到前面来，责备他们不忠不义，当场把他们杀了。这样，将士们的斗志更加激昂，互相劝勉要为国尽忠。

唐·英武威严的武官

【原文】

城中矢尽，巡缚藁为人千余，被以黑衣，夜縋城下，潮兵争射之，久乃知其藁人；得矢数十万。其后复夜縋人，贼笑不设备，乃以死士五百斫潮营；潮军大乱，焚垒而遁，追奔十余里。潮惭，益兵围之。

【译文】

城里箭用完了，张巡就用稻草扎成一千多个草人，披上黑衣服，夜晚用绳子拴住草人吊到城下，令狐潮的士兵都争先恐后地朝他们射箭，许久才知道那些是草人，结果张巡的部队缴获了几十万支箭。这以后又在一天夜间把士兵縋下城去，叛军感到可笑，因此不作防备。张巡就这样派出五百名敢死队偷袭敌营，令狐潮的军队大乱，放火烧掉营垒，狼狈奔逃，张巡的军队追赶了十几里。令狐潮非常羞愧，就加派军队包围雍丘。

【原文】

巡使郎将雷万春于城上与潮相闻，语未绝，贼弩射之，面中六矢而不动。潮疑其木人，使谍问之，乃大惊，遥谓巡曰："向见雷将军，方知足下军令矣，然其如天道何！"巡谓之曰："君未识人伦，焉知天道！"未几，出战，擒贼将十四人，斩首百余级。贼乃夜遁，收兵入陈留，不敢复出。

【译文】

张巡派中郎将雷万春在城楼上与令狐潮对话，贼兵用弩箭射击雷万春，雷万春脸上中了六箭，仍然站在那里不动。令狐潮怀疑那是木头人，就派间谍探听，知道就是雷万春，才大为惊讶，远远地对张巡说："前些时候看见雷将军这种英勇表现，才知道足下军令之严啊！但是唐朝的气数快要完了，又有什么办法呢？"张巡对他说："你背叛朝廷投降叛军，连做臣子要忠于君主的道理都不知道，又怎么能知道天命呢！"没多久，张巡又出城迎战，活捉了敌人十四个将领，杀死一百多个敌人。叛军连夜逃走，收兵退入陈留，不敢再出来。

【原文】

顷之，贼步骑七千余众屯白沙涡，巡夜袭击，大破之。还，至桃陵，遇贼救兵四百余人，悉擒之。分别其众，妫、檀及胡兵，悉斩之；荥阳、陈留胁从兵，皆散令归业。旬日间，民去贼来归者万余户。

【译文】

过了不久，叛军步骑兵七千人多驻扎在白沙涡，张巡于夜间袭击，大败敌军。部队返回时在桃陵遇到敌人的救兵四百多人，又把他们全部俘虏了。张巡分别对待这些人，凡是妫州、檀州和胡人等安禄山的嫡系士兵，全部斩首，而荥阳、陈留等地的胁从士兵，全部解散，让他们回家从事原来的职业。十天之内，民众离弃贼军来归附张巡的有一万多户。

马嵬事变

【原文】

〔唐肃宗至德元载〕（公元756年）

是时，天下以杨国忠骄纵召乱，莫不切齿。又，禄山起兵以诛国忠为名，王思礼密说哥舒翰，使抗表请诛国忠，翰不应。思礼又请以三十骑劫取以来，至潼关杀之，翰曰："如此，乃翰反，非禄山也。"或说国忠："今朝廷重兵尽在翰手，翰若援旗西指，于公岂不危哉！"国忠大惧，乃奏："潼关大军虽盛，而后无继，万一失利，京师可忧，请选监牧小儿三千于苑中训练。"上许之，使剑南军将李福德等领之。又募万人屯灞上，令所亲杜乾运将之，名为御贼，实备翰也。翰闻之，亦恐为国忠所图，乃表请灞上军隶潼关；六月，癸未，召杜乾运诣关，因事斩之；国忠益惧。

【译文】

唐肃宗至德元年（公元756年）

唐·三彩胡人牵马俑

这时，天下人都认为杨国忠骄纵而招致了安禄山的叛乱，因此，对杨国忠无不切齿痛恨；再说安禄山起兵，是以讨伐杨国忠为借口的。王思礼暗地里劝说哥舒翰，叫他向玄宗皇帝上表，强烈要求诛杀杨国忠，哥舒翰没有答应。王思礼又请求用三十名骑兵把杨国忠劫持，到潼关后把他杀掉。哥舒翰回答说："这样做，倒是我哥舒翰反叛，而不是安禄山反叛了。"有人到杨国忠那里游说道："现在朝廷重兵都掌握在哥舒翰手中，哥舒翰如果举旗西向，对您来说岂不是很危险吗！"杨国忠听了十分害怕，于是上奏唐玄宗说："守潼关的哥舒翰大军虽然强大，但是没有后继部队，潼关万一失利，京都长安就值得担忧了。请选择养马场的青年士兵三千人，在禁苑训练，以备万一。"唐玄宗答应了，杨国忠就叫剑南节度使下属的将领李福德统领这支部队。同时，又招募了一万名士兵屯驻灞上，叫自己的亲信杜乾运统领，名义上是为了防御安禄山，实际上是防备哥舒翰。哥舒翰听到这件事，也害怕被杨国忠暗算，就上表请求把灞上的驻军划归潼关统领。六月初一，哥舒翰把杜乾运召到潼关来，借口某事把他斩了。于是，杨国忠心里就更加恐惧。

【原文】

会有告崔乾祐在陕，兵不满四千，皆羸弱无备，上遣使趣哥舒翰进兵复陕、洛。翰奏曰："禄山久习用兵，今始为逆，岂肯无备！是必羸师以诱我，若往，正堕其计中。且贼远来，利在速战；官军据险以扼之，利在坚守。况贼残虐失众，兵势日蹙，将有内变；因而乘之，可不战擒也。要在成功，何必备速！今诸道征兵尚多未集，请且待之。"郭子仪、李光弼亦上言："请引兵北取范阳，覆其巢穴，质贼党妻子以招之，贼必内溃。潼关大军，惟在固守以弊之，不可轻出。"国忠疑翰谋己，言于上，以贼方无备，而翰逗留，将失机会。上以为然，续遣中使趣之，项背相望。翰不得已，抚膺恸哭，丙戌，引兵出关。

【译文】

这时正好有人向唐玄宗报告，贼将崔乾祐在陕县一带，他的军队还不满四千人，而且都是老弱残兵，没有防备。唐玄宗信以为真，就派人到潼关催促哥舒翰出兵收复陕郡、洛阳等地。哥舒翰根据当时实际情况上奏书："安禄山长久以来都熟悉用兵的谋略，如今刚开始叛变，难道陕洛要地会毫无准备！这一定是用老弱残兵来引诱我们，如果冒失征讨，正好中他们的奸计。而且贼兵远来，利在速战；官军据守险要的地方，阻挡叛军的进攻，利在坚守。况且逆贼残酷暴虐，失去人心，军事形势一天天窘迫，将会发生内讧；那时我们因而乘机讨伐，可望不战就可把他们擒获。取得胜利才是主要的，何必一定要急于求成！现在各方征发的兵士，还有许多没有集中，请暂且等待一段时间再说吧。"郭子仪、李光弼也上奏唐玄宗，说："请求皇上允许我们向北进军，攻取范阳，端了叛军的老巢，扣押他们的妻子、儿女做人质，然后招降他们，这样，贼党内部必然分崩离析。潼关大军只应该坚守，时间一长，就会使敌人疲劳困顿，现在不可轻易出击。"但是，杨国忠一心怀疑哥舒翰图谋自己，就在唐玄宗面前说，贼军正好没有准备，而哥舒翰逗留潼关，将会坐失进攻取胜的良机。唐玄宗认为杨国忠说得对，就连续派遣宫中使者，去催促哥舒翰出兵，一路上使者一个接着一个，接连不断。哥舒翰悲愤极了，拍着胸脯放声大哭，不得已只好决定出兵。六月初四带兵出了潼关。

【原文】

己丑，遇崔乾祐之军于灵宝西原。乾祐据险以待之，南薄山，北阻河，隘道七十里。庚寅，官军与乾祐会战。乾祐伏兵于险，翰与田良丘浮舟中流以观军势，见乾祐兵少，趣诸军使进。王思礼等将精兵五万居前，庞忠等将余兵十万继之，翰以兵三万登河北阜望之，鸣鼓以助其势。乾祐所出兵不过万人，什什伍伍，散如列星，或疏或密，或前或却，官军望而笑之。乾祐严精兵，陈于其后。兵既交，贼偃旗如欲遁者，官军懈，不为备。须臾，伏兵发，贼乘高下木石，击杀士卒甚众。道隘，士卒如束，枪槊不得用。翰以毡车驾马为前驱，欲以冲贼。日过中，东风暴急，乾祐以草车数十乘塞毡车之前，纵火焚之。烟焰所被，官军不能开目，妄自相杀，谓贼在烟中，聚弓弩而射之。日暮，矢尽，乃知无贼。乾祐遣同罗精骑自南山过，出官军之后击之，官军首尾骇乱，不知所备，于是大败；或弃甲窜匿山谷，或相挤排入河溺死，嚣声振天地，贼乘胜蹙之。后军见前军败，皆自溃，河北军望之亦溃。瞬息间，两岸皆空。翰独与麾下百余骑走，自首阳山西渡河入关。关外先为三堑，皆广二丈，深丈，人马坠其中，须臾而满；余众践之以度，士卒得入关者才八千余人。辛卯，乾祐进攻潼关，克之。

【译文】

六月初七，哥舒翰的部队在灵宝县的西部原野遭遇贼将崔乾祐的军队。崔乾祐事先占据了险要的地方，做好准备，等待官军的到来。这里南边靠近山，北边有黄河阻隔；中间只有一条长约七十里的狭窄道路。初八日，官军与崔

唐 · 武士俑

乾祐会战。崔乾祐事先在险要的地方埋伏了军队，哥舒翰和田良丘乘着船在黄河中流观看军势，看到崔乾祐兵少，就催促各军进攻。王思礼等带领五万精兵在最前面，庞忠等带领其余十万大军跟着前进，哥舒翰以三万士兵登上黄河北边的土山观战，同时擂鼓以助声势。崔乾祐派出的兵不过一万人，十个一堆，五个一群，散乱得像天上的星星，有的地方稀疏，有的地方密集，士兵们有的向前，有的后退，官军看到这样的队形，都讥笑他们。谁知贼将崔乾祐却把精兵部署在散兵的后面严阵以待。双方的军队开始交锋了，贼兵放下旗帜假装要逃跑的样子。官军思想上松懈了，毫无戒备，（被引进狭长小道。）一会儿，敌人的伏兵冲了出来，占据着高处有利地形，掷下木头石块，杀伤了很多官军。那条路很狭窄，士兵挤压在一块儿，好像被捆绑在一起似的，枪和长矛都使不上。哥舒翰命令用兽皮做帷帐的毡车，由马驾着在前面冲开一条路。双方一直打到午后，东风突然越刮越大，贼将崔乾祐用几十辆装草的车子，堵塞在官军毡车的前面，放火焚烧。顿时，浓烟滚滚向官军扑来，官军被熏得睁不开眼睛，分不清敌我，相互乱砍乱杀，误认为贼兵就在浓烟当中，就聚集弓箭射击。天色将晓，箭也射完了，才知道没有贼兵。崔乾祐派遣同罗族精悍的骑兵，绕过南山，抄在官军的后面，突然冲击出来。官军首尾错乱，惊骇不定，不知应当从哪里防备，于是前军大败；有的丢盔弃甲，逃亡或躲藏在山谷里；有的互相拥挤，掉在黄河里淹死，喧嚣声震天动地，贼兵乘胜进击。后军看到前军打败了，自动溃退，在河北岸的三万军队看到这种情况也四散逃亡。一会儿工夫，两岸都没有人了。哥舒翰独与部下几百骑兵逃走，从首阳山向西渡河进了潼关。潼关外边有原先挖的三条宽二丈、深一丈的壕沟，这时溃逃的士兵只顾逃命，连人带马掉在沟里，一会儿就填满了。其余的人就踏着他们的尸体越过壕沟。官军逃回潼关的只有八千多人。初九，崔乾祐攻下了潼关。

【原文】

翰至关西驿，揭榜收散卒，欲复守潼关。蕃将火拔归仁等以百余骑围驿，入谓翰曰："贼至矣，请公上马。"翰上马出驿，归仁帅众叩头曰："公以二十万众一战弃之，何面目复见天子！且公不见高仙芝、封常清乎？请公东行。"翰不可，欲下马。归仁以毛縶其足于马腹，及诸将不从者，皆执之以东。会贼将田乾真已至，遂降之，俱送洛阳。安禄山问翰曰："汝常轻我，今定何如？"翰伏地对曰："臣肉眼不识圣人。今天下未平，李光弼在常山，李祇在东平，鲁炅在南阳，陛下留臣，使以尺书招之，不日皆下矣。"禄山大喜，以翰为司空、同平章事。谓火拔归仁曰："汝叛主，不忠不义。"执而斩之。翰以书招诸将，皆复书责之。禄山知不效，乃囚诸苑中。潼关既败，于是河东、华阴、冯翊、上洛防御使皆弃郡走，所在守兵皆散。

【译文】

唐·彩绘武官俑

哥舒翰退到潼关西边的关西驿，贴出布告，收集散兵，想要恢复并坚守潼关。蕃将火拔归仁率领一百多骑兵，包围驿站。火拔归仁进入驿站对哥舒翰说："贼兵到了，请您赶快上马。"哥舒翰就骑上马，出了驿站。火拔归仁率领众人跪下磕头，说："您率领的二十万大军，打了一仗就覆灭，有什么面目再回去见皇上！况且您没有看到高仙芝、封常清等人（兵败被杀）的下场吗？现在请您向东（去投降安禄山）吧。"哥舒翰不肯，想下马。火拔归仁就用毛绳把他的脚拴在马肚子上，不让他下来，其他不听劝降的将领，全都被捆绑起来，一齐向东而去。正好贼将田乾真已经到来，于是哥舒翰一伙人就向他投降了，他们全部都被送到洛阳。安禄山见到哥舒翰就问道："你平常看不起我，今天该怎么样？"哥舒翰听了，连忙伏在地上答道："是臣凡胎肉眼不识圣人。现在天下尚未平定，河北节度使李光弼在常山，吴王李祇在东平，山南节度使鲁炅在南阳，陛下留下我，让我用书信招降他们，过不了几天，这些地方就都可以拿下来。"安禄山听了十分高兴，就任命哥舒翰为司空、同平章事。安禄山对火拔归仁说："你背叛主人，不忠不义。"说着，就叫人把他抓起来斩了。哥舒翰用书信招降那几位将领，他们都写了回信，狠狠地谴责了哥舒翰。安禄山知道这种做法不会有效果，就把哥舒翰软禁在洛阳的御花园里。潼关之役，官军告败，后来，附近的河东、华阴、冯翊、上洛等地的防御使都丢弃本郡纷纷逃跑，各郡的守兵也都一哄而散。

【原文】

是日，翰麾下来告急，上不时召见，但遣李福德等将监牧兵赴潼关。及暮，平安火不至，上始惧。壬辰，召宰相谋之。杨国忠自以身领剑南，闻安禄山反，即领副使崔圆阴具储偫，以备有急投之，至是首唱幸蜀之策。上然之。癸巳，国忠集百官于朝堂，惶懅流涕；问以策略，皆唯唯不对。国忠曰："人告禄山反状已十年，上不之信。今日之事，非宰相之过。"仗下，士民惊扰奔走，不知所之，市里萧条，国忠使韩、虢入宫，劝上入蜀。

【译文】

潼关陷落前的一天，哥舒翰派部下到长安来告急，唐玄宗没有及时接见，只派遣李福德等带领从养马员中选拔训练出来的三千人去潼关救援。到了晚上，不见报平安的烽火，唐玄宗才（知道潼关失守）开始恐惧起来。第三天，初十，连忙把宰相召来商量。杨国忠是兼任剑南节度使的，自从听说安禄山反叛，便早早叫副使崔圆暗地里储备各种器物，以便形势一旦紧急，就投奔到那里去。这时，他第一个提出唐玄宗到蜀地去的方案，唐玄宗同意了。十一日，杨国忠召集百官在朝堂上议事，内心恐慌焦急，不禁掉下眼泪；问大家有什么好的策略，文武大臣都唯唯诺诺，不发表意见。杨国忠说："有人告发安禄山有反叛的迹象，已经有十年了，可是皇上不相信。今天出现这种情况，不是我当宰相的过失。"退朝后，皇帝的仪仗队撤走了，长安的士人和市民都惊惧不定，到处奔走，不知往哪里去才好，大街小巷显得十分萧条。杨国忠（在这种形势下）就叫韩国夫人和虢国夫人进宫，敦促唐玄宗到蜀地去避难。

【原文】

甲午，百官朝者什无一二。上御勤政楼，下制，云欲亲征，闻者皆莫之信。以京兆尹魏方进为御史大夫兼置顿使；京兆少尹灵昌崔光远为京兆尹，充西京留守；将军边令诚掌宫闱管钥。托以剑南节度大使颍王璬将赴镇，令本道设储偫。是日，上移仗北内。既夕，命龙武大将军陈玄礼整比六军，厚赐钱帛，选闲厩马九百余匹，外人皆莫之知。乙未，黎明，上独与贵妃姊妹、皇子、妃、主、皇孙、杨国忠、韦见素、魏方进、陈玄礼及亲近宦官、宫人出延秋门，妃、主、皇孙之在外者，皆委之而去。上过左藏，杨国忠请焚之，曰：“无为贼守。”上愀然曰：“贼来不得，必更敛于百姓；不如与之，无重困吾赤子。”是日，百官犹有入朝者，至宫门，犹闻漏声，三卫立仗俨然。门既启，则宫人乱出，中外扰攘，不知上所之。于是王公、士民四出逃窜，山谷细民争入宫禁及王公第舍，盗取金宝，或乘驴上殿。又焚左藏大盈库。崔光远、边令诚帅人救火，又募人摄府、县官分守之，杀十余人，乃稍定。光远遣其子东见禄山，令诚亦以管钥献之。

【译文】

（六月）十二日，百官入朝的不到平时的十分之一二。唐玄宗驾临勤政楼，下了诏书，说要亲自带兵讨伐安禄山，听到的人没有一个相信。唐玄宗命令京兆尹魏方进当御史大夫兼置顿使，京兆少尹灵昌人崔光远当京兆尹，临时充当西京留守，将军边令诚掌管宫廷的钥匙。唐玄宗假托颍王李璬将要去剑南节度大使的治所赴任，叫剑南道的官员预先做好准备。这一天，唐玄宗移居大明宫。傍晚，命令龙武大将军陈玄礼整顿护卫皇帝的军队，赏赐给他们很多的钱帛，挑选皇帝马圈里九百多匹好马，这些举动外面的人都不知道。十三日天刚亮，唐玄宗只同贵妃姊妹、皇子、妃子、公主、皇孙、杨国忠、韦见素、魏方进、陈玄礼以及亲近的宦官、宫人等走出延秋门，凡是在宫廷外面的妃子、公主、皇孙，统统都被抛弃不管了。玄宗经过国家金库时，杨国忠请求把金库烧掉，说：“不要为叛贼保存这些资财。”唐玄宗凄怆地回答：“贼兵来了得不到这些资财，一定会加倍地搜刮老百姓，不如留着吧，不要再使我的百姓遭受更深重的困苦。”这一天，文武百官还有来上朝的，走到宫门，仍然能听到铜壶滴漏的声音，三卫的仪仗和卫队依旧整齐而严肃地站在那里。宫门开了，就看到宫人从里面乱纷纷地跑出来，里里外外，一片慌乱吵嚷，不知道皇帝到哪儿去了。于是王公大人、长安的士大夫和居民都四出逃跑，山沟里的老百姓争先恐后地到平时不能进去的宫廷和王公大人的住宅里，任意取走金银财宝，有的骑着驴子踏上宫殿，又放火烧掉皇家专用的金库。西京留守崔光远、将军边令诚得知消息后，连忙带人来救火，又招募人去代理太守、县令的职务，分别守卫一些地方，杀了十多人，才稍微安定下来。崔光远派他的儿子向东去见安禄山，边令诚也把宫廷里的钥匙奉献给安禄山。

【原文】

上过便桥，杨国忠使人焚桥。上曰："士庶各避贼求生，奈何绝其路！"留内侍监高力士，使扑灭乃来。上遣宦者王洛卿前行，告谕郡县置顿。食时，至咸阳望贤宫，洛卿与县令俱逃，中使征召，吏民莫有应者。日向中，上犹未食，杨国忠自市胡饼以献。于是民争献粝饭，杂以麦豆；皇孙辈争以手掬食之，须臾而尽，犹未能饱。上皆酬其直，慰劳之。众皆哭，上亦掩泣。有老父郭从谨进言曰："禄山包藏祸心，固非一日；亦有诣阙告其谋者，陛下往往诛之，使得逞其奸逆，至陛下播越。是以先王务延访忠良以广聪明，盖为此也。臣犹记宋璟为相，数进直言，天下赖以安平。自顷以来，在廷之臣以言为讳，惟阿谀取容，是以阙门之外，陛下皆不得而知。草野之臣，必知有今日久矣，但九重严邃，区区之心无路上达。事不至此，臣何由得睹陛下之面而诉之乎！"上曰："此朕之不明，悔无所及。"慰谕而遣之。俄而尚食举御膳而至，上命先赐从官，然后食之。令军士散诣村落求食，期未时皆集而行。夜将半，乃至金城。县令亦逃，县民皆脱身走，饮食器皿具在，士卒得以自给。时从者多逃，内侍监袁思艺亦亡去。驿中无灯，人相枕藉而寝，贵贱无以复辨。王思礼自潼关至，始知哥舒翰被擒。以思礼为河西、陇右节度使，即令赴镇，收合散卒，以俟东讨。

【译文】

唐玄宗向西逃命，过了便桥，杨国忠就派人烧桥。唐玄宗说："老百姓各自逃避贼兵，谋求生路，怎么能断绝这条道路呢？"说罢，就留下内侍监高力士，要他把火扑灭了再赶上来。唐玄宗又派宦官王洛卿先走一步，通知沿路各郡县，安排吃饭、住宿等事。早饭的时候，走到咸阳城里的望贤宫，可是王洛卿和咸阳县令却一起逃跑了。于是，唐玄宗再派宦官去征召当地的官吏和老百姓，但没有一个应召前来的。已经到中午，唐玄宗还没有吃的东西，杨国忠亲自去买来胡饼献给唐玄宗。老百姓这才争着献上糙米饭，里面夹杂着麦子和豆子；皇孙们争着用双手捧着吃，一会儿就吃光了，还没有吃饱。唐玄宗对那些老百姓都给予应有的报酬，并亲自慰问他们。大家都哭了，唐玄宗也不禁掩面哭泣。有个老大爷叫郭从谨的，向唐玄宗提出了意见，说："安禄山包藏祸心，阴谋反叛，早已不是一天了，也有人到长安告发他的阴谋，皇上往往把告发的人杀了，使得安禄山能够毫无顾忌地干那些奸邪逆乱的勾当，以致皇上今天流离失所。所以，前辈君王一定要延请和查访忠良的人，以便使自己耳目更加聪明，大概就是为了这个原因吧！臣民还记得，宋璟当宰相时，多次向皇上进谏忠言，天下赖他而太平无事。最近一个时期以来，朝廷的臣子，都忌讳向皇上进谏忠言，只是用阿谀奉承来讨得皇上的欢喜，所以宫门以外的事情，皇上都不知道。住在乡野的臣民早就知道一定会有今天这样的不幸。只是皇上居住的地方森严深邃，我这区区小民的忠心，没有路子上达天听。事情不弄到这地步，臣民哪里能看到陛下的面容，并亲自向您倾诉衷情呢！"唐玄宗听罢，说道："这是我的糊涂，现在懊悔也来不及了。"接着慰劳、吩咐了一番，就打发他走了，没有多久，掌管皇帝伙食的官员，给唐玄宗送来了饭食，唐玄宗命令先给跟随的官员们吃，然后自己再吃。命令军士分散到村庄里寻求食物，约定到未时回来集中赶路。将近半夜，才走到金城。金城县令也逃跑了，县里的老百姓也都逃走了。不过，喝的、吃的和用的各种器具都还在，士兵们能够自己来弄吃喝。这时随从人员逃跑了很多，内侍监袁思艺也逃走了。驿站里没有灯火，人们横七竖八地相枕而卧，也无法再分辨什么贵贱了。王思礼从潼关赶来，才知道哥舒翰已被捉去。唐玄宗任命王思礼为河南、陇右节度使，命令他立即赶到镇所，招集、收拢四散的士兵，等待向东去讨伐安禄山。

唐·三彩骑骆驼胡俑

【原文】

丙申，至马嵬驿，将士饥疲，皆愤怒。陈玄礼以祸由杨国忠，欲诛之，因东宫宦者李辅国以告太子，太子未决。会吐蕃使者二十余人遮国忠马，诉以无食，国忠未及对，军士呼曰："国忠与胡虏谋反！"或射之，中鞍。国忠走至西门内，军士追杀之，屠割支体，以枪揭其首于驿门外，并杀其子户部侍郎暄及韩国、秦国夫人。御史大夫魏方进曰：“汝曹何敢害宰相！”众又杀之。韦见素闻乱而出，为乱兵所挝，脑血流地。众曰：“勿伤韦相公。”救之，得免。军士围驿，上闻喧哗，问外何事，左右以国忠反对。上杖屦出驿门，慰劳军士，令收队，军士不应。上使高力士问之，玄礼对曰：“国忠谋反，贵妃不宜供奉，愿陛下割恩正法。”上曰：“朕当自处之。”入门，倚杖倾首而立。久之，京兆司隶韦谔前言曰：“今众怒难犯，安危在晷刻，愿陛下速决！”因叩头流血。上曰：“贵妃常居深宫，安知国忠反谋？”高力士曰：“贵妃诚无罪，然将士已杀国忠，而贵妃在陛下左右，岂敢自安！愿陛下审思之，将士安则陛下安矣。”上乃命力士引贵妃于佛堂，缢杀之。舆尸置驿庭，召玄礼等入视之。玄礼等乃免胄释甲，顿首请罪，上慰劳之，令晓谕军士。玄礼等皆呼万岁，再拜而出，于是始整部伍为行计。

【译文】

（六月）十四日，唐玄宗一行走到马嵬驿，将领和士兵又饥饿，又疲劳，心里都很恼火。将军陈玄礼认为安禄山叛乱的灾祸是由杨国忠引起的，想杀掉他，请太子东宫宦官李辅国转告太子，太子一时做不了决定。正好有二十多个吐蕃使者拦住杨国忠的马，诉说没有东西吃。杨国忠还来不及回答，士兵就叫嚷起来：“杨国忠跟胡虏勾结谋反！”有人就弯弓搭箭向他射去，一箭射中了他的马鞍。杨国忠连忙逃到西门内，士兵们很快追上去把他斩了，四肢和身躯宰割成好几段，并且用长枪把脑袋挑得高高的举起来，在马嵬驿站的门外示众。士兵们又杀了他的儿子户部侍郎杨暄以及韩国夫人、秦国夫人。御史大夫魏方进说：“你们怎敢杀害宰相！”士兵们又把魏方进杀了。韦见素听到外面骚乱的声音，出来一看，就被乱兵抓住乱打，脑门的鲜血一直流到地上。许多人说：“不要伤害韦相公！”这才救他免于一死。士兵们围住马嵬驿，唐玄宗听到外面喧哗的声音，就问

外边发生了什么事情，左右的官员就用“杨国忠谋反”的话来回答。唐玄宗穿上鞋子撑着手杖走出驿门，亲自慰劳军士，叫他们撤围归队，士兵们不答应。唐玄宗叫高力士去问他们，陈玄礼回答说：“杨国忠谋反，杨贵妃不适宜在皇上身边侍候，希望割断恩情，把她依法处决。”唐玄宗说：“这事当由我自己来处理。”说罢，走进驿门，撑着手杖，低着脑袋，久久地站在那里。过了好一会，京兆司录韦谔上前说道：“现在众怒难犯，是安是危必须在这很短的时间内抉择，希望皇上赶快做出决定。”说着就连续磕头，磕得额上流出鲜血。唐玄宗说：“贵妃一直住在深宫里，怎么知道杨国忠谋反的事呢？”高力士也说：“贵妃的确没有罪过，但是，将士们已经杀掉了杨国忠，如果贵妃仍然在皇上的身边，那么，他们的心里怎么会安定呢！希望皇上慎重地考虑。将士们安定了，皇上也就平安了。”唐玄宗觉得这话有理，于是就叫高力士把贵妃带到佛殿上，把她勒死，然后抬出尸体，放在驿站的庭院里。唐玄宗叫陈玄礼等人进来辨认尸体，陈玄礼就摘下头盔，解下甲衣，磕头请罪。唐玄宗对他们慰劳了一番，命令他们向士兵们宣布。陈玄礼等人一齐高呼“万岁”，再磕头而去。于是，才整顿队伍，做好行军的准备，继续向西行进。

夜入蔡州

【原文】

[唐宪宗元和十二年]（公元817年）

（春正月，）李愬至唐州，军中承丧败之余，士卒皆惮战，愬知之。有出迓者，愬谓之曰：“天子知愬柔懦，能忍耻，故使来拊循尔曹。至于战攻进取，非吾事也。”众信而安之。

【译文】

唐宪宗元和十二年（公元817年）

（春正月，）李愬到达唐州，当地的部队正多次作战失败，士卒都害怕打仗。李愬了解到这一点。有出来迎接的，李愬就对他们说：“天子知道李愬柔懦，能忍受战败之耻，所以叫我来安抚你们。至于攻战进取，不是我的事。”大家相信了，安下心来。

李愬　（773－821年）唐代大将。字元直，洮州临潭（今属甘肃）人，李晟子。有韬略，善骑射。

【原文】

愬亲行视士卒，伤病者存恤之，不事威严。或以军政不肃为言，愬曰："吾非不知也。袁尚书专以恩惠怀贼，贼易之，闻吾至，必增备。吾故示之以不肃，彼必以吾为懦而懈惰，然后可图也。"淮西人自以尝败高、袁二帅，轻愬名位素微，遂不为备。

【译文】

李愬亲自巡行看望士兵，遇到伤病者则加以慰问抚恤，不讲究长官的威严。有人认为军政不整齐提出意见，李愬说："我并非不知道。过去袁尚书专以恩惠来博取贼军好感，使贼军不把他当一回事，听说我来了，必然会加强防范。我故意做得不整肃让他们看，他们一定以为我懦弱而松懈下来，然后才可以想办法解决他们。"淮西人自以为曾经打败过高、袁二帅，对过去名位低微的李愬不重视，因而不再有所防范。

【原文】

李愬谋袭蔡州，表请益兵，诏以昭义、河中、鄜坊步骑二千给之。丁酉，愬遣十将马少良将十余骑巡逻，遇吴元济捉生虞候丁士良，与战，擒之。士良，元济骁将，常为东边患，众请刳其心，愬许之。既而召诘之，士良无惧色。愬曰："真丈夫也！"命释其缚。士良乃自言："本非淮西士，贞元中隶安州，与吴氏战，为其所擒，自分死矣，吴氏释我而用之，我因吴氏而再生，故为吴氏父子竭力。昨日力屈，复为公所擒，亦分死矣，今公又生之，请尽死以报德。"愬乃给其衣服器械，署为捉生将。

唐 · 三彩马

【译文】

（二月），李愬计划袭取蔡州，上表请求增派兵马，皇上下诏从昭义、河中、鄜坊抽调步骑二千给他。丁酉（初七日），李愬派十将马少良率领十多名骑兵巡逻，碰上吴元济的捉生虞候丁士良，打起来，把丁士良擒获。丁士良是吴元济的勇将，常给唐、邓东境造成麻烦，兵众要求挖他的心，李愬答应了。

过一会召他来责问，丁士良毫不畏惧。李愬说："真是大丈夫啊！"叫给他松绑。丁士良才自己表白道："本来不是淮西军人，贞元年间编入安州军籍，与吴氏作战，被他们俘获，自己料想会死，吴氏却释放我并加以任用，我因吴氏而得到再生，所以给吴氏父子尽力。昨天力屈，又为公所擒获，也料想会死，如今公又使我活下来，请出死力来报答公的恩德。"李愬就给他衣服器械，任命为捉生将。

【原文】

丁士良言于李愬曰："吴秀琳拥三千之众，据文城栅，为贼左臂，官军不敢进者，有陈光洽为之谋主也。光洽勇而轻，好自出战，请为公先擒光洽，则秀琳自降矣。"戊申，士良擒光洽以归。

【译文】

丁士良对李愬说："吴秀琳拥有三千人马，据守文城栅，是贼军的左臂，官军之所以不敢进攻，是因为有个陈光洽充当他的谋主。陈光洽勇而轻率，喜欢亲自出战，请为公先擒获了陈光洽，吴秀琳自然会投降。"戊申（十八日），丁士良把陈光洽捉了回来。

【原文】

吴秀琳以文城栅降于李愬。戊子，李愬引兵至文城西五里，遣唐州刺史李进诚将甲士八千至城下召秀琳，城中矢石如雨，众不得前。进诚还报："贼伪降，未可信也。"愬曰："此待我至耳！"既前至城下，秀琳束兵投身马足下，愬抚其背慰劳之，降其众三千人。秀琳将李宪有材勇，愬更其名曰忠义而用之。悉迁妇女于唐州。于是唐、邓军气复振，人有欲战之志。贼中降者相继于道，随其所便而置之。闻有父母者，给粟帛遣之，曰："汝曹皆王人，勿弃亲戚。"众皆感泣。

【译文】

（三月），吴秀琳要献出文城栅向李愬投降。戊子（二十八日），李愬领兵到达文城西边五里以外，派唐州刺史李进诚带上甲士八千人到城下招降吴秀琳，城上箭和石块雨一般地打下来，兵众无法向前。李进诚回来报告说："贼军假投降，不可相信。"李愬说："这是一定要等我前去啊！"到了城下，吴秀琳收起兵器拜倒在李愬的马脚下，李愬抚着他的背慰问，收降了他的兵众三千人。吴秀琳部将李宪勇敢能打仗，李愬给他改名忠义并加以任用。又把文城栅里的妇女都搬迁到唐州。于是唐、邓军的士气重新振作起来，人人有了求战之心。贼军来投降的人，一路上络绎不断，都就便给予安置。知道有父母的，就发给粟帛遣送回家，说："你们都是皇帝的百姓，不要抛弃亲属。"这些人都感动得流泪。

【原文】

愬厚待吴秀琳，与之谋取蔡。秀琳曰："公欲取蔡，非李祐不可，秀琳无能为也。"祐者，淮西骑将，有勇略，守兴桥栅，常陵暴官军。庚辰，祐率士卒刈麦于张柴村，愬召厢虞候史用诚，戒之曰："尔以三百骑伏彼林中，又使人摇帜于前，若将焚其麦积者。祐素易官军，必轻骑来逐之。尔乃发骑掩之，必擒之。"用诚如言而往，生擒祐以归。将士以祐向日多杀官军，争请杀之。愬不许，释缚，待以客礼。

【译文】

李愬厚待吴秀琳，和他谋划攻取蔡州。吴秀琳说："公要攻取蔡州，非得到李祐不可，秀琳是无能为力的。"李祐，是淮西的骑兵将领，有勇有谋，驻守在兴桥栅，常常侵害官军。五月二十日，李祐率领士卒在张柴村收割麦子，李愬把厢虞候史用诚叫来，告诫他说："你带着三百名骑兵埋伏到他们那边的树林里，再派人到他们前面去挥舞旗帜，做出要放火烧他们麦堆的样子。李祐一向轻视官军，必然轻骑来驱赶。你就叫埋伏着的骑兵出来掩袭，一定能把他擒获。"史用诚按照李愬讲的前去，把李祐活捉回来。将士们因为李祐过去杀死过很多官兵，争着要求杀掉他。李愬不允许，给他松了绑，用待客礼节对待他。

【原文】

时愬欲袭蔡，而更密其谋，独召祐及李忠义屏人语，或至夜分，他人莫得预闻。诸将恐祐为变，多谏愬，愬待祐益厚，士卒亦不悦。诸军日有牒称祐为贼内应，且言得贼谍者具言其事。愬恐谤先达于上，已不及救，乃持祐泣曰："岂天不欲平此贼邪！何吾二人相知之深而不能胜众口也。"因谓众曰："诸君既以祐为疑，请令归死于天子。"乃械祐送京师，先密表其状，且曰："若杀祐，则无以成功。"诏释之，以还愬，愬见之喜，执其手曰："尔之得全，社稷之灵也！"乃署散兵马使，令佩刀巡警，出入帐中，或与之同宿，密语不寐达曙。有窃听于帐外者，但闻祐感泣声，时唐、随牙队三千人，号"六院兵马"，皆山南东道之精锐也，愬又以祐为六院兵马使。

【译文】

这时李愬想要袭取蔡州而愈加注意保密，只是找来李祐和李忠义，叫旁人避开然后商量，有时甚至到半夜，其他人都不能听。将领们恐怕李祐会叛变，多劝李愬不要这样，李愬却对李祐越发亲密，弄得士卒也不高兴。各军每天都有公文来说李祐给贼军当内应，还说是抓来的贼军间谍亲口说的。李愬怕这些流言飞语先传到皇上那里，自己来不及救护，于是拉着李祐哭道："难道上天不想平定吴贼吗！为什么我们两人相知之深，却敌不过众人之口。"因而对大家说："诸君既然对李祐有怀疑，那就把他送到天子那里处置。"就给李祐带上刑具，送往京师。事先秘密上表说明情况，并且说："如果杀了李祐，就无从成功。"皇上下诏释放李祐，把他还给李愬，李愬见他后十分高兴，拉着他的手说："你能保全下来，真是社稷有灵啊！"于是任命他为散兵马使，叫他佩刀巡逻警卫，在自己营帐中出入，有时和他同宿，秘密交谈通宵不睡。有人在帐篷外面偷听，只听到李祐感动哭泣的声音。当时唐、随的牙队有三千人，号称"六院兵马"，都是山南东道的精锐，李愬又派李祐充当六院兵马使。

唐代铠甲

【原文】

乙酉，愬遣兵攻朗山，淮西兵救之，官军不利；众皆怅恨，愬独欢然曰："此吾计也。"乃募敢死士三千人，号曰"突将"，朝夕自教习之，使常为行备，欲以袭蔡。会久雨，所在积水，未果。

【译文】

二十五日，李愬派兵攻打朗山，淮西兵马前往援救，官军失利；大家都很不痛快，李愬却高兴地说："这是我的计策。"于是招募敢死的战士三千人，称之为"突将"，从早到晚亲自去指点训练，让他们经常做好行动的准备，要用来袭取蔡州。正好碰上多天有雨，到处积水，没有能出动。

【原文】

甲寅，李愬将攻吴房，诸将曰："今日往亡。"愬曰："吾兵少，不足战，宜出其不意。彼以往亡不吾虞，正可击也。"遂往，克其外城，斩首千余级。余众保子城不敢出，愬引兵还以诱之，淮西将孙献忠果以骁骑五百追击其背。众惊将走，愬下马，据胡床，令曰："敢退者斩。"返旆力战，献忠死，淮西兵乃退。或劝愬乘胜攻其子城，可拔也。愬曰："非吾计也。"引兵还营。

【译文】

九月二十八日，李愬要去进攻吴房，将领们说："今日是往亡日。"李愬说："我们兵少，不足以作战，应当出其不意。他们因为往亡日而不防备我们，正可以去攻打。"于是前往，攻克吴房外城，斩首一千多。余下的贼军退保子城不敢出来，李愬引兵撤退以诱敌，淮西将领孙献忠果真带了五百骁骑追上来，从后面冲击官兵。官兵受惊，要退走，李愬下马，坐在胡床上，下令说："敢后退者斩。"回军力战，孙献忠战死，淮西兵败退。有人劝说李愬乘胜进攻子城，可以攻下。李愬说："这不是我的打算。"就带领兵马回营。

【原文】

李祐言于李愬曰："蔡之精兵皆在洄曲，及四境拒守，守城者皆羸老之卒，可以乘虚直抵其城，比贼将闻之，元济已成擒矣。"愬然之。

【译文】

李祐对李愬说："蔡州精兵都在洄曲和四境拒守，守蔡州城的都是一些老弱兵卒，可以乘虚直抵州城，等外边的贼将听到消息，吴元济就已经就擒了。”李愬同意他的主张。

【原文】

辛未，李愬命马步都虞候、随州刺史史旻等留镇文城，命李祐、李忠义帅突将三千为前驱，自与监军将三千人为中军，命李进诚将三千人殿其后。军出，不知所之。愬曰：“但东行！”行六十里，夜，至张柴村，尽杀其戍卒及烽子，据其栅，命士少休，食干糒，整羁靮，留义成军五百人镇之，以断朗山救兵。命丁士良将五百人断洄曲及诸道桥梁。复夜引兵出门。诸将请所之，愬曰：“入蔡州取吴元济。”诸将皆失色，监军哭曰：“果落李祐奸计。”时大风雪，旌旗裂，人马冻死者相望。天阴黑，自张柴村以东道路皆官军所未尝行，人人自以为必死；然畏愬，莫敢违。夜半，雪愈甚，行七十里至州城。近城有鹅鸭池，愬令击之以混军声。

【译文】

十月十五日，李愬叫马步都虞候、随州刺史史旻等人留下镇守文城栅，派李祐、李忠义率领三千突将为前驱，自己和监军率领三千人为中军，叫李进诚率领三千人为后卫。军队出发，不知道去哪里。李愬说：“只管往东走！”走了六十里，天黑了，到达张柴村，把戍卒和烽子全都杀了，占据了栅寨，叫战士稍稍休息，吃点干粮，整理好了马络、缰绳，留下义成军五百人镇守，以阻挡朗山那边的救兵。派丁士良率领五百人破坏通往洄曲和各条道路上的桥梁。再乘夜带领部队开出栅门。将领们请示去哪里，李愬说：“进蔡州城擒捉吴元济。”将领们都大惊失色。监军哭着说：“果然中了李祐的奸计。”这时刮风下大雪，旌旗被风撕裂，沿路都可以看到冻死的战士和马匹。天又阴黑，从张柴村往东的道路都是官军不曾走过的，人人都自以为必死无疑；但怕李愬，无人敢违抗。到了半夜里，雪下得越发大，行军七十里到达蔡州城。近城处有个鹅鸭池，李愬叫惊打鹅鸭使敌人听不到军队行动的声音。

唐·骆驼纹军用水壶

【原文】

自吴少诚拒命，官军不至蔡州城下三十余年。故蔡人不为备。壬申四鼓，愬至城下，无一人知者。李祐、李忠义䦆其城为坎以先登，壮士从之。守门卒方熟寐，尽杀之而留击柝者，使击柝如故。遂开门纳众。及里城，亦然，城中皆不之觉。鸡鸣雪止，愬入居元济外宅。或告元济曰："官军至矣！"元济尚寝，笑曰："俘囚为盗耳！晓当尽戮之。"又有告者曰："城陷矣！"元济曰："此必洄曲子弟就吾求寒衣也。"起，听于廷，闻愬军号令曰："常侍传语。"应者近万人。元济始惧，曰："何等常侍，能至于此！"乃帅左右登牙城拒战。

【译文】

自从吴少诚抗拒朝廷以来，官军不到蔡州城下已有三十多年，所以蔡州人也不作防范，十六日四更天，李愬到达州城下，城里没有一个人发觉。李祐、李忠义用铁锄在城墙上凿出许多可以容脚的小坑坑，抢先爬上去，壮士都跟上。守卫城门的士卒还在熟睡，统统被杀掉，只留下打更的，叫他们照常敲着木梆打更。于是打开城门放大军入城。到了里城，也是这样办，城里都没有发觉。到鸡叫时雪也停了，李愬进据吴元济的外宅。有人向吴元济报告说："官军到了！"吴元济还没起床，笑着说："这是那些被俘虏的囚徒在作乱，等天亮后要统统杀掉。"又有人报告说："州城已被攻陷了！"吴元济说："这一定是驻守洄曲的子弟们来向我要求发寒衣。"他起床，到院子里听外面动静，只听到李愬军中号令说："常侍传下命令。"答应的有近万人。吴元济这才紧张起来，说："是什么常侍，能到这里来！"于是率领左右登上牙城拒战。

【原文】

时董重质拥精兵万余人据洄曲，愬曰："元济所望者，重质之救耳！"乃访重质家，厚抚之，遣其子传道持书谕重质，重质遂单骑诣愬降。

【译文】

当时董重质拥有精兵一万多驻扎在洄曲，李愬说："吴元济所期望的，是董重质这支救兵！"就探访董重质家，好好地安抚他们，派他的儿子董传道带着书信晓谕董重质，董重质就一个人骑马来见李愬投降。

【原文】

愬遣李进诚攻牙城，毁其外门，得甲库，取其器械。癸酉，复攻之。烧其南门，民争负薪刍助之，城上矢如猬毛，晡时，门坏，元济于城上请罪，进诚梯而下之。甲戌，愬以槛车送元济诣京师，且告于裴度，是日，申、光二州及诸镇兵二万余人相继来降。

【译文】

李愬派李进诚攻打牙城，把外门打毁，占领了甲库，取得储藏的器械。十七日，再攻打，放火焚烧南门，居民抢着背负柴草来支援，射到城上的箭矢就像刺猬毛那么多。黄昏时，门烧坏，吴元济在城上请罪，李进诚搭上梯子让他下来。十八日，李愬用槛车把吴元济送往京师，并且向裴度报告。这天，申、光二州及其他镇兵共二万多人相继前来投降。

唐·三彩骑马男俑

【原文】

董重质之去洄曲军也，李光颜驰入其壁，悉降其众。庚辰，裴度遣马总先入蔡州慰抚。辛巳，度建彰义军节，将降卒万余人入城。李愬具櫜鞬出迎，拜于路左，度将避之，愬曰："蔡人顽悖，不识上下之分数十年矣，愿公因而示之，使知朝廷之尊。"度乃受之。

【译文】

董重质离开洄曲军以后，李光颜就快速进入洄曲营垒，使驻军全部归降。二十四日，裴度派马总先进蔡州慰问安抚。二十五日，裴度建了彰义节度使的旌节，统率降卒一万多人进入州城。李愬佩带櫜鞬出来迎接，在路边下拜。裴度要退避谦让，李愬说："蔡州人凶顽狂悖，不识上下名分已有几十年了，希望公借此做个样子给他们看，让他们知道朝廷的尊严。"裴度这才接受了。

【原文】

李愬还军文城，诸将请曰："始公败于朗山而不忧，胜于吴房而不取，冒大风甚雪而不止，孤军深入而不惧，然卒以成功，皆众人所不谕也，敢问其故。”愬曰：“朗山不利，则贼轻我而不为备矣。取吴房，则其众奔蔡，并力固守，故存之以分其兵。风雪阴晦，则烽火不接，不知吾至。孤军深入，则人皆致死，战自倍矣。夫视远者不顾近，虑大者不计细，若矜小胜、恤小败，先自挠矣，何暇立功乎！”众皆服。

【译文】

李愬率领军队回到文城栅，将领们向他请教道：“开始公败于朗山而不忧虑，胜于吴房而不攻取，冒大风雪而不中止，孤军深入而不畏惧，但终于成功，这都是大家所不能理解的，请问这究竟是什么缘故？”李愬说：“在朗山失利，则贼军轻视我而不作防范。攻取吴房，则贼众逃进蔡州，全力固守，所以得把吴房留下使贼军分散兵力。风雪阴晦，则烽火接不上，无从知道我军到达。孤军深入，则人人都拼死，战斗力自然就会倍增。看得远的人不会去看近处，考虑大处的人不会计较细微末节；如果小胜就骄傲，小败就忧虑失措，把自己先扰乱了，怎谈得上立功呢！”大家都心服。

甘露之变

【原文】

[唐文宗太和九年]（公元835年）

始，郑注与李训谋，至镇，选壮士数百，皆持白棓，怀其斧，以为亲兵。是月，戊辰，王守澄葬于浐水，注奏请入护葬事，因以亲兵自随。仍奏令内臣中尉以下尽集浐水送葬，注因阖门，令亲兵斧之，使无遗类。约既定，训与其党谋：“如此事成，则注专有其功，不若使行馀、璠以赴镇为名，多募壮士为部曲，并用金吾、台府吏卒，先期诛宦者，已而并注去之。”行馀、璠、立言、约及中丞李孝本，皆训素所厚也，故列置要地，独与是数人及舒元舆谋之，他人皆莫之知也。

【译文】

唐文宗太和九年（公元835年）

唐·金团花纹把杯

开始时，郑注与李训谋划，任节度使后，到达镇守的地方，就选拔数百名壮士，全都手持白木棒，怀中藏着利斧，作为自己的亲兵。这月（十一月）二十七日，将把王守澄葬在浐水旁，郑注上奏请求进京城守护葬礼事宜。乘机让亲兵跟随着自己。并上奏请求命内臣中尉以下的宦官全都集中到浐水送葬，郑注乘机将门关上，命亲兵用斧头砍杀，不使一人逃脱。谋划确定以后，李训与他的党徒密谋："如果这件事办成了，那么，郑注个人占有这份功劳，不如让郭行馀、王璠以赴镇任节度使为名，多招募壮士作为亲兵，并用金吾和台府的吏员兵卒，在预定的期限以前将宦官一举诛灭。然后，一并将郑注的势力消灭掉。"郭行馀、王璠、罗立言、韩约，以及中丞李孝本，都是李训平素所优厚对待的人，所以，安排在显要位置上。只与这几个人以及舒元舆密谋这件事，其他人都一概不知。

【原文】

壬戌，上御紫宸殿。百官班定，韩约不报平安，奏称："左金吾厅事后石榴夜有甘露，臣递门奏讫。"因蹈舞再拜，宰相亦帅百官称贺。训、元舆劝上亲往观之，以承天贶，上许之。百官退，班于含元殿。日加辰，上乘软舆出紫宸门，升含元殿。先命宰相及两省官诣左仗视之，良久而还。训奏："臣与众人验之，殆非真甘露，未可遽宣布，恐天下称贺。"上曰："岂有是邪！"顾左、右中尉仇士良、鱼志弘帅诸宦者往视之。宦者既去，训遽召郭行馀、王璠曰："来受敕旨！"璠股栗不敢前，独行馀拜殿下。时二人部曲数百，皆执兵立丹凤门外，训已先使人召之，令人受敕。独东兵入，邠宁兵竟不至。

【译文】

二十一日，皇上驾临紫宸殿。百官立班已定，韩约没有按常例报告内外平安，却奏说："左金吾厅事后院的石榴树上夜里有甘露降落，我已隔门递入奏章报告过。"说着起身再次舞拜，宰相们也带领百官表示祝贺。李训、舒元舆劝请皇上亲自前往观看，以接受上天的惠赐，皇上答应了。百官从紫宸殿退出，立班于前面的含元殿。时已上午九时多，皇上乘坐软座轿子，从紫宸门出来，进入含元殿，先命宰相们以及两省官员前往左仗院里看看，过了很久，他们才回来，李训奏道："我和众人仔细验看了，可能并不是真甘露，未可冒然就宣布，恐怕天下人都要恭贺。"皇上说："哪能有这种事！"回头看了看左、右中尉仇士良和鱼志弘，示意他们带领宦官们前往验看甘露。宦官们出去以后，李训急忙召来郭行馀、王璠说："来接受敕命诏旨！"王璠两腿颤抖不敢向前，只有郭行馀来到殿下叩拜。当时，他们两人有亲兵数百人，全都手执兵器站立在丹凤门外。李训已先派人召入，命进来听敕命。只有河东镇的士兵进来了，邠宁镇的士兵竟然没到。

【原文】

仇士良等至左仗视甘露，韩约变色流汗，士良怪之曰："将军何为如是？"俄风吹幕起，见执兵者甚众，又闻兵仗声。士良等惊骇走出，门者欲闭之，士良叱之，关不得上。士良等奔诣上告变。训见之，遽呼金吾卫士曰："来上殿卫乘舆者，人赏钱百缗！"宦者曰："事急矣，请陛下还宫！"即举软舆，迎上扶升舆，决殿后罘罳，疾趋北出。训攀舆呼曰："臣奏事未竟，陛下不可入宫！"金吾兵已登殿；罗立言帅京兆逻卒三百余自东来，李孝本帅御史台从人二百余自西来，皆登殿纵击，宦官流血呼冤，死伤者十余人。乘舆迤逦入宣政门，训攀舆呼益急，上叱之，宦者郗志荣奋拳殴其胸，偃于地。乘舆即入，门随阖，宦者皆呼万岁，百官骇愕散出。训知事不济，脱从吏绿衫衣之，走马而出，扬言于道曰："我何罪而窜谪！"人不之疑。王涯、贾餗、舒元舆还中书，相谓曰："上且开延英，召吾属议之。"两省官诣宰相请其故，皆曰："不知何事，诸公各自便！"士良等知上豫其谋，怨愤，出不逊语，上惭惧不复言。

【译文】

仇士良等人到左仗院里看甘露，韩约这时脸色骤变，汗也流了下来，仇士良奇怪地问："将军为什么会这样呢？"一会儿，风吹起了帷幕，发现幕后手执兵器的人很多，又听到兵杖声。仇士良等人惊恐地逃走，看门人想闭上门，仇士良大声喝叱他，门未能关上。仇士良等人奔跑到皇上面前报告事变。李训看见了，急忙向金吾卫兵大喊道："快上殿来保卫皇上，来者每人赏一百缗钱！"宦官们说："事情危急，请陛下快回宫去！"说着，抬起软座轿子，迎上去把皇上扶进轿子，捣开殿后交疏透孔的窗棂，急忙向北跑出去。李训攀轿子呼叫道："我上奏的事情还未完呢，陛下不可进宫去！"这时，金吾的士兵已进殿。罗立言率领京兆巡逻的士兵三百多人，从东面赶来。李孝本率领御史台的随从人员二百多，自西边赶来。他们都闯上大殿奋力进击。宦官们身上流血，口呼冤枉，死伤者达十多人。轿子及随从曲折绵延进入宣政门，李训攀着轿子更加拼命呼喊，皇上喝叱他。宦官郗志荣奋起拳头猛击他的胸部，将他打倒在地上。轿子进宫后，随即将门关上了。宦官们都欢呼万岁。百官惊骇愕然，四散出走。李训知道事已失败，脱下随从吏员的绿衣衫穿在身上，快马加鞭出走。一路上扬言道："我有什么罪被贬官，远窜他乡！"人们没有怀疑他。王涯、贾馀、舒元舆回到中书省，相互说："皇上将会命令开延英殿会议，召我们研究这件事。"两省官员到宰相面前询问出了什么事，都回答说："不知什么事，各位请自便！"仇士良等人知道皇上参与了谋划，抱怨、气愤，出言不逊。皇上又惭愧又惧怕，不再说什么。

【原文】

士良等命左、右神策副使刘泰伦、魏仲卿等各帅禁兵五百人，露刃出阁讨贼。王涯等将会食，吏白："有兵自内出，逢人辄杀！"涯等狼狈步走，两省及金吾吏卒千余人填门争出，门寻阖，其不得出者六百余人皆死。士良等分兵闭宫门，索诸司，捕贼党。诸司吏卒及民酤贩在中者皆死，死者又千余人。横尸流血，狼籍涂地，诸司印及图籍、帷幕、器皿俱尽，又遣骑各千余出城追亡者，又遣兵大索城中。舒元舆易服单骑出安化门，禁兵追擒之。王涯徒步至永昌里茶肆，禁兵擒入左军，涯时年七十余，被以桎梏，掠治不胜苦，自诬服，称与李训谋行大逆，尊立郑注。王璠归长兴里私第，闭门，以其兵自防。神策将至门，呼曰："王涯等谋反，欲起尚书为相，鱼护军令致意！"璠喜，出见之。

将趋贺再三，播知见绐，涕泣而行；至左军，见王涯曰：“二十兄自反，胡为见引？”涯曰：“五弟昔为京兆尹，不漏言于王守澄，岂有今日邪！”播俯首不言，又收罗立言于太平里，及涯等亲属奴婢，皆入两军系之。户部员外郎李元皋，训之再从弟也，训实与之无恩，亦执而杀之。故岭南节度使胡证，家巨富，禁兵利其利，托以搜贾悚入其家，执其子溵，杀之。又入左常侍罗让、詹事浑镠、翰林学士黎埴等家，掠其赀财，扫地无遗。镠，瑊之子也。坊市恶少年因之报私仇，杀人，剽掠百货，互相攻劫，尘埃蔽天。

【译文】

仇士良等人命令左、右神策军副使刘泰伦、魏仲卿等，各自率领五百名禁兵，举刀露刃从旁门奔出来讨伐贼人。王涯等人正要吃饭，来人报告：“有军人从里面出来。见人就杀！”王涯等人狼狈地拔腿就跑。两省和金吾的吏员、士卒一千多人挤到门口，争先出逃。大门很快就关上了，没来得及出去的六百多人全都被杀死。仇士良等人分兵关闭宫门，搜索诸司衙门，捉拿贼党。诸司衙门的吏员士卒，以及在其中的商贩民众全都被杀。这部分人又死了一千多。真是尸横血流，满地狼藉。诸司衙门的印章以及图书、簿籍、帷幕、器皿一扫而空。又派遣骑兵，各千余人，出城追赶逃亡的人，又派兵在城中大肆搜索。舒元舆换了服装，单人匹马从安化门出走，被禁兵追上擒获。王涯徒步来到永昌里茶馆，禁兵捉住送到左神策军。王涯此时已七十多岁，身带沉重的刑具，受不住严刑拷打的痛苦，自己屈招有罪，谎称与李训谋划大逆不道，要尊立郑注为皇帝。王播回到长兴里私人住宅，关闭了大门，让自己的军卒把守着。神策军的军官到了大门口，呼道：“王涯等人谋反，朝廷要起用尚书为宰相，鱼护军命我等来致意。”王播喜不自胜，出门会见。军官一边快步走，一边再三祝贺。王播知道受骗了，边哭边跟着走。到左军，见到王涯，说：“二十兄，你自己谋反，为什么把我牵进来？”王涯说：“五弟，你从前当京兆尹，不把话泄露给王守澄，哪能有今天的祸事！”王播低头无语。又在太平里收捕了罗立言，以及王涯等人的亲属奴婢，都送到左、右两军捆绑起来。户部员外郎李元皋，是李训同一个从祖的弟弟，李训和他并不密切，也抓来杀了。原岭南节度使

唐·三彩宦官俑

胡证，家里极为富有。禁兵贪图他的财产，借口搜索贾悚进入他的家中，把他的儿子胡溵抓起来杀了。又进入左常侍罗让、詹事浑镣、翰林学士黎埴等人的家中，抢掠财物，一扫而光，半点无余。浑悚，是浑瑊的儿子。街坊中的恶少们，乘机报私仇，杀人，抢劫各种商品财物，互相攻击、劫夺，尘土扬起，遮天蔽日。

【原文】

癸亥，百官入朝，日出，始开建福门，惟听以从者一人自随，禁兵露刃夹道。至宣政门，尚未开。时无宰相御史知班，百官无复班列。上御紫宸殿，问："宰相何为不来？"仇士良曰："王涯等谋反系狱。"因以涯手状呈上，召左仆射令狐楚、右仆射郑覃等升殿示之。上悲愤不自胜，谓楚等曰："是涯手书乎？"对曰："是也！""诚如此，罪不容诛！"因命楚、覃留宿中书，参决机务。使楚草制宣告中外，楚叙王涯、贾悚反事浮泛，仇士良等不悦，由是不得为相。

【译文】

二十二日，百官入朝。太阳出来了，才打开建福门。只允许一名随从跟随。禁兵持刀露刃，夹道站立。到达宣政门，尚未开门。当时，没有宰相、御史带领朝班，百官也没有班次、队列。皇上驾临紫宸殿，问："宰相为什么不来？"仇士良说："王涯等人谋反，关在监狱里。"接着将王涯的手写罪状呈给皇上看。召左仆射令狐楚、右仆射郑覃等人进殿里，给他们看。皇上悲愤，难以控制自己。对令狐楚等人说："是王涯亲手写的吗？"回答说："是的！""诚然这样，罪该万死！"于是，命令狐楚、郑覃，在中书省留宿，参决机密政务。使令狐楚起草制书向中外宣告这件事。令狐楚叙述王涯、贾悚谋反的事，泛泛而谈，飘浮无据。仇士良等人不高兴，因此，失去了当宰相的机会。

【原文】

时坊市剽掠者犹未止，命左、右神策将杨镇、靳遂良等各将五百人分屯通衢，击鼓以警之。斩十余人，然后定。

【译文】

当时京城街市中的抢掠仍未停止，文宗命令左、右神策军将杨镇、靳遂良等人各率领五百人分别驻扎在各街道的主要路口，击鼓加以警告，同时又斩首了十多人，街市才安定下来。

【原文】

贾竦变服潜民间经宿，自知无所逃，素服乘驴诣兴安门，自言："我宰相贾竦也，为奸人所污，可送我诣两军！"门者执送西军。李孝本改衣绿，犹服金带，以帽障面，单骑奔凤翔，至咸阳西，追擒之。

【译文】

贾竦换掉官服，在百姓家潜藏了一夜，自知无法逃脱，就穿上丧服，骑驴来到兴安门，自首说："我是宰相贾竦，被奸人所污陷，可送我到左、右神策军去。"守门人于是把他押送到右神策军。李孝本改穿了六品、七品官员的绿色官服，但还戴着只有五品以上官员才能戴的金带，用帽子遮住脸，一个人骑着马直奔凤翔去投靠郑注，但走到咸阳城西时，被追兵擒住了。

【原文】

甲子，以右仆射郑覃同平章事。

李训素与终南僧宗密善，往投之。宗密欲剃其发而匿之，其徒不可。训出山，将奔凤翔，为盩厔镇遏使宋楚所擒，械送京师，至昆明池，训恐至军中更受酷辱，谓送者曰："得我则富贵矣！闻禁兵所在搜捕，汝必为所夺，不若取我首送之！"送者从之，斩其首以来。

【译文】

二十三日，朝廷任命右仆射郑覃为同平章事。

李训平素与终南山和尚宗密要好，前往投奔。宗密想给他剃去头发以便藏匿，他的弟子们不同意。李训从山中出来，要奔向凤翔，被盩厔镇遏使宋楚捉住，带上刑具，送往京城长安。走到昆明池旁边，李训害怕送到神策军中会受到更残酷的刑辱，就对押送的人说："得到我就会得到富贵的！听说禁卫兵们到处搜捕我，你必然会遭他们的劫夺，不如带我的人头送去。"押送人依从他的话，斩下他的头颅送来。

【原文】

乙丑，以户部侍郎、判度支李石同平章事，仍判度支，前河东节度使李载义复旧任。

【译文】

二十四日，朝廷任命户部侍郎、判度支李石为同平章事，仍兼任判度支。前河东节度使李载义官复原职。

【原文】

左神策出兵三百人，以李训首引王涯、王璠、罗立言、郭行馀，右神策出兵三百人，拥贾悚、舒元舆、李孝本献于庙社，徇于两市，命百官临视，腰斩于独柳之下，枭其首于兴安门外。亲属无问亲疏皆死，孩稚无遗，妻女不死者没为官婢。百姓观者怨王涯榷茶，或诟詈，或投瓦砾击之。

【译文】

左神策军出兵三百人，拿着李训的头，带领王涯、王璠、罗立言、郭行馀；右神策军出兵三百人，推拥着贾悚、舒元舆、李孝本，到太庙、太社行献俘礼，然后到长安东市、西市示众，命令百官到现场观看，在独柳树下进行腰斩，在兴安门外悬头示众。亲属不管亲密或疏远，一律处死，连孩童也不留下。妻子、女儿不杀死的，沦为官婢。观看的老百姓，怨恨王涯搞茶叶专卖，有的辱骂他，有的投掷瓦块打他。

武宗灭佛

【原文】

[唐武宗会昌五年]（公元845年）

上恶僧尼耗蠹天下，欲去之，道士赵归真等复劝之；乃先毁山野招提、兰若，敕上都、东都两街各留二寺，每寺留僧三十人；天下节度、观察使治所及同、华、商、汝州各留一寺，分为三等，上等留僧二十人，中等留十人，下等五人。余僧及尼并大秦穆护、祆僧皆勒归俗。寺非应留者，立期令所在毁撤，仍遣御史分道督之。财货田产并没官，寺材以葺公廨驿舍，铜像、钟磬以铸钱。

【译文】

唐武宗会昌五年（公元845年）

皇帝憎恶和尚尼姑如蠹虫一样耗费国家财物，想除掉他们，道士赵归真等人又劝说他这样做；于是先毁掉山野的招提、兰若一类寺院，敕令上都、东都两街各留两所寺院，每寺留下三十名僧人；全国节度观察使治所以及同、华、商、汝等州各留一所寺院，寺又分三等：上等寺留僧二十人，中等寺留十人，下等寺留五人。其余的和尚、尼姑以及大秦传来的祆教的穆护僧众等都勒令还俗。寺庙不是该留下的，规定日期限令该地拆毁，还要派遣御史分别到各道去监督执行。财货田户都由官府没收，寺庙建筑材料用来修建公用房舍和驿站房屋，铜像、钟磬等用来铸造钱币。

【原文】

壬午，诏陈释教之弊，宣告中外。凡天下所毁寺四千六百余区，归俗僧尼二十六万五百人，大秦穆护、祆僧二千余人，毁招提、兰若四万余区。收良田数千万顷，奴婢十五万人。所留僧皆隶主客，不隶祠部。百官奉表称贺。寻又诏东都止留僧二十人，诸道留二十人者减其半，留十人者减三人，留五人者更不留。

【译文】

（八月）初七，在诏讼中陈述释教的各种弊端，宣告中外。在全国共拆毁寺庙四千六百多处，还俗的僧尼有二十六万零五百人，大秦穆护、祆僧二千多人，毁掉招提、兰若四万多处。国家没收良田数千万顷，奴婢十五万人。凡是允许留下的僧侣都隶属主客郎中管理，不属祠部了。百官都上表称贺。不久，又诏令东都只留僧侣二十人，各道原规定留二十人的减少一半，留十人的减少三人，留五人的全部不留了。

黄巢建国

【原文】

[唐僖宗广明元年]（公元880年）

丁卯，黄巢陷东都，留守刘允章帅百官迎谒。巢入城，劳问而已，闾里晏然。

【译文】

唐僖宗广明元年（公元880年）

十一月十七日，黄巢攻陷东都，留守刘允章率领百官迎候拜见。黄巢进城，只是慰问安抚，坊里平静，毫无惊扰。

【原文】

乙亥，张承范等将神策弩手发京师。神策军士皆长安富家子，赂宦官窜名军籍，厚得禀赐，但华衣怒马，凭势使气，未尝更战陈。闻当出征，父子聚泣，多以金帛雇病坊贫人代行，往往不能操兵。是日，上御章信门楼临遣之。承范进言："闻黄巢拥数十万之众，鼓行而西。齐克让以饥卒万人依托关外，复遣臣以二千余人屯于关上，又未闻为馈饷之计，以此拒贼，臣窃寒心。愿陛下趣诸道精兵早为继援。”上曰：“卿辈第行，兵寻至矣！”丁丑，承范等至华州。会刺史裴虔余徙宣歙观察使，军民皆逃入华山，城中索然，州库惟尘埃鼠迹，赖仓中犹有米千余斛，军士裹三日粮而行。

【译文】

二十五日，张承范等率领神策军弓弩手从京城出发。这时神策军的兵士都是长安有钱人家子弟，贿赂宦官在神策军的簿籍上挂个名，以多得给养赏赐，只会穿上漂亮服装纵马乱跑，仗势耍弄威风，从来没有经历过战阵。听说要出征，父子在一起哭泣，多数出金帛雇用病坊里的穷人当替身，这些人往往连兵器都不会拿。当天，皇帝亲自登上章信门的门楼看他们出发。张承范进言道：“听说黄巢拥有几十万兵马，擂着战鼓往西杀过来。齐克让只带有上万名饥疲之卒，驻屯关外，再派臣带这二千多人驻屯关上，又没听说有供应粮饷的准备，凭这来抵御贼军，臣私下感到寒心。希望陛下催促各路精兵早日前来支援。”皇上说：“卿等只管出发，援兵很快就到了！”丁丑（二十七日），张承范等到了华州。刺史裴虔余正在这时调任宣歙观察使，州中军民都逃进华山，城里一片冷落，州库里只剩下灰尘和老鼠脚印，幸亏粮仓中还有一千多斛米，军士们每人带了三天粮食前进。

唐·三彩马

【原文】

十二月庚辰朔，承范等至潼关，搜菁中得村民百许，使运石汲水，为守御之备；与齐克让军皆绝粮，士卒莫有斗志。是日，黄巢前锋军抵关下，白旗满野，不见其际，克让与战，贼小却。俄而巢至，举军大呼，声振河、华。克让力战，自午至酉始解，士卒饥甚，遂喧噪，烧营而溃，克让走入关。关左有谷，平日禁人往来，以榷征税，谓之“禁坑”。贼至仓猝，官军忘守之，溃兵自谷而入，谷中灌木寿藤茂密如织，一夕践为坦途。承范尽散其辎囊以给士卒，遣使上表告急，称：“臣离京六日，甲卒未增一人，馈饷未闻影响，到关之日，巨寇已来，以二千余人拒六十万众，外军饥溃，蹋开禁坑。臣之失守，鼎镬甘心；朝廷谋臣，愧颜何寄！或闻陛下已议西巡，苟銮舆一动，则上下土崩。臣敢以犹生之躯，奋冒死之语；愿与近密及宰臣熟议，急征兵以救关防，则高祖、太宗之业庶几犹可扶持，使黄巢继安禄山之亡，微臣胜哥舒翰之死！”

【译文】

十二月初一日，张承范等到达潼关，在草丛搜出一百多村民，叫他们运石汲水，作守御准备；但是和齐克让军都已绝粮，士卒全无斗志。当天黄巢前锋部队抵达关下，白旗遍野，不见边际，齐克让打了一下，黄巢军稍微后退。但很快黄巢到了，全军呐喊，声震河山。齐克让奋力拒战，从午时打到酉时，双方才收兵，齐克让的士卒饿得不行，喧哗吵闹，终于烧了营寨溃退，齐克让只好退进潼关。潼关左面有一个山谷，平时禁止人们往来，好向出入潼关的人征税，叫作“禁坑”。这时黄巢来得仓猝，官军忘了派人在这里守卫，溃退士兵从这里拥进来，谷里灌木长藤，茂密如织，一晚就践踏成大路。张承范把公家辎重和私人财物都统统分给士兵，派使者上表告急，说：“臣离京六日，没有见到一个增援的战士，粮饷也没有影子。到达潼关那天，巨寇已经前来，我用这二千多人抵御六十万之众，关外部队饥饿溃退，踏开禁坑。我失守潼关，受鼎镬之刑也自甘心；但朝廷上那些出谋划策的人，将把脸皮搁到哪里去！有人说陛下已在议论西巡（逃），如果銮舆一动，则上下土崩瓦解。臣还活着一天，就得说冒犯死罪的话，请跟中贵和宰相认真商量，赶快征兵来防守潼关，这样，高祖、太宗创下的基业还可以扶持维系，使黄巢继安禄山而亡，而微臣胜哥舒翰之死！”

【原文】

辛巳，贼急攻潼关，承范悉力拒之，自寅及申，关上矢尽，投石以击之。关外有天堑，贼驱民千余人入其中，掘土填之，须臾即平，引兵而度。夜，纵火焚关楼俱尽。承范分兵八百人，使王师会守禁坑，比至，贼已入矣。壬午旦，贼夹攻潼关，关上兵皆溃。师会自杀，承范变服帅余众脱走。至野狐泉，遇奉天援兵二千继至，承范曰：“汝来晚矣！”博野、凤翔军还至渭桥，见所募新军衣裘温鲜，怒曰：“此辈何功而然，我曹反冻馁！”遂掠之，更为贼向导，以趣长安。

【译文】

初二，黄巢急攻潼关，张承范尽全力抵抗，从寅时打到申时，关上箭都用完，就用石块往下掷。潼关外边有条自然形成的沟堑，黄巢指挥一千多百姓跳进去，挖土填堑，一会儿便填平，然后引军越过。到夜里，放火把关上的城楼都烧掉。张承范分兵八百叫王师会去守禁坑，等他们赶到，黄巢的部队已经进来了。初三清晨，黄巢大军夹攻潼关，关上守兵溃散，王师会自杀，张承范改装率领余众脱逃。逃到野狐泉，遇到奉天派来的二千援兵，张承范说：“你们来迟了！”博野、凤翔两军撤退到渭桥，看到田令孜所招募的新军都穿着又新又暖的皮衣，发怒道：“这些家伙凭什么功劳能这样，我们反而受冻挨饿！”就抢掠了新军，更是当了黄巢大军的向导，直奔长安。

【原文】

百官退朝，闻乱兵入城，布路窜匿。令孜帅神策兵五百奉帝自金光门出，惟福、穆、泽，寿四王及妃嫔数人从行，百官皆莫知之。上奔驰昼夜不息，从官多不能及。车驾既去，军士及坊、市民竞入府库盗金帛。

【译文】

（初五），百官退朝，听说乱兵入城，分头逃窜躲藏。田令孜率领五百神策兵保着皇上从金光门出逃，只有福、穆、泽、寿四王以及几个妃嫔跟随着，百官都不知道。皇上昼夜不停地奔驰，跟随的官员都赶不上。车驾既已离去，士兵和坊市居民便争着到国家府库里去盗金帛。

【原文】

晡时，黄巢前锋将柴存入长安，金吾大将军张直方帅文武数十人迎巢于霸上。巢乘金装肩舆，其徒皆被发，约以红缯，衣锦绣，执兵以从，甲骑如流，辎重塞涂，千里络绎不绝。民夹道聚观，尚让历谕之曰：“黄王起兵，本为百姓，非如李氏不爱汝曹，汝曹但安居无恐。”巢馆于田令孜第。其徒为盗久，不胜富，见贫者，往往施与之。居数日，各出大掠，焚市肆，杀人满街，巢不能禁。尤憎官吏，得者皆杀之。

【译文】

黄昏时，黄巢前锋将柴存进入长安，金吾大将军张直方带着文武百官几十人到霸上迎接黄巢。黄巢乘坐金装的轿子，兵众都披了头发，用红缯扎着，穿的是锦绣衣服，手持兵器跟在后面，铁骑甲士就像河流一般，辎重塞满了道路，千里之间，络绎不绝。百姓都拥到大街两旁观看，尚让对他们宣告道："黄王起兵，本为百姓，不像李氏那样不爱你们，你们尽管安居不用恐慌。"黄巢住进田令孜的府第里。他的徒众为盗日久，都很富有，见到穷人，往往施舍。过了几天，分头四出抢掠，焚烧市坊店铺，杀人满街，黄巢禁止不住。他们尤其憎恨官吏，捉到的都杀掉。

后梁代唐

【原文】

[后梁太祖开平元年]（公元907年）

二月，唐大臣共奏请昭宣帝逊位。壬子，诏宰相帅百官诣元帅府劝进；王遣使却之。于是朝臣、藩镇乃至湖南、岭南上笺劝进者相继。

朱温 （852－912年），唐朝宋州砀山（今安徽砀山）人。最初曾参加黄巢起义军，后来降唐，被唐僖宗赐名全忠，称帝建立后梁时，又改名为晃，庙号太祖。

【译文】

后梁太祖开平元年（公元907年）

二月，唐朝的大臣共同奏请唐昭宣帝退位。五日，下诏命宰相率领百官到元帅府劝进。梁王（朱全忠）派遣使者辞退，表示谦让。于是，朝臣、藩镇，以至湖南、岭南，上笺文劝进的，络绎不绝。

【原文】

甲辰，唐昭宣帝降御札禅位于梁。以摄中书令张文蔚为册礼使，礼部尚书苏循副之；摄侍中杨涉为押传国宝使，翰林学士张策副之；御史大夫薛贻矩为押金宝使，尚书左丞赵光逢副之；帅百官备法驾诣大梁。

【译文】

（三月）二十七日，唐昭宣帝下达禅位于梁王的文告。以代理中书令张文蔚为册礼使，礼部尚书苏循为副；以代理侍中为押传国宝使，翰林学士张策为副；以御史大夫薛贻矩为押金宝使，尚书左丞赵光逢为副，率领百官，备齐仪仗，前往大梁（今河南开封市）。

【原文】

壬戌，梁王更名晃。王兄全昱闻王将即帝位，谓王曰："朱三，尔可作天子乎！"

【译文】

（四月）十六日，梁王（朱全忠）改名朱晃。梁王的哥哥朱全昱得知梁王将即皇帝位，对梁王说："朱三，你可以做天子吗！"

【原文】

甲子，张文蔚、杨涉乘辂自上源驿从册宝，诸司各备仪卫卤簿前导，百官从其后，至金祥殿前陈之。王被衮冕，即皇帝位。张文蔚、苏循奉册升殿进读，杨涉、张策、薛贻矩、赵光逢以次奉宝升殿。读已，降，帅百官舞蹈称贺。帝遂与文蔚等宴于玄德殿。帝举酒曰："朕辅政未久，此皆诸公推戴之力。"文蔚等惭惧，俯伏不能对；独苏循、薛贻矩及刑部尚书张祎盛称帝功德宜应天顺人。

【译文】

十八日，张文蔚、杨涉乘车从上源驿出发，跟从传禅册宝和传国宝。诸衙门都备有护从仪仗作为前导，百官跟在后面。到达金祥殿前面陈上。梁王身穿礼服，即皇帝位。张文蔚、苏循手捧册书，登殿宣读。杨涉、张策、薛贻矩、赵光逢手捧传国宝按顺序登殿。宣读完毕，退下来，带领百官舞拜，赞美祝贺。皇帝遂与张文蔚等人在玄德殿开宴。皇帝举起酒杯，说："我辅政时间不长，这都是诸位推戴的功力。"张文蔚等人又惭愧又惧怕，伏在地不能对答。只有苏循、薛贻矩与刑部尚书张祎，极力称颂皇帝的功德无边，应该顺应天命民心，即位为帝。

【原文】

帝复与宗戚饮博于宫中，酒酣，朱全昱忽以投琼击盆中迸散，睨帝曰："朱三，汝本砀山一民也，从黄巢为盗，天子用汝为四镇节度使，富贵极矣，奈何一旦灭唐家三百年社稷，自称帝王！行当灭族，奚以博为！"帝不怿而罢。乙丑，命有司告天地、宗庙、社稷。丁卯，遣使宣谕州、镇。戊辰，大赦，改元，国号大梁；奉唐昭宣帝为济阴王，皆如前代故事；唐中外旧臣官爵并如故。以汴州为开封府，命曰东都；以故东都为西都；废故西京，以京兆府为大安府，置佑国军于大安府。更名魏博曰天雄军。迁济阴王于曹州，栫之以棘，使甲士守之。

【译文】

皇帝又与宗室、亲戚在皇宫中饮酒、赌博。酒意酣畅之时，朱全昱忽然抓起骰子向盆里摔去，迸得散落各处。他斜着眼看着皇帝说："朱三，你本是砀山（今安徽砀山县）一个平民百姓，跟随着黄巢当强盗，天子任用你做四镇节度使，富贵达到了极点。怎么忽然灭掉唐朝三百年的天下，自己称起了帝王！你就要被灭族，还有什么心思赌博！"皇帝怏怏不快地停止宴饮和赌博而去。十九日，命有关部门祭告天地、宗庙、社稷。二十一日，派遣使臣向各州、镇传谕。二十二日，大赦，改年号，国号大梁。奉唐昭宣帝为济阴王，一切都按前代的规矩办。唐朝中外旧臣的官爵全都照旧。以汴州为开封府，命为东都，以原来的东都洛阳为西都，废弃长安原西京的称号，以京兆府为大安府。在大安府设置佑国军。将魏博镇（镇今河北大名县东北）改名为天雄军。将济阴王迁到曹州（治今山东定陶县西南），用荆棘把他的住所包围起来，派军人把守着。

建立大蜀

【原文】

[后梁太祖开平元年]（公元907年）

蜀王会将佐议称帝，皆曰："大王虽忠于唐，唐已亡矣，此所谓'天与不取'者也！"冯涓独献议请以蜀王称制，曰："朝兴则未爽称臣，贼在则不同为恶。"王不从，涓杜门不出。王用安抚副使、掌书记韦庄之谋，帅吏民哭三日；己亥，即皇帝位，国号大蜀。辛丑，以前东川节度使兼侍中王宗佶为中书令，韦庄为左散骑常侍、判中书门下事，阆州防御使唐道袭为内枢密使。庄，见素之孙也。

【译文】

后梁太祖开平元年（公元907年）

蜀王（王建）召集将佐开会，商议称帝的事。大家都说："大王虽然忠于唐朝，但唐朝已经灭亡。如不称帝，就是所谓'天与不取'了。"惟独冯涓建议，请以蜀王名义称制，说："这样做，唐朝复兴，则臣节不亏；贼人窃位，也不同恶。"蜀王不听从他的建议。冯涓从此闭门不出。蜀王采纳安抚副使、掌书记韦庄的谋划，带领官吏和人民哭了三天，（九月）二十五日，即皇帝位，国号大蜀。二十七日，任命前东川节度使兼侍中王宗佶为中书令，韦庄为左散骑常侍、判中书门下事，阆州防御使唐道袭为内枢密使。韦庄，是韦见素的孙子。

【原文】

蜀主虽目不知书，好与书生谈论，粗晓其理。是时唐衣冠之族多避乱在蜀，蜀主礼而用之，使修举故事，故其典章文物有唐之遗风。

【译文】

大蜀的国主虽然目不识丁，却喜欢与读书人谈论，粗略的知晓些道理。这时唐朝的士大夫家族大多到蜀地避乱。大蜀国主以礼相待并加以任用，让他们研究和弘扬文化传统。所以大蜀的典章制度、文化风物有唐朝的遗风。

【原文】

蜀主长子校书郎宗仁幼以疾废，立其次子秘书少监宗懿为遂王。

【译文】

大蜀国主的长子、校书郎王宗仁幼年因病废置，册立次子、秘书监王宗懿为遂王。

吴越钱镠

【原文】

[后梁均王贞明五年]（公元919年）

吴越王镠见何逢马，悲不自胜，故将士心附之。宠姬郑氏父犯法当死，左右为之请，镠曰：“岂可以一妇人乱我法。”出其女而斩之。自少在军中，夜未尝寐，倦极则就圆木小枕，或枕大铃，寐孰辄欹而寤，名曰“警枕”。置粉盘于卧内，有所记则书盘中，比老不倦。或寝方酣，外有白事者，令侍女振纸即寤。时弹铜丸于楼墙之外，以警直更者。尝微行，夜叩北城门，吏不肯启关，曰：“虽大王来亦不可启。”乃自他门入。明日，召北门吏，厚赐之。

【译文】

后梁均王贞明五年（公元919年）

吴越王钱镠看到了何逢的战马悲痛得不能自主，所以，将士们都心甘情愿地归附他。钱镠宠姬郑氏的父亲犯了法，应当处死，左右大臣都到钱镠那里为他说情，钱镠说：“怎么能够因为一个妇人而乱了我的国法。”就令人把郑氏拖出去斩了首。钱镠从小在军队中，晚上从未在床上睡过，实在疲倦极了，就枕上一个小圆木，或者枕上一大铃休息一下。睡熟后，小圆木或木铃就会倾斜，他就惊醒了，他把它们称为“警枕”。另外，他还在卧室内放了一只粉盘，如果有什么需要记下来的就写在粉盘中，一直到老他都这样勤勉不倦。有时，钱镠睡得正香甜的时候，室外有人报告事情，他就让侍女振动纸张，马上就会醒来。还有些时候，他把铜丸弹出楼墙之外，用这种办法来提醒值班打更报时的人。他曾隐藏自己的身份化装出行，深夜至城北门敲门，守门的官吏不肯开门，并说：“就是大王来了，也不开门。”于是，钱镠从其他城门入城。第二天，召城北守门的官吏，钱镠重重地赏赐了他。

钱镠　字具美，小字婆留，杭州临安人。唐昭宗天复二年（902年），封其为越王。904年，改封吴王。及朱温建梁，始封其为吴越王。

认贼作父

【原文】

[后晋高祖天福元年]（公元936年）

初，石敬瑭欲尝唐主之意，累表自陈羸疾，乞解兵柄移他镇；帝与执政议从其请，移镇郓州。房暠、李崧、吕琦等皆力谏，以为不可，帝犹豫久之。

【译文】

后晋高祖天福元年（公元936年）

起初，石敬瑭要试探唐主的意思，多次上表陈说自己体弱有病，请求解除兵权调到别处去当节度使；皇上和执政们商量后同意他的请求，调任郓州。房暠、李崧、吕琦等都力谏不能这么做，皇上犹豫了好久。

【原文】

五月，庚寅夜，李崧请急在外，薛文遇独直，帝与之议河东事，文遇曰："谚有之：'当道筑室，三年不成。'兹事断自圣志；群臣各为身谋，安肯尽言。以臣观之，河东移亦反，不移亦反，在旦暮耳，不若先事图之。"先是，术者言国家今年应得贤佐，出奇谋，定天下，帝意文遇当之，闻其言，大喜，曰："卿言殊豁吾意，成败吾决行之。"即为除目，付学士院使草制。辛卯，以敬瑭为天平节度使，以马军都指挥使、河阳节度使宋审虔为河东节度使。制出，两班闻呼敬瑭名，相顾失色。

【译文】

五月，初二日夜，李崧请假外出，薛文遇独自当值，皇上和他议论河东的事情，薛文遇说："俗话说：'当道筑室，三年不成。'此事当以圣上的意志来决断，臣下们各为自身打算，怎肯把话都说出来！照臣看来，河东调动也要

烈焰中的奔马　奔马高38厘米，长52厘米。出土于陕西西安西郊。

反，不调动也要反，事情只在旦暮之间，不如提前下手。”在这以前，讲术数的说国家今年要得到好辅佐，出奇谋来安定天下，皇上认为薛文遇就是这样的人，听了他的话，大为高兴，说：“卿讲的对我大有启发，不论成败我定要这么办。”马上写下除目，交付学士院起草诏制。初三日，调石敬瑭任天平军节度使，调马军都指挥使、河阳节度使宋审虔任河东节度使。诏制公布，两班文武听叫到石敬瑭的名字，相互看着惊吓得变了脸色。

【原文】

甲午，以建雄节度使张敬达为西北蕃汉马步都部署，趣敬瑭之郓州。敬瑭疑惧，谋于将佐曰：“吾之再来河东也，主上面许终身不除代；今忽有是命，得非如今年千春节与公主所言乎？我不兴乱，朝廷发之，安能束手死于道路乎！今且发表称疾以观其意，若其宽我，我当事之；若加兵于我，我则改图耳。”幕僚段希尧极言拒之，敬瑭以其朴直，不责也。节度判官华阴赵莹劝敬瑭赴郓州。观察判官平遥薛融曰：“融书生，不习军旅。”都押牙刘知远曰：“明公久将兵，得士卒心；今据形胜之地，士马精强，若称兵传檄，帝业可成，奈何以一纸制书自投虎口乎！”掌书记洛阳桑维翰曰：“主上初即位，明公入朝，主上岂不知蛟龙不可纵之深渊邪？然卒以河东复授公，此乃天意假公以利器。明宗遗爱在人，主上以庶孽代之，群情不附。公明宗之爱婿，今主上以反逆见待，此非首谢可免，但力为自全之计。契丹素与明宗约为兄弟，今部落近在云、应，公诚能推心屈节事之，万一有急，朝呼夕至，何患无成。”敬瑭意遂决。

【译文】

初六日，任命建雄节度使张敬达为西北蕃汉马步都部署，叫他督促石敬瑭去郓州。石敬瑭顾虑恐惧，就和将佐们商量道：“我再次回到河东时，主上当面答应我终身不再除代；今天忽然有这样的任命，莫非真像今年千春节上对公主所说的那样吗？我不作乱，朝廷倒先下手，我怎能束手死于道路呢！如今姑且发个表章称病来看朝廷的意向，如果宽容我，我自应事奉他；如果对我动干戈，我就要另作打算了。”幕僚段希尧竭力反对，石敬瑭因为他为人朴直，没有责怪。节度判官华阴人赵莹劝石敬瑭去郓州。观察判官平遥人薛融说：“融是书生，不懂军旅之事。”都押牙刘知远说：“明公长期带兵，得到士卒拥护，如今据有形胜之地，士马精强，如举兵传檄，帝业可成，怎能凭一纸诏制就自投虎口呢！”掌书记洛阳人桑维翰说：“主上刚即位时，明公入朝，主上难道不知道蛟龙不可纵之于深渊的道理吗？但最后还是把河东再次交给明公，这是上天要给明公以利器。明宗遗爱犹在，主上以庶孽身份占有帝位，人心不附。公是明宗的爱婿，如今主上以反叛相待，这不是自首谢罪就能幸免，只好尽力替自身安全打算。契丹过去和明宗约为兄弟，现在他们的部落近在云、应，公如果真能诚心屈节来事奉他们，万一情况紧急，他们早上请晚上就到，还怕成不了大事！”石敬瑭的主意就这样定了下来。

【原文】

戊戌，昭义节度使皇甫立奏敬瑭反。敬瑭表：“帝养子，不应承祀，请传位许王。”帝手裂其表抵地，以诏答之曰：“卿于鄂王固非疏远，卫州之事，天下皆知；许王之言，何人肯信！”壬寅，制削夺敬瑭官爵。

【译文】

初十日，昭义节度使皇甫立奏报石敬瑭谋反。石敬瑭上表说帝是养子，不应继位，请传位给许王。皇上亲手把表撕掉，丢在地上，下诏回答他道：“卿于鄂王本非疏远，卫州的事情天下人共知；现在说有关许王的话，有谁肯相信！”十四日，下诏制削去石敬瑭官职封爵。

【原文】

石敬瑭遣间使求救于契丹，令桑维翰草表称臣于契丹主，且请以父礼事之，约事捷之日，割卢龙一道及

雁门关以北诸州与之。刘知远谏曰："称臣可矣，以父事之太过。厚以金帛赂之，自足致其兵，不必许以土田，恐异日大为中国之患，悔之无及。"敬瑭不从。表至契丹，契丹主大喜，白其母曰："儿比梦石郎遣使来，今果然，此天意也！"乃为复书，许俟仲秋倾国赴援。

【译文】

（秋七月），石敬瑭派使者走小路去向契丹求救，叫桑维翰起草表章向契丹主称臣，并且请求用对父亲的礼节去侍奉他，约定胜利之日，割让卢龙一道及雁门关以北诸州给契丹。刘知远进谏道："称臣就可以了，以父礼侍奉太过分。多用金帛贿赂他们，就足以使他们出兵，不必许给他们土地，怕以后给中国带来大患，后悔也就来不及了。"石敬瑭不听。表章送到契丹，契丹主十分高兴，对他母亲说："儿近日梦见石郎派使节来，今天果真来了，这是天意啊！"就写了复信，答应等到仲秋倾全国之力前来救援。

五代·观音像

【原文】

九月，契丹主将五万骑，号三十万，自扬武谷而南，旌旗不绝五十余里。……辛丑，契丹主至晋阳，陈于汾北之虎北口，先遣人谓敬瑭曰："吾欲今日破贼可乎？"敬瑭遣人驰告曰："南军甚厚，不可轻，请俟明日议战未晚也。"使者未至，契丹已与唐骑将高行周、符彦卿合战，敬瑭乃遣刘知远出兵助之。张敬达、杨光远、安审琦以步兵陈于城西北山下，契丹遣轻骑三千，不被甲，直犯其阵。唐兵见其羸，争逐之，至汾曲，契丹涉水而去。唐兵循岸而进，契丹伏兵自东北起，冲唐兵断而为二，步兵在北者多为契丹所杀，骑兵在南者引归晋安寨。契丹纵兵乘之，唐兵大败，步兵死者近万人，骑兵独全。敬达等收余众保晋安，契丹亦引兵归虎北口。

敬瑭得唐降兵千余人，刘知远劝敬瑭尽杀之。

【译文】

九月，契丹主率领战骑五万，号称三十万，从扬武谷南下，旌旗五十多里连绵不绝。……十五日，契丹主到达晋阳，在汾河北面虎北口列阵。先派人对石敬瑭说："我准备在今天破敌好不好？"石敬瑭派人快马相告说："南军兵力雄厚，不可轻视，请等到明天再商量出战也不晚。"使者还没到，契丹已和唐军骑将高行周、符彦卿接触，石敬瑭便派刘知远出兵相助。张敬达、杨光远、安审琦统率步兵在城西北山下列阵，契丹派轻骑三千，不披盔甲，直冲唐军步阵。唐军见到他们并不厉害，争相追逐，追到汾河曲，契丹涉水而过。唐军沿着河岸前进，东北方契丹伏兵突起，把唐军冲成两截，步兵在北面的多数被契丹杀死，骑兵在南面退回到晋安寨。契丹纵兵掩杀，唐军大败，步兵死了近万人，只有骑兵没有损失。张敬达等收集了余众驻守晋安，而契丹也回军虎北口。石敬瑭收得唐降兵一千多，刘知远劝他都杀掉。

【原文】

契丹主谓石敬瑭曰："吾三千里赴难，必有成功。观汝器貌识量，真中原之主也。吾欲立汝为天子。"敬瑭辞让者数四，将吏复劝进，乃许之。契丹主作册书，命敬瑭为大晋皇帝，自解衣冠授之，筑坛于柳林，是日即皇帝位。割幽、蓟、瀛、莫、涿、檀、顺、新、妫、儒、武、云、应、寰、朔、蔚十六州以与契丹，仍许岁输帛三十万匹。

【译文】

（十一月），契丹主对石敬瑭说："我三千里外来解救你的危难，一定有所成功。看你的气质容貌和识见度量，真是中原之主。我想册立你做天子。"石敬瑭辞让了好几次，将吏们再三劝进，才答应了。契丹主叫写了册命的诏书，让石敬瑭做大晋皇帝，亲自脱下衣冠给他穿戴上，在柳林筑了高坛，当天登上皇帝宝座。割了幽、蓟、瀛、莫、涿、檀、顺、新、妫、儒、武、云、应、寰、朔、蔚十六州给予契丹，还答应每年进贡帛三十万匹。

郭威兵变

【原文】

[后汉隐帝乾祐三年](公元950年)

镇州、邢州奏:“契丹主将数万骑入寇,攻内丘,五日不克,死伤甚众。有戍兵五百叛应契丹,引契丹入城,屠之,又陷饶阳。”太后敕郭威将大军击之,国事权委窦贞固、苏禹珪、王峻,军事委王殷。十二月,甲午朔,郭威发大梁。

【译文】

后汉隐帝乾祐三年(公元950年)

镇州(今河北正定)、邢州(今河北邢台)上奏:“契丹国主率领数万骑兵入侵,进攻内丘,五天没有攻克,死伤的人很多。有五百名戍守的士兵叛变投降了契丹,将契丹人引进城,进行了大屠杀,又攻陷了饶阳。”太后敕令郭威率领大军前往击退契丹人。国事权且委派窦贞固、苏禹珪、王峻处置;军事委派王殷处置。十二月一日,天刚亮,郭威兵发大梁。

郭威 周太祖圣神恭肃文武孝皇帝,生于公元904年,公元951年称帝,至954年病逝,在位四年。

【原文】

壬子,郭威渡河,馆于澶州。癸丑旦,将发,将士数千人忽大噪,威命闭门,将士逾垣登屋而入曰:“天子须侍中自为之,将士已与刘氏为仇,不可立也!”或裂黄旗以被威体,共扶抱之,呼万岁震地,因拥威南行。威乃上太后笺,请奉宗庙,事太后为母。丙辰,至韦城,下书抚谕大梁士民,以昨离河上,在道秋毫不犯,勿有忧疑。戊午,威至七里店,窦贞固帅百官出迎拜谒,因劝进。威营于皋门村。

【译文】

十九日，郭威渡黄河，宿于澶州（今河北濮阳西）。二十日天明，将要出发时，数千名将士忽然大声喧噪。郭威命令关上门，将士们逾墙登屋进来，说："天子须侍中您自己做，我们将士已经和刘家成为仇敌，不能拥立刘家人。"有人把黄旗撕开披在郭威身上，共同扶持簇拥着他，欢呼万岁的声音震动天地。于是，簇拥着郭威南下。郭威遂向太后奉上笺文，请求恭奉汉室宗庙，尊奉太后为母。二十三日，到达韦城，下书抚慰惊扰。二十五日，郭威到达七里店，窦贞固率领百官出来远迎，叩拜谒见，乘机劝说进位皇帝。郭威扎营于皋门村。

【原文】

庚申，太后诰，以侍中监国。百官藩镇相继上表劝进。壬戌夜，监国营有步兵将校醉，扬言向者澶州骑兵扶立，今步兵亦欲扶立，监国斩之。

【译文】

二十七日，太后下诰文，任命侍中（郭威）监国。百官和藩镇相继上表章，劝进皇位。二十九日夜里，监国营中有步兵将校喝醉了酒，扬言前几天在澶州骑兵扶立皇帝，现在步兵也要扶立皇帝。监国将他斩首。